SOUVENIRS

DU

SECOND EMPIRE

DU MÊME AUTEUR

SOUVENIRS DU SECOND EMPIRE

PREMIÈRE PARTIE

LA PRÉSIDENCE ET LE COUP D'ÉTAT

1 volume gr. in-18, prix : 3 francs.

—o—

DEUXIÈME PARTIE

L'ÉTABLISSEMENT DE L'EMPIRE. — LE MARIAGE. — LA GUERRE DE CRIMÉE.

1 volume gr. in-18, prix : 3 francs.

LE SECRET
DU CHEVALIER DE MÉDRANE

1 volume in-18, prix : 3 francs.

Soc. d'impr. PAUL DUPONT. Paris, 41, rue J.-J.-Rousseau. (Cl.) 3.1.82.

SOUVENIRS
DU
SECOND EMPIRE

PAR

A. GRANIER DE CASSAGNAC

TROISIÈME PARTIE

LA GUERRE D'ITALIE
LE PRINCE IMPÉRIAL
LE PARLEMENTARISME. — LE 4 SEPTEMBRE
LA RÉPUBLIQUE ET LA COMMUNE

PARIS
E. DENTU, LIBRAIRE-ÉDITEUR
PALAIS-ROYAL, 15-17-19, GALERIE D'ORLÉANS
—
1882
Tous droits réservés

NOTICE HISTORIQUE

sur

GRANIER DE CASSAGNAC

SA VIE ET SES ŒUVRES

---

11 AOUT 1806. — 30 JANVIER 1880

Vers la fin de 1832, un jeune écrivain arrivait de Toulouse à Paris et se logeait, au débotté, rue de Richelieu, à l'*Hôtel d'Espagne,* précisément en face de ce grand dépôt des connaissances humaines qu'on appelle la Bibliothèque nationale. Ce jeune homme, qui devait être l'un des plus ardents travailleurs de notre temps, c'était Bernard-Adolphe Granier de Cassagnac.

Né le 11 août 1806, à Aveyron-Bergelle, canton d'Aignan, arrondissement de Mirande (Gers), de M. Pierre-Paul de Granier de Cassagnac et de dame Ursule Lissagaray, fille d'un médecin distingué de la petite ville d'Aignan, Adolphe Granier de Cassagnac appartenait à une modeste, mais très ancienne famille de noblesse, dont les ancêtres avaient fait partie de ces gentilshommes verriers mis par saint Louis en possession de l'industrie du verre qu'il avait rapportée d'Égypte.

Celui dont nous allons essayer de retracer la vie, nous a souvent raconté qu'il avait pu voir encore chez son grand-père les dernières pratiques de la fabrication privilégiée de la verrerie.

Les documents authentiques conservés dans la famille constatent que les ancêtres directs de Granier de Cassagnac ont été compris dans les recensements officiels de la noblesse française et qu'ils se sont appelés et ont signé de Granier de Cassagnac, depuis plus de trois siècles, c'est-à-dire depuis la quatrième année du règne de Henri II. Ces archives privées conservent aussi, en original, la déclaration de maintenue de noblesse, qui leur fut délivrée, par ordre de Louis XIV, le 20 juillet 1676 et qui leur fut renouvelée le 27 janvier 1710.

Dans les premières années de ce siècle, cette belle famille, dont l'existence était toute rurale, se composait de sept enfants, dont cinq garçons. Adolphe était l'aîné de ces enfants. Resté jusqu'à l'âge de douze ans à la campagne, il y contracta des goûts sérieux, l'amour passionné des travaux et des mœurs du paysan et le respect qui ne s'est jamais éteint en lui des robustes et pieuses populations du Midi. Il lisait avec prédilection deux ouvrages, parmi ceux qu'il avait trouvés dans la bibliothèque de son grand-père le médecin. Ces deux ouvrages étaient l'admirable édition de *Plutarque* avec les notes de Dacier et le *De Re rusticâ* de Varron. A l'issue de ces lectures solitaires, il allait entretenir les laboureurs du voisinage des méthodes préconisées par l'ami de Cicéron ou bien il courait raconter aux bouviers de son père les traits, les mots et les épisodes curieux qu'il rencontrait dans Plutarque; tantôt c'étaient les maximes et sentences des sages de la Grèce, tantôt les grands coups d'épée de Pyrrhus et surtout la ruse d'Annibal faisant illuminer les cornes de deux mille bœufs pour tromper la vigilance des Romains et pour leur faire croire à la levée du camp, pendant la nuit. A douze ans, il fut envoyé en pension à Vic-Fezenzac, où, en trois ans, il franchit les quatre premières classes d'humanités. De là, il passa au lycée de Toulouse et s'y trouva le condisciple laborieux et applaudi de Léon Faucher et de Léonce de Lavergne.

A peine achevait-il sa rhétorique que déjà le choix d'une carrière le préoccupait et que l'ambition d'arriver le poussait vers le journalisme. On vint, en effet, quand il était encore sur les bancs, lui offrir la rédaction en chef du *Journal politique et littéraire de Toulouse* avec un traitement de douze cents francs par an. Cette offre inespérée, qui lui permettait de ne rien distraire des épargnes de sa nombreuse famille, décida de sa carrière. Une véritable existence de bénédictin, moins le cloître, s'ouvrit alors devant lui. Pour augmenter ses revenus, il joignit à ses occupations de journaliste les fonctions de professeur. Il ouvrit des cours, donna des leçons particulières et s'efforça de peupler de bacheliers le midi de la France. M. Alphonse Peyrat, notamment, fut un de ses premiers élèves.

Doué au plus haut degré de la puissance de travail, cette faculté qui décuple la valeur d'un homme et lui fait produire tout ce que Dieu lui a donné, Adolphe Granier de Cassagnac était tourmenté du désir de parcourir, avant l'âge d'homme, l'universalité des connaissances humaines. Il avait formé le dessein d'écrire une histoire universelle et, sans avoir encore de projet bien arrêté, il lisait, la plume à la main, les auteurs de l'antiquité grecque et romaine, recherchant déjà tout ce qui pouvait satisfaire sa curiosité d'érudit, sur les sources du droit civil, sur l'esclavage, la noblesse, les coutumes et surtout les origines de notre langue et de ses dialectes. Né dans le Midi, il en parlait admirablement le patois ; philologue par goût, il voulut apprendre et il apprit tous les patois de la France.

Telle était, chez lui, cette activité intellectuelle qu'au milieu de tant d'occupations, il trouvait encore le temps de se livrer aux luttes académiques. Il concourut de 1828 à 1830 à l'Académie des Jeux Floraux et ses efforts furent couronnés par trois prix. Il obtint, notamment, un prix de poésie, pour une charmante et très originale pièce en vers intitulée : *Épître à moi-même*, et deux prix de discours, dont le plus important avait pour sujet cette question : *Est-ce à l'invention ou à l'imitation que la littérature française est le plus redevable ?*

Nous avons eu la curiosité de recourir au Recueil des pièces couronnées aux Jeux Floraux en 1829 et nous transcrivons ici, pour nos lecteurs, ce petit poème machiné comme une comédie. On y verra comment le jeune auteur de vingt-trois ans débuta dans la poésie légère du dix-huitième siècle, à la manière de Gresset, en attendant qu'il devienne un jour cet écrivain que nous avons tous loué et admiré pour l'allure magistrale de sa pensée et pour la haute tenue de son style.

ÉPITRE A MOI-MÊME

Qui a obtenu un *Souci réservé*.

> Je sais qu'il est indubitable
> Que, pour former œuvre parfait,
> Il faudrait se donner au diable,
> Et c'est ce que je n'ai pas fait.
> VOLTAIRE, *Épitre à M. Falkener.*

A ses amis bien fou qui veut écrire ;
Mal vous en prend, si vous tardez un jour
Et le courrier, qui roule ou qui chavire,
Règle ou détruit la froideur et l'amour.
En vain des pleurs de l'amitié plaintive,
En écrivant, mes yeux seront mouillés,
La lettre part : croyez-vous qu'elle arrive ?
Le cocher verse — et nous voilà brouillés.

Oui, mes amis, puissiez-vous, tous, m'entendre,
Je l'ai bien dit et ce n'est pas en vain.
Notre amitié ne doit jamais dépendre,
D'un postillon cuvant trop mal son vin ;
De vos regrets ma douleur est extrême ;
Je n'écris plus, vous avez beau crier.
Écrit qui veut, mes bons amis, s'il l'aime ;
Mais, pour sauver les hasards du courrier,
Dès ce moment, je n'écris qu'à moi-même.

— S'écrire à soi ? Le singulier projet !

— Et pourquoi pas ? où serait la folie ?
D'Amphitryon l'intrépide valet
Était bien double et Molière publie
Qu'il se parlait et se parlait fort bien.
Il m'est venu pareille fantaisie
Et, désormais, puisqu'il n'en coûte rien,
Au bâton près, je serai mon Sosie.
Sosie et moi, nous vivons sans façon ;
A converser si, parfois, je l'invite,
Point de rancune et, pour aller plus vite
Quand j'ai la rime, il fournit la raison.

Une pensée en t'écrivant m'arrête,
Mon cher Sosie, et je m'adresse à toi,
Dis, — quel sujet voudras-tu que je traite ?
Bon, je suis fou ! quel souci m'inquiète ?
Mon cher Sosie, eh ! mais, parlons de moi.
— De vous ? Grand Dieu, quel orgueil est le vôtre !
— Tant mieux, je suis peut-être impertinent,
Mais, ce sujet peut en valoir un autre.
Pour le plaisir de mon correspondant.
Parlons de moi. — Quoi ! de vous, d'un enfant ?

— Enfant, pas trop. Depuis que, plein d'ivresse,
Mes chers parents m'offrirent au bon Dieu,
S'il m'en souvient, du bon patron du lieu
Par vingt-deux fois j'ai vu chanter la messe,
Même un peu plus — quand l'astre aux feux perçants
Du fier lion franchissant la retraite
Aura brûlé ses ongles impuissants,
Mon almanach placera sur ma tête
Cinq lustres pleins, moins un double printemps (1),
Sans doute, encore on n'est pas cacochyme ;
Mais, on arrive à l'âge de raison
Et, désormais, serait-ce pour la rime
C'est résolu, me voilà grand garçon.

(1) Tout cela veut dire que l'auteur aura 23 ans à la fin de juillet
(Note de l'auteur.)

Oui, grand garçon — l'âge vient, le temps passe.
Conseille-moi, que faut-il que je fasse ?
Serai-je abbé, légiste ou bien soldat ?
Car tous ces noms ont flatté ma jeunesse
Et je voulais, avec même allégresse,
Prêcher, plaider ou mourir pour l'État.
Oui, même encor, j'irais, j'aime à le croire,
Bayard nouveau, sans reproche et sans peur,
Suivre Maison où le conduit la gloire,
Rien n'est si beau — le mal est qu'on en meurt.
Qu'en penses-tu ? — Je soutiens qu'il faut vivre
Et qu'être heureux vaut mieux qu'être immortel,
Fi de la gloire et de qui veut la suivre !
Au lieu des camps, j'aimerais mieux l'autel.

— Au fait, l'autel a bien de quoi me plaire.
J'arrondirai mon petit presbytère.
En le voyant, Gresset aurait souri.
J'aurai bientôt gouvernante sévère,
Triple menton et caveau bien garni.
Pour mon bréviaire et pour ma patenôtre,
J'ai moins d'ardeur, se dira-t-on bien bas,
C'est médisance, oh ! non, n'y croyez pas ;
Je prêcherai le jeûne, comme un autre.

Mais nos désirs nous trompent quelquefois ;
Abandonnons les sermons pour les lois.
— Quoi ! de Thémis devenir mince élève ?
Polir, user la rouille de son glaive,
De poids égaux armer son trébuchet
Et s'enrouer à mentir par brevet ?
Je le vois bien, ta folie est complète,
Brûle Cujas et me prends Richelet,
Ne plaide point — rime et fais-toi poète.

— Poète ? Eh ! mais, je l'avais oublié,
Mon cher Sosie est trop bon de moitié,
Et vraiment oui, la chose est excellente,
Mais cette rime !... — Écoute, car, enfin

Pour notre honneur, je le vois, il faut bien
Te conseiller, lorsqu'un mot t'épouvante.

On m'a conté qu'autrefois à Paris,
(Vive Paris pour savoir des merveilles !)
S'entrelisant leurs immortels écrits,
Sous même toit vivaient les deux Corneilles.
Pierre souvent suait, suait en vain
A pourchasser une rime infidèle,
Et quelquefois, au bout de son latin,
Pour tout le vers Thomas ne trouvait qu'elle.
Pour aider Pierre et sa muse en défaut,
Le hasard mit, divisant leur ménage,
Thomas plus bas et Pierre un peu plus haut
Et du plancher entr'ouvrant l'assemblage,
Aux vers nouveaux, allant, venant, soudain,
Par une trappe ils ouvraient un passage.

Or, lorsque Pierre en sursaut, le matin,
Du vieil Horace interprète sublime,
Interrogeait l'inflexible romain,
Ouvrant sa trappe et fermant son Lucain :
« Thomas, Thomas, j'ai besoin d'une rime. »
— L'expédient est heureux et fécond ;
Mais, c'est en vain que sa voix le conseille,
Au temps qui court, tout poète, au second,
N'a pas toujours, sous lui, Thomas Corneille.

— Quoi ! pour sortir de ce mince embarras,
Ton pauvre esprit demande un stratagème ?
En quatre mots, je résous le problème ;
La rime manque ? Eh ! bien, je n'en mets pas
— Comment ? — Sans doute et voici le mystère.

J'ai fait une ode et je peins en mes vers
Ce Grec fameux qu'étouffait l'Univers,
D'un courtisan l'indiscrète sagesse
Y gourmandait le vainqueur de Porus,
Lorsque du fer, dont j'armais son ivresse,
Le roi terrible allait percer Clitus,

Je l'immolais avec un vers sublime,
Mais, par malheur pour la postérité,
Malgré mon vers et sa sublimité,
Mon cerveau creux ne trouvait point de rime,

L'œil égaré, le teint pâle et jauni,
J'ouvris en vain le livre méthodique
Où Richelet, des poètes ami,
Nous les rangea par lettre alphabétique.
Je consultais la bonne édition ;
De rime, point ! Dans mon affliction,
Je donno au diable Alexandre et la Grèce,
Ainsi que moi, Clitus dans la détresse,
Tremble en voyant ce glaive étincelant :
Faute de rime il est encore vivant
Et par six points j'ai terminé ma pièce (1).

Oh ! ce tour-là vaut mieux que le premier,
Poète ou non, mince ou puissant génie,
On met toujours le vers sur le métier
Et, rime ou non, chaque page est remplie.
Or, maintenant que j'ai brisé sa loi,
Rimons gaiment — gaiment ? non pas, ma foi,
Le temps n'est plus de l'aimable folie :
Nos grands auteurs n'aiment pas que l'on rie,
Des dons du ciel qui veut être comblé,
Sensible amant de la mélancolie
A le front pâle et l'hypocondre enflé.

L'un pour tisane épuisant l'Hippocrène,
In trente-deux imprime sa migraine
Ou par le sort flétri dans son printemps,
Relie en veau ses vapeurs tous les ans ;
L'autre au teint frais, à la bouche vermeille,
Est mort dix fois et se porte à merveille,
L'autre, exposant les secrets de son art,
En formulaire a changé sa préface

(1) Sosie veut faire allusion aux chefs-d'œuvre typographiques publiés, depuis quelques années, sous le titre d'*Harmonies*, de *Rêveries*, de *Préludes*, etc. (*Note de l'auteur.*)

Et maintenant qu'elle a fui Gibraltar
La fièvre jaune est, je crois, au Parnasse.

Oui, grand auteur, vous que l'Olympe attend,
De vos lauriers vous me rendez avide ;
Votre Apollon va devenir mon guide,
Mon pouls frissonne et la fièvre me prend.
Inscrit vivant au livre de l'histoire,
Je vais narguer et Zoïle et le sort
Et, pour hâter mon triomphe et ma gloire,
Dans quinze jours, Messieurs, je serai mort.

Mes bons amis, pour consoler ma cendre
Donnez des pleurs à mon froid monument
Et, pour sécher ceux que je dois répandre,
Nous rirons tous à mon enterrement.

Après la Révolution de juillet, qui, comme toutes les Révolutions, semblait offrir des horizons nouveaux, la jeunesse française et particulièrement celle du Midi se crut appelée à de hautes destinées. Une idée germait alors dans la pensée du jeune lauréat de Toulouse, c'était d'écrire une *Histoire de la législation française.* Une chaire pour l'enseignement de cette histoire venait d'être créée par M. Guizot au Collège de France. Granier de Cassagnac répondit à la création de Paris par une création de même genre dans son chef-lieu, création due à ses seules ressources. Il ouvrit donc un cours avec le même titre et traitant des mêmes matières que celui du Collège de France. Ce cours, professé par un jeune homme de vingt-trois ans, eut, comme on peut bien le penser, un grand retentissement, même au delà de Toulouse.

Mais, bientôt, le travail écrasant que s'était imposé le professeur lui devint trop lourd, car il n'avait quitté, pour l'inaugurer, ni ses leçons, ni ses occupations de journaliste. Un fièvre lente mit ses jours en danger, et il dut s'arrêter entravé par la maladie. A peine remis, il tourna ses yeux vers Paris. Des amis lui proposèrent d'entrer au ministère des affaires étrangères ; mais sa tenace ambition était d'aller à Paris, pour y professer l'histoire du droit. Cette idée fut aussitôt conçue que réalisée.

Voilà notre jeune méridional partant pour la « Capitale » en 1832, comme nous l'avons dit, ne possédant pour toute fortune que le prix de son voyage et une lettre de recommandation que le célèbre avocat Romiguières lui remit pour M. de Rémusat, alors député de la Haute-Garonne. Arrivé à Paris, il restait au nouveau débarqué une somme de *quarante-six francs*, c'est de Granier de Cassagnac que nous tenons ce chiffre ; mais, si son pécule était maigre, le goût du travail lui permettait d'envisager d'un ferme regard les éventualités de l'avenir. Il avait, d'ailleurs, en lui ce qui fait les hommes et ce qui leur donne, de prime abord, la supériorité sur le vulgaire, un cœur résolu, le juste sentiment de sa valeur et ce grand fonds de doctrines morales qu'il avait reçu dans son enfance et qui lui a permis toute sa vie de résister aux sophismes et aux défaillances de son temps.

Il n'était pas venu seul à Paris. Deux amis l'avaient accompagné pour tenter la fortune ensemble. Ces deux camarades, c'étaient Louis de Maynard, créole de la Martinique et Burat de Gurgy, jeune méridional destiné à devenir un romancier. On verra, plus loin, que ces deux débutants ne firent qu'apparaître à Paris et qu'ils succombèrent tous deux au bout de peu d'années.

A peine installé à son hôtel, Granier de Cassagnac s'empressa de porter à M. de Rémusat la lettre d'introduction, dont il était porteur. Il eut, dès ce moment, une bonne fortune, ce fut l'accueil bienveillant de son député. Celui-ci proposa, lors de la seconde visite, à Granier de Cassagnac de le présenter à M. Guizot, ce qui eut lieu immédiatement.

Au bout de vingt-quatre heures, voilà notre ami introduit dans le cabinet du ministre de l'instruction publique, qui était déjà un des hommes les plus éminents de son temps. La fortune commençait donc à lui sourire : il fit part à M. Guizot de son désir d'obtenir une chaire pour l'enseignement de l'histoire du droit, et promit de s'y préparer par des publications historiques. « En attendant, lui dit le ministre, puisque vous vous êtes distingué déjà, à Toulouse, en soutenant dans votre journal la politique conservatrice, voulez-vous m'aider à soutenir, à Paris, la même politique? Vous y serez certainement en plus nombreuse et en meilleure compagnie qu'à Toulouse. » Granier de Cassagnac n'hésita pas, et, dès le lendemain, il vit arriver dans sa modeste chambre à l'*Hôtel d'Espagne* un écrivain envoyé par M. Guizot et qui venait lui proposer de travailler au journal *le Nouvelliste*, dont il était le directeur ; cet écrivain, c'était le spirituel Malitourne. Pourvu d'un traitement de deux cents francs par mois, le jeune Toulousain se considéra comme étant arrivé au port du premier coup ; il ne désirait pas, à ce moment, de plus brillantes destinées.

Dès lors, commença pour lui cette vie de labeur, de publicité et de combat qui, à travers de nombreuses vicissitudes, conséquence de la mobilité politique de notre pays, s'est continuée pendant un demi-siècle.

En même temps que Granier de Cassagnac travaillait à un journal politique quotidien, il collaborait encore à la *Revue de Paris* où il débuta par des articles très remarqués sur la *Noblesse française*. Peu de temps après, il fut attaché au *Journal des Débats*, à la suite d'un dîner fait aux *Roches* chez M. Bertin l'aîné, auprès duquel MM. de Rémusat et Victor Hugo avaient été ses parrains. Tous ceux qui, à cette époque, suivaient avec intérêt les journaux et leur polémique savent avec quel éclat Granier de Cassagnac débuta au milieu de la rédaction du *Journal des Débats*. Ses articles sur le théâtre d'Alexandre Dumas donnèrent au public lettré la plus haute idée de la sagacité et de la nouveauté de sa critique ; mais, ce grand éclat fut précisément ce qui lui nuisit dans un pareil milieu. Au bout de deux années de critique littéraire aux *Débats*, le nouveau venu quitta le journal, malgré les plus vives et les plus honorables instances de la part de ses directeurs. Il se sentait mal à l'aise dans un journal où il n'était pas lui-même.

L'occasion se présenta bientôt de trouver son véritable théâtre.

La *Presse* venait d'être fondée par M. Émile de Girardin, et toujours sur la présentation de Victor Hugo, Granier de Cassagnac y entrait avec le titre de rédacteur principal et la liberté la plus complète était laissée à ses mouvements.

Ce fut une universelle surprise dans le monde intelligent de Paris que l'apparition du jeune écrivain, dont les sentiments et les idées puisés aux sources les plus hautes de la religion et de la famille, détonnaient si fort au milieu des mœurs relâchées de la grande ville et dont le style, clair, ferme, savant, élégant, classique, contrastait par sa beauté mâle, avec les allures débraillées du journalisme littéraire et politique, issu du bouleversement de juillet.

Arrivé du fond de sa province avec des idées toutes faites sur les hommes et les choses, sur les origines et sur les fins de ce monde, religieux après une révolution qui avait abattu les croix, écrivant sur la noblesse, au moment même où on l'attaquait avec fureur, défendant les intérêts conservateurs, au milieu des émeutes et des insurrections, prêchant le respect des populations rurales à des bourgeois censitaires, vouant à la démagogie un dédain non dissimulé, demandant compte à nos romans et à nos drames des signes manifestes de l'immoralité publique, ce hardi polémiste devait paraître, en effet, à quelques-uns, bien étrange et bien importun. Il n'en fallut pas davantage pour lui valoir à la fois beaucoup de succès et en même temps beaucoup d'ennemis.

Aussi, dès ses premiers articles, la meute sans cesse en haleine des petits journaux, augmentée de la foule des médiocrités envieuses, s'attacha-t-elle à lui, semant sur ses pas l'injure et la calomnie.

Une autre cause plus puissante qu'on ne le croit, dans une grande ville comme Paris, contribua à donner à Granier de Cassagnac des ennemis qui ne l'avaient jamais vu ; cette cause, c'est le mépris hautain qu'il témoigna constamment pour d'indignes adversaires. Vivant chez lui en famille, dans l'étude, dans le travail, dans les livres, n'ayant jamais voulu mettre les pieds dans un café, la bohème littéraire ne lui pardonna pas de ne s'être point mêlé à elle. Comme, d'ailleurs, ses principes étaient absolus, son langage était absolu comme ses principes : on le trouva cassant, parce qu'il était ferme et les bas écrivains de la démagogie, avec lesquels il ne pactisa jamais et auxquels se joignirent les littérateurs jugés sévèrement par le critique, formèrent dès lors contre lui une ligue de haine et d'invectives, qui n'a pas cessé, même devant la tombe. Comme il n'avait, non plus, aucun ménagement envers ses adversaires, ceux-ci lancèrent contre lui les accusations les plus mensongères, et dans des biographies calomnieuses, ils lui contestèrent tout, jusqu'à son pays et à son nom.

Tel est l'esprit de parti, surtout à Paris ; mais, cet esprit de dénigrement avait affaire à un rude lutteur. A toutes les attaques que soulevait sa vaillante polémique, Granier de Cassagnac avait coutume de répondre en rassurant ses amis : « Je suis un caillou de l'Adour, et rien ne pourra me dissoudre, » ou bien encore : « La nature m'a donné, pour cuirasse, une peau de polémiste, qui, comme celle de l'éléphant, est à l'épreuve de la balle. » Et il poursuivait, en même temps, le cours de sa critique littéraire, étonnant ses lecteurs par la hardiesse et la nouveauté de ses idées, surtout par l'éclat, la solidité et l'élévation de son style.

Qui le croirait ? au sein de ces luttes, au milieu de ces travaux quotidiens du journalisme militant, le rédacteur de la *Presse* écrivait des livres d'histoire. C'est, en effet, en 1837, qu'il publia son premier ouvrage sous ce titre : *Introduction à l'Histoire universelle. Première partie : Histoire des classes ouvrières et des classes bourgeoises.*

Il était naturel qu'un homme de ce caractère, nourri des plus fortes études, imbu des idées les plus arrêtées, pouvant mettre au service de sa pensée une plume aussi exercée, venu d'ailleurs à Paris pour agrandir et compléter ses travaux, ne se bornât pas à fourbir chaque matin quelques éphémères articles de journaux. Sa légitime ambition devait être d'écrire des livres d'histoire, de nature à recommander son nom à l'estime de tous. C'est de cette résolution que naquit son premier ouvrage et que devait naître, deux ans plus tard, et comme un complément, l'*Histoire des classes nobles et des classes annoblies.*

Aujourd'hui que l'œuvre de Granier de Cassagnac s'est dessinée dans son ensemble, il est aisé d'en saisir les traits principaux et d'en définir l'esprit général. Une pensée commune s'en dégage : il semble que chacun d'eux ait été inspiré à l'auteur par l'idée de détruire quelque grande erreur historique trop généralement acceptée et placée, la plupart du temps, sous le patronage d'un grand nom. Ainsi, pour ne parler que des deux ouvrages que nous venons de citer, l'*Histoire des classes bourgeoises* a été écrite évidemment pour réfuter, pour détruire les théories de Rousseau et de Lamennais sur l'origine des sociétés que ces idéologues présentaient comme formées *à priori* de toutes pièces et comme composées d'hommes originairement égaux, jouissant des mêmes privilèges et réglant sur les places publiques les conditions pratiques de la vie sociale. A ces rêves inspirés par l'ignorance et l'utopie, Granier de Cassagnac substitua la réalité : il écrivit l'histoire véritable, et, à l'aide de recherches puisées aux sources, il prouva que les sociétés primitives, images elles-mêmes de la famille, se constituent par les mêmes principes et d'après les mêmes lois naturelles.

Dans l'*Histoire des classes nobles et des classes annoblies*, le but de l'auteur fut de combattre et de réfuter les idées de Montesquieu et de M. Guizot lui-même sur la fondation de la féodalité, dont ces deux grands historiens ont placé le berceau au moyen âge, circonscrivant, comme à plaisir, dans un cercle étroit, un fait primordial, contemporain de l'humanité elle-même.

Décoré sur la demande de Victor Hugo le 1er mai 1838, le jeune lauréat de Toulouse, parvenu en si peu d'années par son travail et par son talent à une position distinguée, à la fois comme historien et comme journaliste, devait avoir la légitime ambition, et il l'eut, en effet, d'aspirer à la députation. En conséquence, il employa ses premières économies, fruit de ses veilles, à l'acquisition dans son pays, de ce célèbre château du *Couloumé*, qui avait eu pour hôte l'abbé de Montesquiou, l'ancien ministre de la Restauration, et c'est de ce lieu qu'il a daté, depuis, la plupart de ses ouvrages : c'est là qu'il est mort le 30 janvier 1880.

Une première déception politique attendait Granier de Cassagnac, après quatre années de la plus brillante collaboration à la *Presse*. M. Molé était alors le représentant, à ses yeux, comme aux yeux de la France, du parti conservateur, et, quelles que fussent les préférences personnelles de chacun, il semblait naturel à tous les honnêtes gens de se rallier et de se grouper autour de lui pour protéger la société, comme on l'avait fait, quelques années auparavant, autour de Casimir Périer. M. Thiers pensa autrement ; il voulut donner l'assaut au pouvoir dans la personne de M. Molé et il noua cette célèbre Coalition de 1839, qui fut comme le point de départ de toutes nos révolutions contemporaines. M. Guizot se laissa malheureusement entraîner, alors, par M. Thiers, dans cette ligue immorale et impolitique, ce qui lui valut l'anathème si connu du *Journal des Débats :* « Vous pourrez, un jour, avoir notre concours, vous n'aurez jamais notre estime. » M. Émile de Girardin, comme on se le rappelle, se joignit contre M. Molé à ces adversaires coalisés.

Quelle conduite devait tenir en cette grave conjoncture Granier de Cassagnac ? Il ne voulait se mêler, à aucun prix, à cette compromission monstrueuse qui lui apparaissait, avec raison, comme une coalition contre la société elle-même (l'événement a prouvé combien il voyait juste), et, quoique ses amis en fissent partie, il crut devoir s'abstenir purement et simplement et ce fut M. Linguay qui, dans la *Presse*, fit la triste campagne de la Coalition.

M. Thiers devint le président de ce ministère du 1ᵉʳ mars, qui devait troubler inutilement le pays, coûter à la France des sommes immenses et disparaître, au bout de huit mois, sous un soufflet de l'Angleterre.

Ce n'est pas que M. Thiers n'eût fait des efforts pour conquérir une plume telle que celle de Granier de Cassagnac : « Vous êtes, lui dit-il, le premier journaliste de Paris, venez causer avec moi tous les matins, je ferai de vous le premier journaliste de l'Europe. » Granier de Cassagnac, sourd à tous ces raisonnements captieux, fit remarquer à son spirituel interlocuteur que les véritables alliances se forment avec les idées, les principes et les sentiments et qu'il ne suffit pas de lier les hommes pour appareiller les consciences. Et il déclina l'offre de M. Thiers qui lui offrait le *Moniteur*. « Vous êtes pour moi, dit-il, le gouvernement de mon pays ; je ne veux pas vous attaquer, mais franchement je ne puis vous défendre. Depuis plusieurs années, je suis appelé aux Colonies par des amis qui m'offrent la députation de ce pays, je suis résolu à faire ce beau voyage. »

Avant de quitter Paris, Granier de Cassagnac eut la

douleur d'assister à la mort de son ami Burat de Gurgy, dont on célébra les obsèques le dimanche 8 mars 1840, à l'église Notre-Dame-de-Lorette. Granier de Cassagnac prononça, ce jour-là, sur la tombe de son ami, au cimetière Montmartre, une courte allocution, mais si remplie de sentiments élevés que nous croyons devoir à sa mémoire de la donner ici :

« Il n'y a pas encore huit années, trois jeunes gens, étroitement unis de pensée et d'affection, quittaient ensemble le midi de la France et venaient à Paris, comme on y vient à leur âge, tout épanouis d'espérances et tout remplis de projets. De ces trois jeunes gens, de ces trois amis, de ces trois camarades, il n'y en a plus qu'un de vivant aujourd'hui. Le premier, Louis de Maynard, homme d'un si noble caractère, écrivain d'un talent si vigoureux et déjà si correct, est mort à vingt-quatre ans, à la Martinique, victime d'un duel horrible ; le second, Edmond Burat de Gurgy, qui a prodigué chaque jour, vous le savez tous, dans les journaux et les livres, les éminentes qualités de son esprit et de son cœur, vient de mourir tout à coup à trente ans, au milieu du travail, sur le seuil de la renommée littéraire. Le troisième, — il vous parle en ce moment, devant cette fosse ouverte et il n'a pas besoin de vous dire ce que valent les projets les plus beaux et les efforts les plus opiniâtres, dans lesquels n'est pas entrée la volonté de Dieu.

« Vous savez, tous, ce qu'était Burat de Gurgy, vivant de la vie de l'intelligence la plus belle et la plus souhaitable après la vie de la sainteté ; mais, moi seul, qui ai passé avec lui les années où l'âme est encore transparente et laisse voir les sentiments, moi seul, je puis bien vous dire par quelles relations sûres et cordiales il rehaussait les facultés de son intelligence et quel ami contenait l'écrivain.

« Louis de Maynard et Burat de Gurgy (car je réunis leurs noms sur cette tombe, parce qu'ils doivent se confondre dans la pensée de ceux qui ont connu l'un et l'autre et qu'ils sont inséparables dans mon cœur) faisaient partie de cette génération ardente et laborieuse, qui ensemence le champ des arts et des lettres, où l'avenir moissonnera. Ils sont morts tous deux avant le temps et ils ont tous deux nos regrets amers, parce que les nobles idées ont perdu en eux deux champions et les nobles sentiments deux apôtres. Mais, qui pourrait dire si, en faisant la part des desseins de la Providence, laquelle sait ce qu'elle fait et fait ce qu'elle doit, les deux pauvres trépassés n'ont pas eu encore la meilleure part de nos communes destinées ? Ils nous ont laissé à l'entrée de temps bien incertains et bien sombres, durant lesquels, peut-être, tous les jeunes ne vieilliront pas. Adieu, Burat de Gurgy ! nous ne pouvons pas souhaiter de laisser après nous des amis plus affligés que le vôtre; les regrets sincères des amis sur la terre doivent être le gage du pardon de Dieu dans le ciel ! ».

Parti de Paris en octobre 1840, Granier de Cassagnac n'y rentra qu'en juin 1841, après avoir été fiancé à la Guadeloupe, à Mlle Rosa de Beauvallon, fille d'un ancien officier supérieur du premier Empire et propriétaire à la Basse-Terre. Le mariage se fit, au retour à Paris, à la mairie de la rue Drouot.

Dans son *Voyage aux Antilles*, l'auteur a raconté lui-même, dans son plus brillant style, les différentes phases de ce qu'il a appelé son « périple d'Ulysse ». Nous n'avons donc pas à nous y arrêter, sinon pour placer sous les yeux du lecteur la lettre suivante, écrite à un ami créole demeurant à Paris, et dans laquelle l'heureux voyageur, exposant les raisons de son mariage, dessine à la plume le portrait de sa future :

« Basse-Terre (Guadeloupe), le 5 janvier 1841.

« Mon cher ami, je suis nommé délégué de votre
« cher pays : je suis sorti de l'urne au premier tour
« de scrutin. M. Janvier n'est sorti qu'après quatre
« ballottages entre lui et Berryer. Je ne vous parle
« pas de ma réception dans vos contrées, elle a été
« admirable. Je vais partir dans huit jours pour par-
« courir la Grande-Terre ; je suis encore retenu par
« des lettres et par des députations de tous les quar-
« tiers de la colonie. Je pense partir fin janvier pour
« la Martinique, mettre environ deux mois à voir
« Porto-Ricco, Saint-Domingue et la Jamaïque, et
« reprendre immédiatement le chemin de France par
« les États-Unis. M. Guizot m'a donné une lettre pour
« Boston ; j'espère aller la remettre.

« Mon très cher, voici une grande nouvelle et qui
« vous fera pousser un cri d'admiration : je me marie.
« Oui, cher ami, je me marie. La future m'accepte, les

« paroles sont engagées; les fiançailles auront lieu
« à la fin du mois et le mariage se fera en France, dès
« mon arrivée. J'ajoute que j'attends autant que cela à
« mon très grand regret et faute des papiers nécessaires;
« car, jamais amoureux ne fut plus impatient que moi.
« Je vous conseille, en ami, de vous munir de tous
« les titres nécessaires, quand vous irez en pays loin-
« tain; c'est une chose atroce d'être séparé de sa
« femme par une feuille de papier. Qui m'a poussé à
« cela, me demanderez-vous ? Mon cher ami, c'est ce
« qui pousse au mariage tous les cœurs, comme le
« vôtre et le mien.

« Une jeune et charmante femme, pleine de beauté,
« de santé, de grâce, de sagesse, vous l'aimez naturel-
« lement; elle vous laisse deviner que la chose ne lui
« déplaît pas, et, trois semaines après cela, son père et
« sa mère vous la donnent, voilà tout le secret de mon
« mariage. Après cela, il se trouve que ma promise
« appartient à l'une des principales familles de la Gua-
« deloupe et que, sans être riche à millions, elle a la
« fortune que je peux raisonnablement prétendre. Tou-
« tes ces choses sont par-dessus le marché; je l'aurais
« prise pour elle-même. Ma future est Mlle Rosa de Beau-
« vallon. Chose singulière, elle arrive de France après
« cinq années de pensionnat à Saint-Denis et il faut
« qu'elle parte deux mois avant moi pour que je la
« rencontre et que je l'épouse. Comme, en définitive,
« elle n'est pas encore ma femme, je puis vous dire,
« sans paraître ridicule, qu'elle est belle comme peu
« de femmes le sont, qu'elle a dix-huit ans et qu'elle

« est grande à peu près comme Mme de Girardin, —
« avec cela, un caractère angélique et une douceur
« d'enfant. Bref, je suis un homme très amoureux,
« c'est-à-dire très heureux. Je vous prie d'annoncer
« chez moi cette bonne nouvelle. — Hugo est-il acadé-
« micien ? Vous chamaillez-vous bien à Paris ? Je vous
« plains de tout mon cœur, moi qui suis fort paisible
« ici, et, sans la maladie des dîners officiels, je me trou-
« verais fort au-dessus des Rois de la terre. Adieu. »

Quand il revint en France, Granier de Cassagnac y apprit la chute de M. Thiers et la rentrée aux affaires de M. Guizot. Ses idées, on peut le dire, étaient revenues au pouvoir. En arrivant, il avait trouvé immédiatement sa place dans le journal le *Globe*, fondé par Théodore Lechevalier, pour la défense des intérêts coloniaux et il y travailla avec autant d'éclat et de succès qu'à la *Presse*.

C'est dans les colonnes du *Globe* que Granier de Cassagnac publia son *Voyage aux Antilles*, et c'est dix-huit mois après cette époque, le 2 décembre 1842, que naquit son fils aîné, Paul de Cassagnac, en qui revivent aujourd'hui son talent, son patriotisme et son énergie. En 1844, et comme complément à son voyage aux Antilles, parut la brochure intitulée : *Idées du christianisme sur l'esclavage*.

Devenu créole par son mariage, Granier de Cassagnac attaqua vivement, dans le *Globe*, M. Lacrosse, député, qui s'était toujours montré l'adversaire injuste, autant que passionné, des habitants des colonies, et dont le père, envoyé en mission aux Antilles, en 93, y avait laissé les plus terribles souvenirs. Il s'ensuivit un duel au pistolet, duel fatal pour M. Lacrosse qui fut atteint et blessé à la cuisse par son adversaire. Ce duel et l'ardente polémique politique qui en résulta et dans laquelle l'adversaire de M. Lacrosse ne ménagea pas ses vérités à la démagogie, lui valurent, de la part des journaux de l'opposition, un redoublement de haine, d'invectives et de calomnies.

Granier de Cassagnac n'était encore qu'au début de ses épreuves publiques, comme on va le voir. Un fait, alors nouveau à Paris, quoique bien connu à Londres, allait servir de prétexte à ses ennemis, pour essayer de le frapper personnellement, quoiqu'il y fût absolument étranger; nous voulons parler de la création du journal l'*Époque*. Le parti conservateur, effrayé à juste titre de l'audace croissante de la Révolution et de la diffusion extraordinaire des mauvaises publications, avait conçu le projet de créer à Paris un de ces grands journaux qui, comme le *Times* à Londres, fût répandu largement dans le pays.

Un homme se trouva tout préparé pour la fondation d'un tel journal, cet homme, c'était M. Bohain, que le *Tout-Paris* de cette époque a connu et qui avait vécu longtemps en Angleterre, qui y avait même fait des journaux. Le célèbre ami du docteur Véron alla plus loin que l'ancien directeur de l'Opéra, dans la voie de l'annonce et il n'hésita pas à introduire dans Paris les habitudes de la réclame anglaise, les hommes se promenant dans les rues, avec des affiches dans le dos.

Ces pratiques, qui sont communes à Londres et que l'Hippodrome a popularisées depuis, à Paris, y étaient alors si nouvelles, que les journaux de la bohème démagogique, menacés d'ailleurs par cette concurrence hardie, en jetèrent les hauts cris. Toute leur colère se tourna, non contre M. Bohain, fondateur du journal; mais contre Granier de Cassagnac qui n'en était que le rédacteur. Ce dernier eut à supporter le poids de toutes ces rancunes, de tous ces amours-propres blessés, de tous ces intérêts lésés; ce qui n'empêcha pas le journal d'obtenir un immense succès. En peu de semaines il atteignait, grâce au talent de sa rédaction, le chiffre, énorme à cette époque, de douze mille abonnés et il était en pleine prospérité, menaçant d'absorber tous les journaux spéciaux, en les remplaçant avec avantage, lorsque l'un de ses rivaux les plus célèbres et, par conséquent, les plus inquiets de son succès, profitant habilement de quelques embarras financiers provenant des largesses plus que britanniques de M. Bohain, eut l'idée de l'acheter, ce qui était une manière adroite de le supprimer.

En effet, on vit l'*Époque*, après deux années de succès, se fondre dans le journal la *Presse*.

La grande tentative de M. Bohain n'avait eu pour résultat que d'ouvrir la voie à l'annonce excentrique, importée d'Angleterre et qui, depuis, a fait son chemin à Paris, mais, en même temps, elle raviva les haines de la Révolution contre le parti conservateur. A la Chambre des députés les hommes de l'opposition, M. Glais-Bizoin entre autres, si notre mémoire est fidèle, accusèrent le ministère d'avoir accordé des faveurs, des privilèges de théâtre à ses familiers, le rédacteur en chef de l'*Époque* d'avoir été le dispensateur de ces grâces, pour alimenter son journal.

Or, chacun sait que l'*Époque* fut fondée par une Société en commandite, laquelle était représentée par des actionnaires et un gérant, ce qui met évidemment hors de cause le rédacteur en chef, qui n'a rien de commun avec l'administration proprement dite du journal.

La haine du parti radical contre un adversaire aussi redoutable que l'était Granier de Cassagnac, redoubla bientôt à l'occasion du duel de M. Rosemond de Beauvallon, son beau-frère, avec M. Dujarrier, l'un des propriétaires de la *Presse*. Le rôle de Granier de Cassagnac dans cette affaire s'était borné à dire en passant, à M. Devisme : « Mon beau-frère se bat demain : veuillez lui faire remettre mes pistolets, quand il vous les demandera. » Dieu sait combien de calomnies mensongères la presse révolutionnaire accumula et propagea à cette occasion contre le rédacteur en chef de l'*Époque*. Granier de Cassagnac fut alors, on peut le dire aujourd'hui, l'homme le plus calomnié de France. Il portait la peine de ses opinions conservatrices, de son courage, de son implacable ardeur contre les fauteurs éternels de l'anarchie.

A cette époque, il se retira momentanément de l'arène publique et se consacra tout entier à ce livre auquel il travaillait depuis longtemps et qui est certainement, de tous ses ouvrages, le plus important, l'*Histoire des causes de la Révolution française*. Frappé des erreurs et des dangereuses théories mises en circulation sur cette grande époque, surtout depuis 1830, Granier de Cassagnac écrivit son livre, d'après d'irrécusables documents, afin de détruire les légendes de seconde main. Il a réduit cette histoire à ses justes proportions, en établissant que c'est du règne de Louis XVI que datent les réformes qu'on attribue faussement à la Révolution et ces fameux principes de 89, qui ne sont que des principes monarchiques.

Après avoir, dans le premier volume, tracé un vaste tableau de la belle organisation de la France sous la monarchie, l'auteur montre, dans le second volume, cette même France en proie à l'anarchie et à une série de coups de main, le 14 juillet, le 20 juin, le 10 août, coups de main accomplis sous l'inspiration d'avocats et d'hommes de lettres, meneurs de la démagogie, sans l'aveu de la France, sans même la participation de la véritable population de Paris. On nous a assuré que M. Guizot, après avoir lu ce livre, dit à M. le comte Daru : « *Le premier volume est un chef-d'œuvre.* » Nous dirons, à notre tour, et le lecteur dira avec nous : « *Le second volume vaut le premier.* »

L'auteur, qui avait dédié son livre au Pape Pie IX, partit pour Rome, afin de lui offrir en personne cette pieuse dédicace.

Revenu à Paris au commencement de février 1848, Granier de Cassagnac y trouva la Révolution, qu'il avait si vaillamment combattue, maîtresse de la France et du pouvoir. Il crut de son honneur de rester au milieu de ses plus ardents ennemis et il assista, un revolver dans sa poche, aux séances du *Club de la rue Saint-Georges* où les frères et amis s'étaient donné rendez-vous. Granier de Cassagnac eut le courage de prendre la parole dans ce club hostile ; il tint tête à l'orage, confessa hautement ses opinions et ne voulut partir pour son pays natal que près de deux mois après, le 16 avril 1848. C'est là qu'il acheva, en attendant que l'horizon s'éclaircît, son *Histoire des causes de la Révolution*. Il la fit imprimer lui-même à Auch, et en rapporta toute l'édition à Paris, en mai 1849. C'est alors que s'ouvrit pour lui une perspective nouvelle avec l'avènement de Louis-Napoléon à la Présidence de la République.

A ce moment, ayant dépassé la quarantaine, l'éminent publiciste pouvait déjà mesurer avec honneur la distance qui le séparait de son point de départ et jeter un coup d'œil rétrospectif sur sa laborieuse carrière, sur les principes, sur les actes de sa vie politique. C'est vers ce même temps qu'il écrivit son *Histoire de la Chute de Louis-Philippe et du rétablissement de l'Empire* et, dans la Préface, il saisit l'occasion de faire connaître sa profession de foi. Nous allons la donner ici, car elle résume comme son être moral et sa physionomie personnelle, qui n'a pas varié jusqu'à sa mort. « Depuis plus d'un quart de siècle, dit-il, celui qui écrit es lignes soutient contre les principes anarchiques, elon la mesure de ses forces, une lutte qui, à défaut d'éclat, n'a manqué, il ose le dire, ni de résolution, ni de péril. Plus d'une fois, il s'y attendait, il a trouvé la calomnie dans cette arène. Ses adversaires cherchaient à diminuer l'autorité de sa parole, désespérant peut-être d'en affaiblir l'efficacité. Heureusement, sa vie, déjà longue, est là, sa vie dans laquelle ne s'est rencontrée, ni une mobilité, ni une contradiction, ni une faiblesse. Accepter, soutenir, défendre, à toutes les époques, les grands événements accomplis dans le sens de l'ordre et du pouvoir; renoncer aux intimités des hommes les plus considérables, toutes les fois que ces hommes lui ont paru incliner vers les passions révolutionnaires; signaler les progrès de l'orage, à mesure qu'il le voyait s'avancer, se refuser, enfin, à tout contact, quand cet orage éclate, telle est la voie qu'il s'honore d'avoir suivie; tels sont les principes qui l'ont dirigé et qui, Dieu aidant, le guideront toujours. Il n'a jamais penché que d'un côté, du côté du pouvoir; il n'a jamais combattu que pour repousser, pour extirper des esprits, pour anéantir, s'il est possible, les passions subversives et les anarchiques doctrines du parti républicain. Lorsque la révolution de février eut précipité la France et l'Europe dans un abîme d'où l'acte du 2 décembre les a retirées, l'auteur ne s'inclina pas devant les factions victorieuses et quand le socialisme menaça de détruire la Société, il combattit cette plaie nouvelle et signa de son nom ces paroles qui firent rugir la démagogie jusqu'à la tribune : « Quand le socialisme devient un péril public, on ne le discute pas, on le supprime : la faux ne discute pas avec l'ivraie. (1) »

(1) Cette phrase fut insérée dans un article du *Mémorial borde-*

Dans le premier volume de ses *Souvenirs*, Granier de Cassagnac a raconté tous les détails concernant son entrée au *Constitutionnel*, ses relations avec M. Véron, M. Mocquard et le Prince Président de la République ; nous n'avons pas à y revenir. C'est de cette époque que date sa constante collaboration de plume avec le Prince Président et plus tard avec l'Empereur. Après sa sortie définitive du *Constitutionnel*, l'énergique polémiste accepta la rédaction du journal le *Pouvoir* qui, a-t-il dit lui-même, lui servit à « recueillir les ardeurs de sa conviction et les impatiences de son zèle ». Mais, livré à lui-même, il contint si peu ses ardeurs, que le journal, cité à la barre de l'Assemblée républicaine le 15 juillet 1850, y fut condamné, dans la personne de son gérant, à une amende de 5,000 francs.

La Constitution républicaine de 1848 mettant en présence, comme celle de 1791, une seule Chambre et le pouvoir exécutif, sans le contre-poids d'une haute assemblée modératrice, le conflit devait naître nécessairement entre les deux pouvoirs rivaux. Tous les conseils généraux moins un seul (Vaucluse) réclamèrent la revision, c'est-à-dire l'abolition de cette Constitution républicaine sollicitée, d'ailleurs, par plus d'un million et demi de pétitionnaires. En mai 1851, Granier de Cassagnac écrivit sa fameuse brochure sur la *Revision de la Constitution*, dont il a lui-même raconté l'histoire en même temps que celle du voyage de Louis-Napoléon dans le Midi. Il se présenta l'année suivante aux élec-

---

lais de juin 1849. Ledru-Rollin somma le garde des sceaux d'en poursuivre l'auteur devant les tribunaux.

teurs de son département et fut nommé député en 1852, c'était la juste récompense de tant de services rendus au parti de l'ordre. Il fut réélu constamment et, pendant trois législatures, il a occupé son siège de député, jusqu'au jour où la Révolution du 4 septembre chassa violemment la représentation nationale du Palais-Bourbon. Il a occupé ce siège avec un talent, une énergie et une fidélité à toute épreuve; il a, pour ainsi dire, marqué lui-même de ses mains sa place dans l'histoire politique de son pays. Maire de la ville de Plaisance, membre du Conseil général, il n'a cessé d'entourer son arrondissement de toutes ses affections et de toutes ses sollicitudes. Sa popularité, on le pense bien, ne fit que s'y accroître avec les événements. Granier de Cassagnac avait, enfin, trouvé ce grand gouvernement d'autorité qu'il avait vainement cherché jusque-là et dont l'Empire fut la complète réalisation.

En même temps qu'il prenait part, et une part considérable aux travaux de la Chambre (il a été presque constamment choisi par ses collègues pour la rédaction des Adresses), Granier de Cassagnac portait, non moins assidûment, sa collaboration aux grands journaux politiques voués à la défense de l'ordre et de l'Empire.

Ceux de nos contemporains qui ont le goût des lettres ont suivi avec un vif intérêt cette série d'articles que l'auteur a semés avec tant de fécondité, dans le *Constitutionnel* notamment, et chacun a pu admirer ces magnifiques pages littéraires, qui dépassaient de si haut les éphémères articles de la presse ordinaire, éritables morceaux d'éloquence aussi remarquables ar l'élévation et la nouveauté des idées que par la eauté et la solidité du style. C'étaient des pages étinlantes se succédant chaque jour. Il serait à souhaiter — disons-le en passant — qu'un éditeur intelligent eût bonne pensée de réunir et de publier en quelques lumes les articles si variés et si intéressants dont anier de Cassagnac a enrichi les différents recueils journaux, et qui, la plupart, sont des chefs-d'œuvre pensée et de style (1).

En même temps, Granier de Cassagnac continuait la rie de ses grandes publications historiques.

S'étant un jour rendu aux archives de la Préfecture police, pour y rechercher quelques documents retifs à l'histoire de la Révolution, Granier de Casgnac y fut reçu par l'ancien conservateur de ce pôt, aujourd'hui incendié, M. Labat. Cet homme stingué et fort obligeant, après lui avoir montré le eux *Registre de la prison de l'Abbaye* encore taché vin et de sang dans les massacres de septembre, lui connaître qu'il existait dans ces mêmes archives e masse de papiers rares et de la plus haute importce relatifs à la Révolution, et parmi lesquels se trouient notamment les reçus manuscrits du salaire des assins de Septembre.

'auteur de *l'Histoire des causes de la Révolution franse* n'hésita pas à demander et il obtint la communi-

---

) On a publié en 1852, sous le titre *Portraits littéraires*, un voe composé des premiers articles, publiés par la *Presse* ; mais hoix a été fait sans méthode.

cation de ces précieux et irréfragables documents authentiques. C'est ainsi que fut écrit l'un de ses livres les plus curieux, l'*Histoire des Girondins et des massacres de septembre*. C'est à cette publication qu'on doit la preuve que c'est le gouvernement révolutionnaire et la commune de Paris qui ont préparé et fait exécuter ces horribles massacres par voie administrative, sous l'action des mairies et des gardes nationales de Paris. Ainsi tomba devant les preuves irréfutables cette théorie mensongère des historiens de la Révolution qui avaient, jusqu'ici, représenté ces massacres comme l'effet d'une surexcitation populaire, à l'occasion de la prise de Verdun.

L'*Histoire des Girondins* eut encore un autre résultat, ce fut de réduire à néant la fausse légende de ces politiques surfaits par M. de Lamartine, M. Thiers et quelques autres. Elle les montra ce qu'ils ont été en effet, des esprits ambitieux, égoïstes, sans principes, sacrifiant la Royauté à la soif du pouvoir et payant de leurs têtes, non sans lâcheté, leurs monstrueuses palinodies, après avoir trempé eux-mêmes dans les massacres de septembre. C'est cette véridique histoire des Girondins qui, lue par M. le chancelier Pasquier, témoin de ces tristes événements, lui arracha cette parole : « C'est un livre vengeur ! »

Entraîné par le récit des différentes phases de la Révolution, Granier de Cassagnac crut devoir compléter son œuvre en écrivant l'*Histoire du Directoire*. Dans ce dernier livre, l'auteur a réduit à leur juste valeur les prétendus bienfaits de la Révolution. Il a duit à néant ces légendes si longtemps vantées des *olontaires de 92*, des *quatorze armées* de Carnot et il s a battues en brèche avec des documents précis, ec les *États officiels* trouvées dans les papiers de int-Just.

Cet ensemble de travaux sur la Révolution a paru ccessivement et par volumes séparés, mais ces livres nt unis entre eux par une pensée commune. Les emières éditions sont épuisées depuis longtemps : us estimons que ce serait rendre un service au blic que de les réimprimer tous, en huit ou dix vomes, sous le titre général d'*Histoire de la Révolution ançaise, par Granier de Cassagnac*. De toutes les hisires de cette terrible époque, ce serait assurément plus sincère, la plus exacte, la plus éloquente l'on pourrait lui prédire un grand et honorable ccès.

Telles sont les œuvres de littérature historique et litique qui marquent, dans la carrière de Granier de ssagnac, la longue période du second Empire. A peu ès à cette même époque, où il venait de publier ses rniers ouvrages, il prit une part considérable dans rédaction d'un journal hebdomadaire, le *Réveil*, urnal fondé par les frères Escudier et dans lequel un oupe d'hommes distingués s'était proposé de régé-'rer les mœurs par la prédication des plus hautes ctrines sociales.

Enfin, vers 1859, Granier de Cassagnac reçut le journal le *Pays* tombé des mains de M. de Lamartine et de . de la Guéronnière, et il le releva si bien qu'il en fit un organe plein de vitalité que le jeune député, son glorieux fils, a fait grandir avec lui.

Nous voudrions placer sous les yeux du lecteur un fragment du style historique de Granier de Cassagnac. Il y a dans son œuvre tant de pages éloquentes que nous en sommes réduits à l'embarras de choix. Nous donnerons seulement ici, d'après son *Histoire des Girondins*, les pages consacrées à apprécier et à résumer les vertus comme les fautes de Louis XVI. Nous ne connaissons nulle part, dans aucun historien ancien ou moderne, d'appréciation plus équitable, de portrait plus vrai, touché d'un pinceau plus simple et plus magistral.

« Louis XVI disait un jour à Bertrand de Molleville, son intelligent et fidèle ministre, au sujet des transes mortelles dans lesquelles Paris était entretenu par les préparatifs manifestes du 10 août : « Il y a bien des « chances contre moi et je ne suis pas heureux. Si j'étais « seul, je risquerais encore une tentative. Oh ! si ma « femme et mes enfants n'étaient pas avec moi, on ver- « rait bien vite que je ne suis pas si faible que l'on « s'imagine. Mais, quel serait leur sort, si les mesures « que vous m'indiquez n'étaient point suivies du succès. » Ces paroles sont à la fois le plus grand éloge et le plus grand blâme qu'on puisse adresser à la mémoire de Louis XVI. Comme père de famille il ne pouvait rien faire de plus touchant et de plus noble que de sacrifier sa vie, non pas même à la certitude, mais à la possibilité de sauver sa famille et ses enfants ; comme Roi, il n'avait le droit de songer à lui et aux siens

qu'après avoir songé à la France. Homère avait nommé admirablement les rois les pasteurs des peuples. Leurs devoirs sont grands et redoutables comme leurs droits. Le vénérable M. de Malesherbes disait de Louis XVI avec raison : « Dans certaines circons-
« tances, les vertus d'une vie privée, poussées jusqu'un
« certain point, deviennent des vices sur le trône. »

« Louis XVI se perdit ; il fit bien pis, il perdit la France par trop d'affection pour les siens et par trop de bienveillance et de douceur pour les hommes. Il ne voulut jamais être défendu jusqu'à l'effusion du sang, pas même contre les plus abominables factions. Le 5 octobre 1789, il désarma ses gardes du corps qui voulaient repousser les bandes de Maillard ; le 10 août 1792, il désarma les suisses qui voulaient repousser et qui repoussaient déjà les bandes de Santerre. Le malheureux Prince ne considérait pas qu'en agissant ainsi, il livrait la vie de ses braves soldats aux lâches assassins qui ne tenaient aucun compte de sa clémence, que, de plus, il livrait encore l'autorité, les lois et la Société tout entière, dont la Providence lui avait confié la garde. Les Princes ne sauraient assez méditer sur les fautes graves que commit Louis XVI, comme souverain, en ne considérant pas que le pouvoir royal était la clé de voûte de la société française et que les devoirs attachés à la Couronne lui imposaient l'obligation de risquer mille fois sa vie, pour préserver ses peuples de leur propre entraînement et de leurs propres folies. Le peu de sang qu'il eût pu en coûter eût coulé pour l'ordre et les lois, tandis que le bourreau en fit couler des torrents pour le triomphe et pour la glorification du crime. Un prince, dans la situation de Louis XVI, défendant le pouvoir, la religion, la famille, n'a le droit de songer ni à ses enfants, ni à sa femme ; la patrie et le devoir réclament son âme tout entière et, détaché de tout ce qui n'est pas le triomphe des lois et le salut de la société, il n'a besoin que de deux choses : d'une épée pour combattre et de six pieds de terre pour y attendre les regrets de son peuple et les acclamations de la postérité. Au dix août, Louis XVI avait sous la main les éléments d'une grande victoire. La monarchie pouvait être sauvée, la France pouvait être préservée par un effort généreux et énergique. Il déserta leur cause et faillit à son devoir. Il mourut en Martyr, il devait savoir mourir en Roi. Dieu lui aura pardonné dans sa miséricorde les malheurs qu'il pouvait empêcher, en montrant de l'énergie. L'histoire doit le plaindre et lui appliquer le mot de Tacite sur Galba : « *Dignus imperii, nisi imperasset,* — *digne du trône, s'il* « *n'y était pas monté.* »

Au milieu de tant de travaux, Granier de Cassagnac poursuivait sa carrière législative, en laissant, dans la plupart des discussions, la marque de son esprit vigoureux et parfois celle de sa vive et énergique parole. Personne n'a perdu le souvenir de son intervention dans la discussion des lois trop fameuses des 11 mai et 6 juin 1868. Personne n'a oublié l'admirable discours qu'il prononça à cette occasion et ce vote des sept députés qui méritèrent le surnom des *Sept Sages*. Personne, non plus, n'a oublié son opposition au ministère Ollivier, en 1870, tant à la Chambre que dans le *Pays*, non plus que son apostrophe à l'Opposition dans sa séance fameuse du 9 août 1870.

Ce fut une des plus belles pages de sa vie parlementaire que cette séance du 9 août 1870. Lorsque Jules Favre osa monter à la tribune et proposer la déchéance de l'Empereur, à qui, quatre mois auparavant, la France avait donné huit millions de voix, Granier de Cassagnac s'élança à la tribune et sachant qu'il s'adressait à des avocats, il les enferma dans un dilemme comme dans un étau ; l'histoire doit recueillir ses nobles paroles.

« Je ne viens pas, s'écria-t-il, faire un discours dans la circonsfance actuelle ; mais je cède à un impérieux commandement de ma conscience, en apportant ici ma protestation de citoyen et de député. L'acte qui vient de s'accomplir devant vous est un commencement de révolution donnant la main à un commencement d'invasion. Les Prussiens vous attendaient ! Lorsque Marmont, d'odieuse mémoire, vendit sa patrie, il ne fit rien de plus que vous. Mais, au moins, Marmont était un soldat qui avait vu en face et de près les ennemis de son pays ; tandis que vous, abrités ici derrière vos privilèges, vous proposez de détruire le gouvernement — de qui ? — de l'Empereur qui est en face de l'ennemi. Nous sommes venus ici sous la condition de notre serment qui constitue notre caractère et qui crée notre inviolabilité. — Vous m'écouterez jusqu'au bout !—Lorsque, par un acte révolutionnaire, on reprend son serment, on perd à la fois l'inviolabilité et le caractère qui en découle pour rester de simples factieux. Et je vous le déclare, si j'avais l'honneur de siéger au banc du gouvernement, vous tous, signataires de la proposition, vous seriez, ce soir, devant un conseil de guerre ! »

Lorsqu'il fut question, au milieu des circonstances les plus graves, de donner des successeurs à M. Émile Ollivier et de remplacer ce ministère sans force et sans autorité par un cabinet nouveau, l'Empereur jeta les yeux sur Granier de Cassagnac pour le ministère de l'Intérieur. Désigné par le souverain, il n'eut pas l'honneur d'être agréé par M. le président Schneider et il eut le sort du maréchal Bugeaud en 1848. On le trouva trop *énergique*, singulière politique qui, en présence d'un vaste incendie, repousse les hommes les plus capables de l'éteindre. A défaut de Granier de Cassagnac, dont le dévouement à l'Empire était si connu, on chercha un équivalent et l'on offrit ce portefeuille si important à M. Duvernois ; mais, là encore, on trouva l'opposition de M. le président de la Chambre qui ne consentit à agréer ce dernier qu'en l'annihilant dans un ministère secondaire. Il n'est pas téméraire de penser que si Granier de Cassagnac avait été placé au poste de combat, où l'Empereur l'avait mis, au milieu d'événements si terribles, les factions à l'intérieur eussent été certainement contenues par une main de fer, dont l'énergie était à la hauteur de ce grand péril public. Dans cette hypothèse, le cours des événements pouvait être modifié, qui sait? La démagogie vaincue et domptée n'aurait pas pu, selon toute probabilité, désorganiser la France et prêter ainsi la main à l'ennemi, dont elle a facilité si manifestement l'invasion.

Parvenu à la plus forte maturité de son talent, Granier de Cassagnac, père d'une nombreuse et belle famille, se donna tout entier à son pays natal, sur lequel il appela tous les bienfaits dus à son légitime crédit. Il consacra le produit de ses ouvrages et les économies de près d'un demi-siècle de travail, à fonder dans le Gers, au milieu de ces populations rurales qu'il aima dès l'enfance, des établissements agricoles qui ont transformé son canton. Il y a fait creuser à ses frais, en 1856, un canal d'irrigation de neuf kilomètres qui arrose toute la plaine de Plaisance, avec des prises d'eau facultatives pour les riverains et qui a doublé la valeur des terres. Sur ce canal, qui porte son nom, l'admirateur de Varron a installé deux usines de minoteries, pouvant moudre trente mille hectolitres de blé.

Retiré à Bruxelles après le 4 Septembre, le polémiste éminent qui avait soutenu l'Empire avec tant d'éclat le défendit avec plus d'énergie encore, lorsqu'il fut tombé. Granier de Cassagnac s'était rendu en Belgique pour y chercher des nouvelles de ses deux fils Paul et Louis, l'un faisant partie de l'armée de Sedan et l'autre de l'armée de Metz. On disait le premier prisonnier et le second mort. Le père désolé parcourut les ambulances et put, non sans peine, se rassurer sur le sort de son fils Louis, qui n'avait été que blessé comme porte-fanion du maréchal Lebœuf, et sur celui de son fils Paul, prisonnier dans une forteresse d'Allemagne. Il eut, alors, l'idée de se rendre utile aux familles françaises en fondant à Bruxelles un journal, le *Drapeau*, dont le but fut de servir d'intermédiaire entre les soldats prisonniers et leurs parents, et de procurer à ceux-ci des informations rapides et sûres.

On connaît les phases diverses racontées par Granier de Cassagnac lui-même, de son arrestation par ordre de M. Thiers et de son exil en Espagne. M. Thiers ayant dit à la tribune qu'il avait seulement donné au député du Gers le *conseil* de quitter de nouveau la France, Granier de Cassagnac lui écrivit, par la voix des journaux du Midi, le spirituel billet qui suit : « Vous appelez *conseil* un ordre d'exil : je vous ferai remarquer seulement que votre conseil s'est présenté à moi sous l'uniforme d'un officier de gendarmerie, d'une taille de cinq pieds huit pouces, et qu'il m'eût été difficile de ne pas suivre un conseil ainsi personnifié. » Après un mois de séjour à Irun, l'exilé de M. Thiers vit arriver à lui une députation de ses concitoyens qui l'invitaient à accepter la mairie. Il fut réélu, ensuite, successivement conseiller municipal, maire, conseiller général, puis, député du Gers.

Granier de Cassagnac se trouvait au Couloumé vers la fin de 1872, lorsque le 1er novembre, M. Dugué de la Fauconnerie, propriétaire du journal l'*Ordre*, vint le chercher chez lui, pour lui proposer de partager la direction de cet important organe du parti de l'Appel au peuple. La tâche était difficile ; le moment était périlleux. Donner à un journal bonapartiste, en pleine république, l'éclat et l'autorité qui le font remarquer et respecter, telles étaient les conditions que l'éminent polémiste acceptait sans trembler. Le résultat répondit à tant de courage. On le vit bien à la mort de l'Empereur. Ce jour-là, dans un article intitulé : « *Pas de défaillances !* » Granier de Cassagnac se montra véritablement chef de parti : ce fut un phare dans la tempête.

« PAS DE DÉFAILLANCE ! disait-il, l'Empereur est mort : en lui s'éteint une pensée pleine de la grandeur de la France, un cœur dévoué à tous sans distinction ; mais, surtout aux faibles et aux pauvres, un caractère élevé et chevaleresque, une âme bienveillante, douce, consolatrice, qui n'a jamais vu un succès sans l'applaudir, une larme sans la sécher. Il faut donc gémir profondément sur un malheur si grand qui frappe inopinément la France et la famille impériale. Mais cette immense et légitime douleur une fois acceptée et satisfaite dans la mesure des consolations possibles, il reste à tous les partisans de Napoléon III, aux générations du 10 décembre 1848 qui l'élevèrent à la Présidence, du 20 décembre 1851 qui sanctionnèrent son pouvoir dirigeant, du 20 novembre 1852 qui proclamèrent l'Empire, du 8 mai 1870 qui le sanctionnèrent, il leur reste à accepter respectueusement, mais fièrement, les coups mystérieux de la Providence, à se souvenir de leurs votes et à se tenir prêts à les renouveler. L'Empereur est mort ; mais l'Empire est vivant et indestructible ; ce qui dure, ce ne sont pas les hommes ; mais les institutions. La mort de César fonda l'Empire d'Auguste. L'Empire est vivant pour le besoin qu'a la France d'institutions à la fois populaires et énergiques, il est vivant par l'épouvante qui va gagner les intérêts sociaux, à la disparition inopinée d'un bras qu'on savait capable de les protéger et résolu à le faire. Enfin, l'Empire est vivant dans la sympathie, l'amour, le respect, la pitié de la France, qui éclateront dans toutes les demeures modestes, dans toutes les chaumières où le nom de Napoléon est gravé en images affectueusement exposées. Donc, essuyons nos pleurs, étouffons nos sanglots, pressons nos poitrines et empêchons nos cœurs de battre plus fort et plus vite qu'il ne convient à des natures viriles. Le rétablissement de l'Empire perd un homme, il ne perd ni une chance, ni une espérance. Ce n'est point par ses aspirations, et même, par ses agissements qu'un régime politique s'assure l'avenir, c'est par sa nécessité. Or, l'Empire est nécessaire à l'ordre public, aux intérêts. La France en a besoin pour fonder un régime durable placé sur de fortes assises populaires, elle en a besoin pour être rassurée contre les périls plus imminents que jamais que lui font courir la démagogie et le socialisme. C'est pour cela que l'Empire se rétablira ! »

Pour couronner, enfin, ses travaux par un monument de prédilection, Granier de Cassagnac a publié, en 1873, chez Firmin Didot, le grand ouvrage auquel il a, pour ainsi dire, travaillé toute sa vie, l'*Histoire des origines de la langue française.* Ce beau livre a, dès son apparition, éveillé l'attention des corps savants et mérité l'examen sympathique des hommes spéciaux. Selon sa méthode habituelle, l'auteur, avec toutes les ressources de sa rare sagacité, a réussi à battre en brèche la vieille tradition classique qui date des deux Scaliger, c'est-à-dire du seizième siècle, à savoir que le français dérive du latin. L'auteur n'admet cette origine que pour les mots de formation savante, pour la langue scientifique éclose en serre chaude à partir du quinzième siècle. Il prouve, par des textes et des documents irréfutables, que la langue française est exclusivement gauloise et ne doit qu'à la parenté primitive des deux peuples ce qu'elle a de commun avec le latin. On a dit avec raison de ce livre qu'il avait ce double mérite d'avoir un caractère à la fois original et national.

Jusqu'à la fin de sa vie, Granier de Cassagnac n'a pas cessé de travailler, par la plume et par le livre, au triomphe des idées dont il a été le soutien résolu. En 1871, il eut l'honneur d'écrire en collaboration avec Napoléon III, l'importante brochure intitulée : *A chacun sa part dans nos désastres de Sedan, ses causes et ses suites*, œuvre honorable où l'auteur discute avec impartialité toutes les responsabilités, même celle de l'Empereur. Ses derniers livres, l'*Histoire populaire de Napoléon III* et l'*Histoire de la Troisième République*, qu'il a écrites en collaboration avec son fils Paul, sont des preuves nouvelles de la fidélité de ses opinions.

Il s'est délassé, entre temps, par le charmant roman qui porte ce titre : *Le Secret du chevalier de Médrane* et qu'a publié le *Figaro*. Ce n'était pas son premier roman, car il en avait autrefois publié deux avec le même succès, *Danaé* et la *Reine des Prairies* (1).

Enfin, comme député sous la troisième République,

---

(1) Granier de Cassagnac est aussi l'auteur d'une comédie inédite en cinq actes et en vers, intitulée le *Livre de mariage* et qui fut reçue au Théâtre-Français, à *correction*. L'auteur avait demandé à Scribe des conseils pour remanier sa pièce. Nous avons trouvé dans ses papiers la réponse qui atteste le fait, la voici :

« *Ce mardi 20 décembre.*

« Pardon, Monsieur et cher confrère, de vous avoir fait attendre aussi longtemps, j'ai eu des répétitions, j'ai eu une pièce nouvelle, *la Fille de trente ans*, j'ai eu beaucoup d'affaires ; et puis, comme les Sybarites qui ne veulent pas être gênés dans leurs plaisirs, j'ai lu votre ouvrage à mon aise et lentement. C'est ainsi qu'il faut lire une pièce qui est surtout riche en détails. J'ai beaucoup de compliments à vous faire. Ce n'est pas cela que vous attendez de moi ; ce sont des critiques! Rassurez-vous, je vous en réserve aussi et de grandes ! Mais pour vous expliquer les idées que j'ai la témérité d'avoir à ce sujet, une demi-heure de conversation vaudra mieux que quatre pages de notes et d'observations. Voulez-vous — cette demi-heure — me la donner jeudi ou vendredi, à votre choix, pourvu que ce soit avant onze heures du matin, car, plus tard, j'ai des *répétitions* ou des *commissions*.

« Recevez, monsieur et cher confrère, l'expression de mon bien affectueux dévouement,

« E. SCRIBE. »

Nous ne savons si l'entrevue projetée eut lieu et si Granier de Cassagnac put corriger sa pièce d'après les indications de Scribe ; ce qu'il est particulièrement intéressant de savoir, c'est que le manuscrit existe et qu'il est aujourd'hui entre les mains de la veuve de l'auteur. (*Note de l'éditeur.*)

on se rappelle son attitude d'opposition à la fois irréconciliable et pleine de modération. Ses deux derniers discours à la tribune, l'un sur le *Budget des cultes*, et l'autre sur la *Loi d'enseignement* ont été des triomphes pour le vieux lutteur.

Granier de Cassagnac n'avait qu'un orgueil, celui de sa nombreuse et belle famille. Sa fille unique Jeanne avait épousé, à son gré, M. de Saulcy, ses deux fils, Louis et Albert étaient officiers dans l'armée française; le plus jeune Georges, nature distinguée de tous points, a eu l'insigne honneur d'être élu député à la place de son père. Quant à son fils Paul, il avait pour lui une sympathie mesurée à la personnalité exceptionnelle du jeune député de Mirande. Il en parlait sans cesse : on peut dire qu'il le portait à sa boutonnière. Il s'oubliait absolument pour ne louer, pour n'applaudir que ce nouveau Rodrigue. L'une de ses plus grandes joies fut le discours prononcé par son fils Paul, dans le procès Wimpfen, pour venger l'Empereur et l'armée impériale des calomnies républicaines. Granier de Cassagnac savait par cœur le discours de son fils et il nous en redisait, à haute voix, les principaux passages, surtout celui-ci où Paul de Cassagnac s'adresse au général Wimpfen :

« *Alors, nous n'avons pas de généraux sérieux, nous !*
« *Et que sont donc ceux qui sont devant vous ? que*
« *sont pour vous ces gloires si pures et que j'ai plaisir*
« *et orgueil à énumérer. Voilà Ducrot : Ducrot, qui nous*
« *eût sauvés dans la journée de Sédan, sans votre fatale*
« *intervention, Ducrot qui voulut mourir et que la*

« mort elle-même n'a pas osé prendre ! Voilà Lebrun,
« le héros de Bazeilles, l'homme qui s'est taillé dans une
« défaite une gloire supérieure à celle de bien des vic-
« toires ! Voilà Douay, qui, dans vingt combats, fut au
« premier rang, qui, au début de la guerre, vit mourir
« son frère et qui attendit que la bataille fût terminée
« pour le pleurer ! Voilà Galliffet, ce preux d'un autre
« âge, qui fit à Sedan ce qu'un autre fit à Waterloo et
« qui eut la bonne fortune, unique dans l'histoire, de
« renouveler la charge légendaire de la Haie-Sainte. »

Et, en répétant ces éloquentes paroles, le vieux père nous disait, les larmes aux yeux : « Comme c'est beau ! n'est-ce pas que c'est bien beau ? — cela ne rappelle-t-il pas ces discours antiques reproduits par Tacite et par Tite-Live ? »

Dans les derniers jours de janvier 1880, Granier de Cassagnac venait de passer quelques semaines au Couloumé, au milieu de sa chère famille, et il se plaisait à vivre heureux et honoré au milieu de ces populations qui le chérissaient et qui depuis si longtemps le nommaient leur député. Il parcourait, à pied, ses vignes par des journées de soleil qui ne sont pas rares dans le Midi à cette époque. Le dimanche, il fit atteler son vieil équipage de campagne et il voulut aller passer quelques heures au marché de Mirande, où il causa longuement et affectueusement avec les paysans, ses amis, souriant à tous, recevant et donnant force poignées de main. C'est au retour de cette excursion qu'il tomba inopinément malade de la fièvre pernicieuse qui l'a emporté si rapidement.

Dès que les médecins eurent constaté qu'il ne restait plus d'espérance de le sauver, la famille s'empressa d'avertir le bon curé de l'endroit, âgé de quatre-vingts ans et l'un des amis de celui qui allait mourir. Nous devons dire, ici, que l'ancien député du Gers, le défenseur des intérêts catholiques, n'avait jamais cessé de mettre sa conduite en harmonie avec ses écrits. Tous les ans, à Pâques, il communiait à l'église de la Madeleine, sa paroisse. C'est dire qu'il accueillit avec bonheur la visite de son curé. Il se confessa, dans la nuit, vers trois heures du matin. Lorsque le curé sortit de sa chambre, Mme de Cassagnac lui dit : « *Eh bien ?* » — « *Il a été admirable !* » répondit le vénérable ecclésiastique. Celui-ci avait promis de revenir le matin, de bonne heure, pour administrer au mourant l'Extrême-Onction : il tint parole, en effet. Il serait impossible de décrire ici la simplicité touchante et la grandeur morale de cette scène. Granier de Cassagnac, ayant été obligé d'absorber des doses considérables de quinine, ses lèvres eurent de la peine à retenir le saint viatique. Par un effort visible de sa volonté, le moribond ferma vivement la bouche pour empêcher l'hostie de tomber, affirmant ainsi, au milieu de sa famille agenouillée, la sincérité de ses convictions. Puis, le prêtre lui fit réciter à haute voix ses Actes de Foi et de Contrition, l'interpellant à chaque moment, selon la coutume de ces contrées, par ses prénoms de *Bernard-Adolphe*, répétés à toutes les phases de ce douloureux et suprême dialogue. Quelques minutes après, Granier de Cassagnac rendait le dernier soupir.

Ainsi mourut notre ami, en homme de bien, en chrétien convaincu.

Les habitants du pays tinrent à honneur de traverser tous la chambre mortuaire pour voir et embrasser, encore une fois, celui qu'ils appelaient leur bienfaiteur. Le menuisier ne voulut pas accepter le prix du cercueil, ni le marbrier la main-d'œuvre du caveau funèbre.

Telle est, en résumé, la biographie de Granier de Cassagnac, telle est cette vie si noblement remplie, si constante avec elle-même. L'éminent publiciste a-t-il jamais pactisé avec la démagogie ? — Non. Ses adversaires peuvent-ils dire qu'il ait jamais été dans leur camp ? — Non. Dans sa longue carrière, et à travers les épreuves douloureuses et successives que notre pays a traversées, le député du Gers n'a jamais cessé, l'épée et la plume à la main, d'être le défenseur inébranlable de la Religion, de l'Ordre, de la Famille, de toutes les institutions, en un mot, qui constituent la base de la société française. Et quand l'Empire lui-même s'engagea dans une fausse route, il n'hésita pas à le combattre. Ce vaillant homme n'appartenait pas à notre temps ; c'était un de ces anciens héros de la Table ronde combattant les mécréants sans trêve ni merci, avec la dague et avec l'épée, pour la Patrie et pour Dieu.

Au physique, la personne de Granier de Cassagnac était en parfaite harmonie avec son génie naturel. Élevé à la campagne, il était fortement construit et solidement assis sur ses reins, comme un lutteur rustique prêt au combat. Sa tête carrée, avec ses cheveux ras, formant une pointe sur le front, son regard ferme, son teint légèrement bistré lui donnaient une physionomie de Romain: c'était un sénateur du temps d'Auguste. Ses photographies, dans sa vieillesse, en donnent absolument cette idée. Quand il parlait, cette physionomie s'animait, dans sa conversation, d'un feu tout particulier ; ses yeux brillaient de toutes les étincelles de l'esprit. Tel on le voit dans un portrait plus jeune peint par Louis Boulanger.

Lorsque, dans un salon, à un dîner de Compiègne, aux Tuileries, ou bien dans un bureau de journal, Granier de Cassagnac se laissait aller à causer, avec sa spirituelle et fine bonhomie, on était sous le charme, on l'écoutait comme un maître. Sa mémoire de bénédictin, si richement meublée, lui fournissait d'abondantes anecdotes, des thèmes pleins d'éclat et d'inattendu ; c'est de lui qu'on pouvait dire qu'il se plaisait à donner à la vérité le piquant du paradoxe, afin de la faire passer sous ce manteau à paillettes d'or. Quelque vive, quelque originale que fût sa parole, elle éclatait en un langage si brillant, et, en même temps, si châtié, avec des vues si nouvelles, qu'on éprouvait un sympathique respect pour ce causeur merveilleux et savant qui vous intéressait en vous instruisant, pour ce Gaulois lettré, dont la parole semblait écrite et qui tenait à la fois de Rivarol et de Saint-Simon, avec l'élévation de Chateaubriand.

Rien n'égalait, cependant, la modestie de Granier de

Cassagnac. Il prodiguait, sans les compter, ses admirables articles, sans jamais en conserver un exemplaire. Comme le semeur, il jetait au vent son talent, sans songer à engranger la récolte. Tout le monde aimait et admirait la supériorité de sa plume et lui seul semblait ne pas s'en apercevoir. L'historien doit ajouter que cet athlète intrépide, ce polémiste ardent, ce député véhément était en même temps, non pas seulement le meilleur des pères ; mais le modèle des patriarches, le caractère le plus doux, l'ami le plus sûr et le plus dévoué l'homme public le plus porté à oublier les injures, au point d'obliger, sans s'en vanter, ses adversaires les plus injustes, ses ennemis les plus acharnés. Nous ne saurions rien ajouter à ce dernier trait.

Ainsi qu'on vient de le voir, la vie de Granier de Cassagnac n'a guère été, jusqu'à la Révolution de 1848, que celle d'un lettré et d'un polémiste qui s'essayent tous deux, en cherchant leur voie. L'apparition d'un gouvernement appuyé sur les populations rurales qu'il affectionnait et patronnait depuis qu'il tenait une plume, donna à Granier de Cassagnac la plus haute satisfaction que pût désirer un homme politique, celle de servir ce gouvernement qui répondait si complètement à ses aspirations. Il devint alors l'homme public que nous avons connu, fidèle à lui-même et à l'unité morale de sa vie, fidèle au gouvernement qu'il avait servi jusqu'à sa mort, et même jusqu'au delà de la tombe, ainsi qu'en fait foi le troisième et dernier volume de ses *Souvenirs*.

Comme critique, il a porté, sur tous les sujets si variés qu'il a eu à traiter, un coup d'œil et des vues d'une rare sagacité. Sa méthode, qu'il n'est pas donné à tout le monde de pratiquer, consistait à reconstruire lui-même le livre dont il avait à rendre compte, lorsque l'auteur lui semblait avoir fait fausse route. Abordant ainsi les questions principales de la littérature, de l'histoire, de la morale, de la philologie, il a su, pendant une carrière de cinquante ans, et jusque dans ces derniers temps, étonner ses admirateurs eux-mêmes, par son étonnante fécondité, la pénétration de son coup d'œil et les inépuisables ressources de son vaste savoir. Parfois, il paraissait hardi, à quelques-uns, parce qu'il était nouveau et parce qu'il n'acceptait pour vérités absolues que celles dont il pouvait établir la démonstration. Que d'aperçus ingénieux, que de percées lumineuses on lui doit sur les points les plus controversés. Son style formé des grandes qualités de notre langue, la clarté, l'élégance, la force, le ton magistral, l'absence d'emphase ou d'antithèse, la noble simplicité de l'idée nettement rendue en faisaient un écrivain consommé.

Comme polémiste, il a élevé, ainsi que nous l'avons dit, le niveau du journalisme contemporain. Son style, quoique improvisé pour les besoins quotidiens de la discussion, avait des allures si fermes qu'il atteignait souvent la hauteur de la prose historique. L'érudition littéraire de l'auteur donnait une singulière valeur et une solidité toute particulière à sa puissante dialectique ; on peut dire avec justice que Granier de Cassagnac fut avec Chateaubriand et Armand Carrel, l'un des trois grands journalistes lettrés du dix-neuvième siècle.

Comme historien, Granier de Cassagnac a projeté sur les annales de notre pays, et particulièrement sur l'époque de la Révolution française, de vives lumières qui ont mis à leur place les hommes et les choses de cette terrible époque. Ses ouvrages, tout pleins de révélations, contiennent des enseignements précieux pour nos contemporains. Les avertissements de l'auteur, précurseurs des événements de 1848 et de 1870, et suivis de deux révolutions, ont montré jusqu'à quel point il avait été bon prophète et bon conseiller.

A tous ces titres, écrivain de race, critique hors de pair, polémiste éloquent, député courageux, Granier de Cassagnac a rendu à son pays de signalés services. Il a tenu une large et très honorable place dans la littérature et la politique de son temps, et c'est avec confiance que ses amis recommandent aujourd'hui sa mémoire au souvenir de la génération présente et à l'estime de la postérité.

Paris, décembre 1881.

SOUVENIRS

DU

SECOND EMPIRE

TROISIÈME PARTIE

I

APOGÉE DE LA GLOIRE IMPÉRIALE APRÈS SÉBASTOPOL.

Sommaire : Caractère de la guerre de Crimée. — Discours de l'Empereur aux troupes, revenant à Paris. — Victoire du Droit contre la Force. — M. Thiers en glorifie l'Empereur. — Prestige acquis à la France. — Dissolution de l'alliance des Cours du Nord, Paris, choisi pour le Congrès. — Tout le monde croit nos armées invincibles. — Opinion de M. Emile Ollivier à ce sujet. — Portraits des principaux personnages de l'Empire. — Portrait du maréchal Canrobert. — Ses conseils au ministre de la guerre, à Constantinople. — Sa pensée sur la dotation de l'armée. — Les troupiers-capitalistes. — Canrobert, en Crimée. — Son rôle, par rapport au maréchal Saint-Arnaud, expliqué par lui-même. — Son rôle personnel après la mort de celui-ci. — Intervention du général Fleury, pour faire élever au maréchalat les généraux Canrobert et Bosquet. — Intervention personnelle de l'auteur de ces *Souvenirs*. — Succès de ces démarches. — Les généraux Canrobert et Bosquet sont nommés maréchaux de France.

Lorsque, le 25 décembre 1855, l'Empereur, au pied de la colonne Vendôme, reçut la garde impériale et quelques troupes de ligne, qui revenaient d'Orient, il leur dit :

— « Soldats, je viens au-devant de vous, comme autrefois le Sénat romain allait, aux portes de Rome, au-devant des légions victorieuses, vous dire que vous avez bien mérité de la patrie. Vous représentez tous cette armée d'Orient, dont le courage, avec l'aide de la Providence, a de nouveau illustré nos aigles, et reconquis à la France le rang qui lui est dû. »

Ce langage était absolument vrai et caractérisait, en outre, une situation nouvelle.

Le Souverain, réuni à ce million d'hommes qui, de la place Vendôme à la place du Trône, remplissait les boulevards et garnissait les fenêtres pavoisées, figurait largement le Sénat et le peuple de Rome, saluant de leurs acclamations les soldats de Paul Émile, et l'imagination populaire, enivrée à l'aspect inaccoutumé de ces grenadiers et de ces zouaves, brûlés par le soleil d'Asie et revenant vainqueurs de plus loin que les Pyramides, ne voyait plus d'obstacles aux légitimes aspirations de la France.

La guerre d'Orient, et M. Thiers lui-même en glorifia l'Empereur à la tribune, venait de dissoudre, par la hardiesse de la politique et la force de la raison, cette vieille et intime alliance des cours du Nord, formée depuis quarante ans contre la France et devant laquelle il s'était brisé lui-ême en 1840. Le droit public remportait une victoire éclatante contre la force; la sécurité des États trouvait un refuge dans la justice, et la France avait l'honneur de faire prévaloir par ses armes et de faire sanctionner par l'Europe l'autorité des traités.

Le second Empire, qu'on avait accusé de s'être fondé pour la guerre, venait donc de débuter en imposant la paix à celui des États qui passait pour le plus fort, et par assurer la sécurité et l'indépendance de celui qui passait pour le plus faible.

Le prestige acquis à la France par la guerre de Crimée, cette dissolution publique de la coalition européenne, le choix de Paris pour discuter et pour arrêter les conclusions de la paix, le lustre de ce Congrès où l'Angleterre, la Russie, l'Autriche, la Prusse, ces vieilles rivales de la France, étaient réunies sous la présidence d'un ministre de l'Empereur Napoléon, originaire de l'antique Pologne, tout cela portait si haut la force morale de la France qu'il eût été surhumain de n'en pas ressentir de l'orgueil.

Il faut donc reconnaître qu'à partir de ce moment, l'Empereur osa beaucoup, peut-être trop, et que l'opinion publique le poussa énergiquement à poursuivre tout ce que voulait l'ambition surexcitée du pays. Il y eut de la guerre de Crimée dans toutes celles qui la suivirent. Il est vrai que les difficultés de quelques-unes la firent critiquer ou regretter, lorsqu'elles furent commencées ; mais il n'en est pas une seule qui, à son début, n'ait inspiré confiance et enlevé la faveur générale. Les hommes les plus justement populaires sous l'Empire, ce furent les soldats.

Ne pas mettre en relief la surexcitation insufflée aux esprits par la gloire de la guerre de Crimée, c'eût été laisser sans cause expliquée des sentiments, des convictions, des influences morales et politiques dont le règne sentit toujours et subit quelquefois l'action. C'est parce que l'Empereur avait éprouvé la puissance, longtemps irrésistible, de son armée qu'il fut enclin lui demander de délicates et de redoutables solutions, et c'est parce que les hommes politiques croyaient fermement à cette puissance que l'opinion publique et même celle des corps constitués feront violence plus tard à sa volonté et à sa dignité, et lui imposeront des décisions extrêmes que sa prudence livrée à elle-même aurait déclinées.

Pendant la discussion de l'Adresse de la session de 1861, M. Émile Ollivier, alors encore l'un des cinq membres que comptait l'Opposition, exprima l'opinion qu'en Europe l'Empereur pouvait à peu près ce qu'il voulait. « Dans les questions européennes, dit-il, je puis avoir cet orgueil pour lui, comme pour mon pays, que lorsqu'il veut résolûment une chose, il y a grande espérance que cette chose soit. »

Comment l'Empereur qui, aux applaudissements de l'Europe, venait de jouer en Orient un rôle de grand justicier, qui plaçait dans sa armée victorieuse la confiance que cette armée avait dans le Souverain, dans ses chefs et dans elle-même, ne se serait-il pas senti porté à jeter son épée dans les questions internationales, lorsque ses propres adversaires affectaient d'afficher leur foi en son prestige et en son étoile ?

L'Empereur ne trouvait-il pas encore une autre cause d'entraînement dans l'appui des hommes remarquables, la plupart d'origines différentes, qui s'étaient ralliés à son gouvernement et qui le servaient avec éclat. On doit ce témoignage d'estime et de respect aux serviteurs de l'Empire que, quoique venus pour la plupart, les uns de l'Orléanisme, les autres de la République, quelques-uns de la Légitimité, pas un n'a renié la cause qu'il avait embrassée et qu'après la chute du trône et l'exil de la dynastie, on a pu les compter aussi nombreux aux funérailles de Napoléon III et de Napoléon IV, qu'aux solennelles réceptions des Tuileries.

La Providence semble distribuer différemment, aux divers régimes, les hommes destinés à les servir, et semble aussi réserver à certains des générations mieux douées. Il échut ainsi au gouvernement de Juillet des serviteurs particulièrement capables ou illustres. Parmi les hommes de premier rang figurèrent le maréchal Soult, le maréchal Bugeaud, Casimir Périer, le duc de Broglie, M. Guizot, M. Molé, M. Thiers, puis des hommes de second rang très remarquables, les Odilon Barrot, les Salvandy, les Rémusat, les Duchâtel, les Montalivet.

J'ose dire que l'Empire ne fut pas moins bien partagé. Saint-Arnaud, Canrobert, Bosquet, Pélissier, Niel, Magnan, Palikao furent des hommes de premier ordre, dans la sphère militaire; et les Rouher, les Billault, les Baroche, les Morny, les Persigny, les Walewski, les Troplong, les Fould, les Magne, s'élevèrent au niveau des plus grands, dans la sphère politique. Autour d'eux gravita une pléiade d'hommes de talent et de distinction, qui eussent honoré tous les régimes, MM. Drouyn de Lhuys, Ducos, Delangle, Rouland, Pinard, Forcade de la Roquette, Rigaud de Genouilly, de Parieu, Duruy, Schneider, Haussmann, Chaix d'Est-Ange, de Royer, Jolibois, Genteur, et cet éclair de bon sens et d'éloquence, hélas! trop vite éteint, qui s'appela Thuilier. Les préfets et les conseillers d'État de l'Empire ont laissé un renom qui survivra au dernier d'entre eux.

Je ne saurais résister au plaisir et au devoir d'esquisser les plus marquantes et les plus en vue de ces nobles personnalités.

Je ne crois pas qu'il y ait, en Europe, une plus belle figure de soldat que le maréchal Canrobert. Sa tête haute, ses traits fortement accusés, son regard vif, ses cheveux flottants sur de larges épaules, tout représente en lui l'homme calme et froidement résolu qui, le deuxième sur vingt-sept, parvint au haut de la brèche de Zaatcha et y entra le premier. Sa parole chaude et colorée aime les formules pittoresques et se plaît à rester solennelle, jusque dans la familiarité. J'ai rapporté sa réponse au ministre de la guerre du sultan Abd-ul-Aziz, qui lui demandait le moyen d'augmenter le nombre et l'activité des serviteurs de l'Islam, et auquel il dit : « Raccourcissez le tuyau de vos pipes et relevez les quartiers de vos babouches : par le premier moyen, vous rendrez disponible l'homme qui allume le narghilé; par le second, vous permettrez aux Turcs de courir sans perdre leurs chaussures. »

La première conversation que j'eus l'honneur d'avoir avec lui, me révéla l'originalité et la rondeur de son langage. Le Corps législatif discutait la loi sur la dotation de l'armée. Après un dîner chez M. de Maupas, auquel assistait le maréchal, je lui demandai son opinion sur l'institution soumise à notre examen.

« Vous voulez que les soldats deviennent des rentiers pendant la durée de leur service? me répondit-il. Eh! bien, quand ils seront capitalistes, ils ne voudront plus mourir.

« Lorsque je fus nommé colonel des zouaves, après le général Cavaignac, je me fis rendre compte de la situation du régiment. J'appris que quelques-uns avaient de l'argent à la caisse d'épargne. Je les fis appeler. Lorsqu'ils furent rangés devant moi, je les interrogeai par numéro d'ordre.

— Numéro 1, avance ici. On dit que tu as de l'argent à la caisse d'épargne?

— Oui, mon colonel.

— Combien y as-tu?

— Quinze francs, mon colonel.

— Je te donne trois jours pour les boire. S'il te reste un sou le quatrième jour, tu te rendras pour quinze jours à la salle de police.

« Numéro 2, combien as-tu à la caisse d'épargne?

— Sept francs, mon colonel.

— Ce sera bu demain au soir, ou tu seras mis au clou.

« Comment, tas de casse-cou et d'héroïques brise-raison, vous laisserez votre peau derrière la première broussaille où je vous commanderai de vous la faire trouer et vous voulez amasser des capitaux, pour l'autre monde, apparemment? Allons donc, mes braves, amassez de l'honneur, comme par le passé, et laissez à l'Empereur et au pays le soin de vous donner à manger, tant qu'il vous restera des mâchoires!

« Allons, mes enfants, et demi-tour à droite!

« *Vive le colonel!* fut le cri par lequel ces zouaves rentiers répondirent à ma doctrine sur la dotation de l'armée. »

Par suite de circonstances indépendantes du caractère, de la bravoure et de l'expérience militaire du général Canrobert, il ne lui fut pas donné de jouer, dans la guerre d'Orient, le grand rôle que l'Empereur lui avait éventuellement réservé. J'ai déjà dit qu'en raison de l'état menaçant de santé où était le maréchal de Saint-Arnaud, lors de son départ, l'Empereur lui avait remis des lettres de service, closes, dans lesquelles le général Canrobert était désigné pour prendre le commandement de l'armée, au cas de mort ou d'empêchement du commandant en chef. En recevant des mains du maréchal mourant ses lettres de service, le général Canrobert n'avait pas pu recevoir en même temps le prestige du vainqueur de l'Alma, sa haute situation auprès de lord Raglan et la confiance enthousiaste que le maréchal de Saint-Arnaud avait su inspirer à l'armée anglaise. Le titre de maréchal lui manquait et celui de simple général de division n'impliquait pas l'autorité morale nécessaire pour qu'il parût logique et naturel de le voir devenir le chef de l'illustre lord Raglan et d'officiers généraux anglais, parmi lesquels se trouvait Son Altesse Royale le duc de Cambridge.

Le général Canrobert, prenant la place du maréchal de Saint-Arnaud, était en pleine possession de sa renommée de brave et de son lustre militaire; mais son commandement se trouvait diminué par la force des choses. Tous les plans, œuvre personnelle du maréchal, devenaient inexécutables sans lui; l'expédition perdait et avait à refaire son unité, car l'armée française s'approchait à peine des murs de Sébastopol que déjà le corps anglais s'isolait de lui-même et tournait la ville à gauche, pour aller s'établir à Balaclava.

C'est par un prodige d'habileté, de force de caractère et d'énergie morale, secondée par une attitude et par un langage chevaleresque, que Saint-Arnaud était parvenu à s'associer étroitement lord Raglan et les officiers anglais. Il les avait entraînés à l'attaque des Russes, lorsqu'ils n'avaient pas encore levé le siège de Silistrie ; il les entraîna au débarquement d'Eupatoria et à la bataille de l'Alma et il les eût entraînés à l'assaut de Sébastopol, où il voulait entrer de force, dès le premier jour. Mais, de même que sa terrible crise à bord de la *Ville de Paris* avait fait renoncer à la descente à l'embouchure de la Belbeck et à l'assaut immédiat de la ville, de même sa mort rompit ou, du moins, dénoua les liens étroits qui jusqu'alors avaient intimement uni de vues et de volonté les officiers des deux armées. Le général Canrobert succédait au maréchal de Saint-Arnaud ; il ne le remplaçait pas.

C'est ce que ne comprit pas l'opinion publique, lorsqu'elle vit les lenteurs et les difficultés d'un siège succéder au coup terrible et que l'on avait cru définitif de la bataille de l'Alma. Lorsque, après les travaux et les souffrances de l'hiver, l'Empereur rappela le général Canrobert auprès de sa personne, j'eus l'honneur de le saluer, un soir, à une réunion des Tuileries et de lui demander pourquoi, après l'Alma, il n'avait pas exécuté les vues du maréchal et tenté de forcer l'entrée de Sébastopol, avant que le prince Mentschikoff eût ravitaillé et armé la ville. Il me donna précisément les explications qui précèdent ; il me dit que n'ayant ni le grade du maréchal, ni l'influence qu'il avait su conquérir sur l'armée anglaise, il n'avait pas pu prendre, avec toute l'efficacité nécessaire, la direction des opérations militaires.

Une gloire qui lui échut tout entière, ce fut le soin admirable et touchant qu'il prit du soldat pendant l'hiver; la confiance, l'entrain, la gaîté qu'il sut maintenir au milieu du rude labeur de la tranchée et la conservation de milliers d'existences le firent bénir de l'armée. Et c'est par là, autant que par le courage, qu'il devint maréchal de France. Lorsque la garde, les héroïques zouaves et quelques régiments de ligne rentrèrent à Paris, le 25 décembre 1855, toutes ces troupes firent une ovation au général Canrobert et le désignèrent pour cet honneur suprême, auquel l'Empereur associa le général Bosquet.

Un brillant officier, dont les services rendus à l'Empire ne sauraient ni se mesurer, ni se compter, M. le général Fleury, remplit, avec un zèle attentif et une réserve pleine de délicatesse, le rôle d'avocat de l'armée auprès de l'Empereur. Le souverain, qui appréciait son bon sens pratique, accueillait avec intérêt les observations du général Fleury, et y déférait le plus souvent. C'est lui, il faut que cette justice lui soit rendue, qui prit l'initiative de la nomination des deux maréchaux qu'il croyait due à l'admirable armée de Crimée, sans compter le maréchal Pélissier, que la prise de Malakoff avait nommé comme toute seule. La voix des soldats avait désigné les deux autres, qui étaient les généraux Canrobert et Bosquet.

J'eus l'honneur d'avoir aussi ma part, une bien faible part, mais dont je n'ai jamais parlé à personne, dans cette promotion. De même qu'en 1851, au *Constitutionnel*, je faisais intervenir le colonel Fleury auprès de M. Véron pour enlever quelque thèse contestée ; de même, sous l'Empire, il arrivait quelquefois à M. le général Fleury de trouver mon accès auprès du Souverain et sa bonté pour moi favorables au succès de telle ou telle mesure qu'il croyait utile à l'État.

C'est ainsi que, lorsqu'il conseilla la nomination des deux maréchaux, il me demanda de l'appuyer auprès de l'Empereur, d'abord au point de vue de la justice, ensuite au point de vue de l'émulation qu'un acte aussi important exciterait dans l'armée. L'Empereur m'écouta avec la bienveillance qu'il témoignait à tous ses loyaux serviteurs et il convint de l'éclat que donnerait à son trône la consécration officielle qu'il ferait, par de grands titres, des personnalités éminentes qui se seraient élevées par leurs services. Il réserva, comme c'était son habitude, sa décision ultérieure ; mais quatre ou cinq jours après cette conversation, les généraux Canrobert et Bosquet étaient maréchaux de France.

II

L'ARMÉE ET SES GÉNÉRAUX A LA VEILLE DE SEDAN.

SOMMAIRE : Portrait du maréchal Bosquet. — Il était un peu Béarnais d'origine. — Ses ancêtres dans l'armée française. — Légende concernant sa mort. — Le général Pélissier et le général Fleury. — L'attaque du *Mamelon-Vert*. — Disgrâce momentanée du général Pélissier. — Intervention du général Fleury auprès de l'Empereur. — La poste et le télégraphe. — Curieuse anecdote. — Le maréchal Niel. — Son portrait. — Ses efforts pour réorganiser l'armée. — Son opinion favorable aux Autrichiens. — Il ferme les yeux aux périls signalés par le baron Stoffel, du côté de la Prusse. — Sa conversation sur le rôle pris par Napoléon III entre la Prusse et l'Autriche. — Le fusil à aiguille. — Le chassepot. — Le maréchal Lebœuf. — Son portrait. — Responsabilités diverses au sujet de la guerre de 1870. — Le maréchal Lebœuf répond à l'Empereur qu'il peut réunir 400,000 hommes en 15 jours. — Sa bravoure sur le champ de bataille. — Bataille de Gravelotte. — Changarnier. — Bataille de Saint-Privat. — Canrobert. — Le maréchal Lebœuf cherche la mort. — Servigny. — Moisseville. — Détails émouvants. — La mort fauche autour du maréchal et ne veut pas de lui.

Je n'ai pas eu l'honneur de connaître M. le maréchal Bosquet, quoiqu'il fût un peu mon compatriote, étant un peu Béarnais, comme le maréchal de Gramont, le maréchal de Gassion, le maréchal d'Artagnan, le maréchal Bernadotte et le maréchal Harispe. De ce pays essentiellement batailleur, où le bâton de huit pieds est encore un argument considérable, était aussi Étienne Vignoles, dit La Hire, l'un des illustres compagnons de Jeanne d'Arc, et qui, aussi pieux que brave, faisait tous les soirs cette brève prière, devant la croix de son épée : « Mon Dieu, fais pour La Hire ce que La Hire ferait pour toi, si La Hire était Dieu et que tu fusses La Hire. » C'est le Béarnais La Hire qui, dans la création de notre jeu de cartes, donna son nom au Valet de Cœur et le Gascon Hector de Salard qui donna le sien au Valet de Carreau. Cette petite digression faite, je reviens à mon sujet.

M. le maréchal Bosquet mourut jeune et ne jouit que six ans du maréchalat, quoique doué d'une énergique constitution. Sa mort fut mise sur le compte d'une aventure galante, comme celle du général Cornemuse avait été mise sur le compte d'une aventure de jeu. J'ai fait justice du préjugé sans fondement relatif à la première ; j'en ferai également autant du préjugé non moins imaginaire relatif à la seconde, sur le témoignage du docteur Cabrol, ami personnel du maréchal Bosquet et qui le soigna pendant sa longue maladie. Il est juste de reconnaître que le maréchal Bosquet, s'il avait la bravoure du maréchal de Saxe, en avait aussi un peu les goûts et il est bien possible que, s'il avait reçu Chambord et la dotation du vainqueur de Fontenoy, il s'y serait donné la société de femmes chère au grand Maurice. Il n'en est pas moins vrai que l'aventure avec Mme de L... et le coup d'épée qui en aurait été la suite ne sont qu'une fable. Le maréchal Bosquet mourut d'une affection cérébrale.

J'ai dit que la prise de Malakoff, suivie de la capitulation de Sébastopol, avait naturellement désigné M. le général

Pélissier pour la dignité de Maréchal et le titre de Duc. Peu d'événements de guerre eurent autant de retentissement dans l'opinion, et exercèrent une action plus considérable sur l'état de l'Europe. Le soldat qui valait un tel honneur à la France, méritait bien la récompense qu'il reçut de son Souverain. Néanmoins, je manquerais à la justice, si je ne révélais pas un acte qui honore le caractère de M. le général Fleury et qui exerça, comme on va voir, une influence aussi salutaire que décisive sur la carrière de M. le général Pélissier.

Pendant la terrible lutte du siège, le général eut une journée malheureuse. C'est celle où eut lieu la célèbre attaque dite du *Mamelon-Vert*. L'armée française et l'armée anglaise y firent des prodiges de bravoure inutiles et y éprouvèrent des pertes énormes en soldats et en généraux. Peu de jours après, l'héroïque lord Raglan en mourut de chagrin. L'impression produite en France par cet échec fut douloureuse et profonde. L'Empereur en fut vivement affecté et il crut devoir le faire expier à son auteur. Il révoqua immédiatement M. le général Pélissier et donna le commandement du siège à M. le général Niel, qui y commandait le génie.

Naturellement, l'Empereur avait été informé le premier de l'événement. Le lendemain, M. le général Fleury reçut de quelques amis, tels que les colonels Vaubert de Genlis et de Toulongeon, présents au siège, de longs détails sur l'attaque du Mamelon-Vert. Ces détails, qui résumaient les sentiments de l'armée assiégeante, atténuaient considérablement les torts attribués, au premier moment, à M. le général Pélissier. Muni de ces lettres, M. le général Fleury alla prendre son service à Saint-Cloud, à l'heure ordinaire, et il soumit à l'Empereur les explications qu'il avait reçues ;

l'Empereur en fut frappé et il regretta la mesure un peu précipitée qu'il avait prise la veille.

— C'est fâcheux, dit-il au général, mais c'est irrémédiable; j'ai envoyé, hier, au maréchal Vaillant la dépêche qui révoque Pélissier; elle doit être à Marseille depuis hier soir et à Constantinople depuis ce matin.

— Sire, répondit Fleury, m'autorisez-vous à voir M. le maréchal Vaillant et à retirer vos ordres, s'il est encore temps?

— Parfaitement, allez; mais vous arriverez trop tard.

M. le général Fleury se rendit à Paris, au ministère de la guerre, et abordant le maréchal, il lui demanda s'il avait fait partir la dépêche de l'Empereur relative au général Pélissier.

— Sans doute, répondit le ministre; mais pour les dépêches désagréables, comme celle-là, je m'arrange toujours pour donner, à tout événement, vingt-quatre heures de réflexion à l'Empereur. Il peut donc, s'il a changé d'avis, rattraper celle-là; car, au lieu de l'expédier par le télégraphe, je l'ai mise à la poste hier au soir. Elle n'est donc pas encore arrivée à Marseille et je puis la redemander, si l'Empereur le désire.

— C'est justement ce que je viens vous demander, de sa part, reprit le général Fleury, charmé d'avoir pu réaliser son heureuse pensée.

La dépêche fut rattrapée à Marseille, et détruite. Quelques mois plus tard, le général Pélissier accomplissait, en prenant Sébastopol, l'acte le plus glorieux de sa vie militaire, devenait maréchal de France, duc de Malakoff, et recevait une dotation héréditaire de cent mille francs. L'Empereur, le maréchal Vaillant et M. le général Fleury eurent le bon goût de lui laisser ignorer l'histoire de la dépêche supprimée et je demeure persuadé que ceux qui la connaîtront désormais, l'auront apprise dans mon récit.

A moins de gravité et à plus de bonhomie que M. le maréchal Canrobert, M. le maréchal Niel joignait un abord plus facile et une humeur plus gaie. Comme Vauban, aux plus hautes connaissances du génie militaire, il alliait le goût passionné des travaux agricoles et de la vie des champs. Il avait fait bâtir près de Toulouse, sur le côteau qui encadre la rive droite de l'Hers, si chaudement disputée à l'armée de Wellington par le maréchal Soult, le beau château de Balma, adossé à un bouquet de vieux chênes, où il mettait le plus grand soin à acclimater des faisans, qui faisaient faux bond au bois pour la plaine.

M. le maréchal Niel avait la nature du maréchal de Saint-Arnaud ; il développa, pendant son ministère, de grandes qualités d'organisateur, un sens politique profond et un talent de parole plein de naturel et d'émotion communicative. Sa mort prématurée, au moment de la réorganisation de l'armée, fut pour la France une perte irréparable.

Chose faite pour donner à réfléchir aux hommes politiques et aux historiens ! M. le maréchal Niel, cet homme de guerre si exercé, fut un de ceux qui, même après avoir médité, comme l'Empereur, les remarquables rapports de M. le colonel baron Stoffel, attaché militaire à l'ambassade de France à Berlin, se trompa sur l'issue probable de la lutte qui s'engagea, en 1866, entre la Prusse et l'Autriche. Il n'avait pas cru à la supériorité des Prussiens.

L'armée française avait la plus haute idée de la valeur

des troupes autrichiennes qu'elle avait pu juger à Magenta et à Solférino et qui venait de s'affirmer de nouveau à Cusozza, d'une manière si foudroyante pour les armes italiennes.

. le maréchal Niel me dit alors : « Lorsque le feldzeugestre Bénédeck fut placé à la tête de l'armée autrichienne de Bohême, l'Empereur, qui était favorable à l'Autriche, voulait, sans intervenir matériellement, envoyer un corp d'armée sur la frontière du Rhin ; nous l'en dissuadâmes, comme d'une démonstration inutile. Je confesse avoir été du nombre de ceux qui s'attendaient à voir les Autrichiens victorieux marcher sur Berlin. Dans tous les cas, les premières opérations ne nous paraissaient pas devoir être décisives et nous pensions que la France aurait toujours deu ou trois mois devant elle, pour prendre un parti et jeter son épée dans la balance.

« Nous sommes donc tous complices de l'erreur qui a empêché l'Empereur de peser du poids irrésistible de ses armes sur les conditions de la lutte entre la Prusse et l'Austro-Hongrie, d'en dominer la marche et d'en imposer les résultats. Maintenant, il est trop tard, l'imagination de nos soldats est frappée des effets d'un diable de fusil, dit à *aiguille*, arme détestable ; mais qui a son prestige, qu'il faut détruire avant de songer à une guerre. J'y travaille activement et j'ai la certitude d'y réussir, grâce à l'habileté d'un ouvrier de notre manufacture de Saint-Thomas, nommé Chassepot, qui a inventé un fusil à aiguille bien supérieur au fusil prussien, un fusil à tir rapide, léger, maniable, d'une grande portée et qui permet d'envoyer avec précision jusqu'à six balles par minute. Rouher a déjà passé des traités pour la fabrication de ces fusils, dont il nous faut au moins un million. En attendant, il faut distraire l'opinion, humiliée, il faut bien en convenir, du rôle effacé que la France de Sébastopol et de Solférino a joué en Allemagne. »

Telle fut l'opinion que m'exprima, sur les graves événements d'Allemagne, alors vieux d'une année, M. le maréchal Niel. C'était en octobre 1867, sur la terrasse de son château de Balma, où, me trouvant à Toulouse pour présider l'Enquête agricole, j'étais allé lui faire une visite, pendant les courtes vacances qu'il avait prises.

Avec des services moins longs et moins éclatants, mais avec une physionomie militaire originale, accentuée et sympathique, vient se placer, à la suite des trois grandes figures qui précèdent, M. le maréchal Lebœuf.

S'il n'avait été, en 1869, un ministre de la guerre, chargé de réorganiser l'armée, d'après les plans du maréchal Niel, auquel il succédait et dont il n'approuvait pas les idées, M. le maréchal Lebœuf resterait avec la réputation sans mélange de l'un des hommes de guerre les plus capables, les plus brillants et les plus intrépides qu'ait eus la France.

On peut parler aujourd'hui avec calme des fautes qui furent commises en 1870, avant la rupture avec la Prusse. Tout le monde fut le complice de ces fautes, et, autant que personne, ceux qui, depuis cette époque, les ont blâmées mèrement.

M. de Girardin, ce baromètre marquant passivement les diverses pressions atmosphériques, ne signa-t-il pas de son nom ces lignes dans son journal d'alors, la *Liberté* : « Si la Prusse refuse de se battre, nous la contraindrons, *à coups de crosse dans le dos*, à repasser le Rhin et à vider la rive gauche ? »

Le 30 juin, seize jours avant la guerre, M. Thiers ne disait-il pas à la tribune : « Si nous avons la paix, si nous ne sommes pas menacés, c'est qu'on nous sait PRÊTS à faire la guerre : la chose est évidente comme la lumière », et en refusant les douze cent mille hommes demandés par l'Empereur, n'avait-il pas dit : « Qu'on se rassure ; *notre armée suffira pour arrêter l'ennemi*. Derrière elle, le pays aura le temps de respirer et d'organiser *tranquillement* sa réserve. Est-ce que vous n'aurez pas toujours *deux ou trois* mois, c'est-à-dire *plus qu'il n'en faudra* pour organiser la garde nationale ? »

M. Eugène Pelletan ne motivait-il pas ainsi sa demande de désarmer les pompiers : « Je comprendrais les pompiers armés *dans le cas d'une invasion ;* mais une invasion *est-elle possible ?* on s'indignerait si je formulais une prévision semblable et *on aurait raison*. »

Le *Journal officiel* du 15 janvier 1871 ne conserve-t-il pas la déclaration de M. le général Trochu, constatant qu'il croyait à une *première victoire*, qui faciliterait des négociations honorables ?

Enfin, toute la presse, sans exception, ne salua-t-elle pas d'un cri d'enthousiasme, la déclaration de guerre ?

M. le maréchal Lebœuf, qui était plus étroitement obligé que personne à la prudence, commit la faute de partager, sans en avoir fait un examen approfondi, la confiance de M. de Girardin, celle de M. Thiers, celle de M. Pelletan, celle de M. le général Trochu, celle de tout le monde ; il avait trop de soldats, il accepta la réduction de dix mille hommes, proposée par la commission du budget ; il déclara à la Chambre, comme M. Thiers, qu'on était PRÊT : et lorsque l'Empereur lui demanda, comme il l'avait fait à ses autres ministres de la guerre : En combien de temps, avec une armée de six cent mille hommes, sur le pied de guerre, il pourrait s'engager à réunir quatre cent mille hommes, sur un point donné ; — il lui répondit, comme les autres, qu'il réunirait quatre cent mille hommes, sur un point donné, *en quinze jours.*

Voilà la faute ; car c'est sur cette assurance que l'Empereur partit et, au lieu de pouvoir concentrer quatre cent mille hommes sur son point d'attaque, l'Empereur, c'est de lui-même que je tiens cette assurance, n'en eut jamais deux cent cinquante mille sous la main.

Ainsi que ses prédécesseurs, M. le maréchal Lebœuf, comme ministre de la guerre, avait accepté, sans la contrôler, la tradition qui considérait comme suffisante et efficace l'organisation des divers services militaires.

Quoique partagée assurément avec beaucoup de monde, la responsabilité de cette faute reste encore lourde pour le Maréchal.

Mais cette faute une fois reconnue, quelle virile résolution de la réparer, aux dépens de sa vie !

Car, la guerre une fois commencée, la conduite de M. le maréchal Lebœuf fut un défi perpétuel adressé à la mort. J'ai, de cette intrépidité calme et sérieuse, qui a pris son parti, un témoin de famille. Louis, l'un de mes fils, engagé volontaire et alors sous-officier aux dragons de l'Impératrice, eut l'honneur de porter le fanion du Maréchal, comme il avait porté, **au début de la guerre,** celui du malheureux général

Decaen, commandant du troisième corps et blessé mortellement à la bataille de Borny.

Resté à Metz avec l'Empereur jusqu'au 14 août, en qualité de major général de l'armée, M. le maréchal Lebœuf prit, le 15, le commandement du troisième corps, en remplacement du général Decaen. Il y alla, accompagné du général Changarnier, dont je raconterai l'arrivée près de l'Empereur, et qui ne quitta plus l'état-major jusqu'à la capitulation.

Le 16, à Gravelotte, M. le maréchal Lebœuf se trouvait de sa personne près de deux batteries, sur lesquelles plusieurs batteries prussiennes concentraient leurs feux. Les obus prussiens arrivaient par bordées de quinze ou vingt à la fois. Le cheval que montait le général Changarnier et qui sortait des écuries de l'Empereur, bondissait malgré les efforts de son cavalier. C'est alors que s'adressant à mon fils, placé par sa fonction à côté et un peu en arrière du maréchal, il lui dit : « Jeune homme, replacez, je vous prie, mon cheval, face à l'ennemi. Il ne serait pas convenable que le général Changarnier reçût un obus par derrière. » Mon fils mit immédiatement pied à terre, replaça et maintint dans une direction correcte le cheval du maréchal, lequel se prit pour le jeune sous-officier d'une bienveillance paternelle.

Le 18, à Saint-Privat, autre terrible bataille, où le maréchal Canrobert, en quinze minutes, faucha sept mille hommes de la Garde royale prussienne, M. le maréchal Lebœuf resta, une partie de la journée, sur un point culminant, portant sur la carte le nom de *l'Arbre scié*, et, avec son état-major et son fanion, y servit de but au feu de l'artillerie ennemie. Par suite d'un pointage défectueux, les obus portèrent généralement à gauche, et tuèrent plusieurs hommes d'infanterie, couchés à cinquante pas du maréchal et de son groupe. Cependant, un projectile passa en sifflant à quelques pouces au-dessus de la tête du maréchal et vint éclater entre les jambes de devant du cheval de son porte-fanion, le couvrant de terre, ainsi que son voisin M. de Kerger, lieutenant au 10ᵉ chasseurs, blessant le commandant Castex de deux éclats et tuant un cheval.

Le 31 août, à Servigny, vers quatre heures et demie, M. Radiguet, neveu et officier d'ordonnance du maréchal, recevait un éclat d'obus à l'aîne. A sept heures, les Prussiens reculent; alors le maréchal, suivi du général Changarnier, met l'épée à la main et enlève à la baïonnette une partie de ses troupes. Le maréchal et son état-major s'avancent ainsi pendant quelques centaines de mètres, mêlés aux fantassins qui se fusillent, dans les vignes, à cinquante pas.

Le lendemain, 1ᵉʳ septembre, le maréchal alla se placer, à cinq heures du matin, sur une hauteur, à gauche de Moisseville. Une batterie prussienne, située à 1,800 mètres, ouvrit le feu sur son groupe, tuant de la première bordée trois chevaux et un homme d'escorte. A dix heures, sur la route de Moisseville, la même batterie fit de nouveau les mêmes honneurs au maréchal et avec plus de succès encore. En vingt minutes, le général Manèque, chef d'état-major, fut blessé mortellement; M. le capitaine Vaudrimey fut tué raide; M. Gisbert, capitaine d'état-major, fut blessé mortellement; M. Munier, chef d'escadron, aide de camp, fut blessé au front; M. le colonel d'Ornins fut contusionné. Enfin, le porte-fanion reçut un éclat d'obus à la tête.

Seul, le maréchal, qui, dans les grandes batailles, comme dans les petits combats ayant pour objet le ravitaillement, fut toujours au premier rang, se rendant compte de tout par lui-même, et en avant de son état-major, brava inutilement la mort, et couvrit de sa chance le général Changarnier, qui ne le quitta pas *d'une longueur de cheval.*

III

TROIS HÉROS ET DEUX TRAITRES.

Sommaire. — Souvenir glorieux consacré à la mémoire du maréchal Changarnier. — Après 1870, il se rend au quartier général de Napoléon III, pour lui offrir son concours. — Son entrevue avec l'Empereur. — Dialogue héroïque. — Changarnier est attaché au 3⁰ corps. — Son séjour auprès de la princesse Mathilde. — Elections de 1871. — M. Thiers rejette Changarnier au second rang. — Le général Bourbaki. — Le général de Palikao. — Portrait du général Bourbaki. — Opinion de Napoléon III sur ce général. — Le mystérieux plénipotentiaire de Metz. — Mission de Bourbaki en Angleterre. — L'Impératrice lui apprend qu'il a été trompé. — Suicide de Bourbaki, après le désastre de l'armistice. — Le général de Palikao. — Son portrait. — L'expédition de Chine. — Moment de faiblesse du comte de Palikao dans la nuit du 3 au 4 septembre. — M. Thiers. — M. Jules Favre. — Proposition de déchéance. — Conséquences fatales. — Le général Baraguey-d'Hilliers. — Sa défection. — Détails historiques inédits. — Destitution du général Baraguey-d'Hilliers. — Nomination du général Trochu.

Ici, je ne saurais passer outre à ces glorieux *Souvenirs*, sans y mêler la mémoire du général Changarnier, mémoire honorable et à laquelle il ne manqua qu'un grand théâtre pour devenir illustre.

J'ai raconté comment des compétitions politiques, suscitées et aigries par les intrigues parlementaires, avaient séparé le prince Louis-Napoléon et le général Changarnier *invitus invitum*, et j'ai rappelé les regrets que cette séparation laissa dans la pensée de l'Empereur, qui appréciait l'esprit d'ordre, la résolution et les rares qualités militaires du général. En 1870, après la déclaration de guerre, le général Changarnier, bien supérieur par l'élévation de l'âme aux Thiers, aux Vitet, aux Berryer, à tous les parlementaires qui l'avaient perdu, oublia son injure personnelle, ne se souvint que de la patrie et alla trouver l'Empereur, à son quartier général, en face de l'ennemi : il ne venait pas commander, il venait servir.

Il se présenta sans façon, en bourgeois et, s'adressant à Félix, le fidèle et ancien premier huissier du cabinet, il demanda, sans se nommer, à voir l'Empereur. Félix, qui ne le connaissait pas, lui demanda son nom. — Changarnier, répondit le général. Annoncé aussitôt, le général fut invité à monter au premier étage et, comme il mettait le pied sur la dernière marche, il se trouva en face de l'Empereur, qui venait au-devant de lui, et qui lui ouvrit les bras. Le général s'y jeta en pleurant et tous deux mêlèrent leurs larmes en silence.

— Sire, lui dit-il, tout est oublié, en présence de l'ennemi. Je viens vous demander un cheval et une épée, pour combattre sous vos ordres, car j'arrive, comme vous voyez, à pied et ma canne à la main.

Cette franche et noble conduite émut et charma tout le monde. Les officiers de l'état-major général s'ingénièrent pour procurer au général Changarnier un équipement complet ; l'Empereur lui fit donner des chevaux de son écurie et lui assigna un traitement digne de son rang et de sa personne.

J'ai dit qu'après le départ de l'Empereur pour Châlons, il demeura attaché au 3ᵉ corps, dont le maréchal Lebœuf prit le commandement.

Le général Changarnier me croyait son ennemi ; il se trompait, je n'avais été que son adversaire politique, à partir du moment où j'eus à défendre contre lui le prince Louis-Napoléon, dont il s'était laissé constituer le compétiteur au gouvernement de la France. L'opinion qu'il avait de mes sentiments ne priva pas mon fils Louis de sa paternelle sympathie. « J'aime cet enfant, comme s'il était mon fils », disait-il de lui à M. le maréchal Lebœuf, et il le prouva bien après la capitulation de Metz, non seulement par les offres les plus délicates ; mais par une lettre signée Changarnier, que mon fils, échappé des prisons de l'ennemi, alla porter à M. de Freycinet, ministre de la guerre, en demandant à servir dans l'armée de la Loire et qui ne constitue pas la pièce la moins honorable de ses états de service.

Retiré à Bruxelles, après la guerre, le général Changarnier y resta plus que bienveillant pour la cause de l'Empire et il y devint l'hôte assidu et dévoué de madame la princesse Mathilde. L'annonce des élections de 1871 ouvrit au général des perspectives nouvelles, sur lesquelles il s'abusa. L'égoïsme cauteleux de M. Thiers, en le rejetant au second plan, lui ravit les chances qu'il se croyait d'arriver au pouvoir et je suis disposé à croire que le ressentiment qu'il en éprouva ne fut pas absolument étranger à l'accusation d'*ambition sénile*, qu'il lui adressa si amèrement et si fièrement du haut de la tribune.

Immédiatement après les Maréchaux par le rang, leurs

pairs par l'intrépidité et marqués au coin d'une originalité qui a fait d'eux un type spécial et bien français, viennent prendre rang M. le général Bourbaki et M. le général comte de Palikao.

Petit de taille, vif d'allures, le sourire bon et doux, mais l'œil perçant et profond qui pénètre jusqu'à l'âme, M. le général Bourbaki porte visiblement en lui une nature droite, honnête, loyale, et, lorsqu'il s'est donné à une cause et à un homme, un cœur énergiquement prêt à tout. L'Empereur l'aimait d'une affection paternelle et avait dans son dévouement une foi sans bornes. Dans le dernier entretien que j'eus l'honneur d'avoir avec lui à Cambden-Place, au sujet de quelques généraux, il me dit ces paroles en présence de M. le général Fleury, appelé en tiers dans la conversation : « Bourbaki ? vienne l'heure, — sur un signe de moi, il sera sans réserve à ma cause et à ma personne. »

Dans l'armée et avec ses soldats, il avait conservé la parole brusque et familière de l'Afrique, ainsi que le ton bref et résolu de l'ancien colonel de zouaves. Grec d'origine, et brave jusqu'à la témérité, les récits du bivouac avaient brodé autour de cette bravoure comme une légende de chef de palikares.

Un jour du mois d'octobre 1870, pendant que le Maréchal Bazaine était sous Metz, un étranger qui avait traversé les lignes se présenta au Maréchal, et lui demanda la permission de parler au général Bourbaki en sa présence. Cet étranger était porteur d'un laissez-passer du prince Charles. C'était un homme d'environ cinquante ans, de tournure campagnarde, fort, trapu, mais l'œil vif et l'esprit fin et délié, et tel que les *Mémoires du Consulat* dépeignent Georges Cadoudal. Il ne cachait pas sa fonction; c'était un agent de M. de Bismarck ; je l'ai vu à Bruxelles, et il sondait le terrain, à un moment où le roi de Prusse, fort empêtré dans le siège de Paris, offrait à l'Impératrice une paix bien moins onéreuse que celle qu'a dû subir la République. Cet étranger, parfaitement maître de sa parole, et ne disant que ce qu'il avait bien médité, ne fut nullement explicite avec M. le général de Bourbaki ; mais il lui montra une photographie du prince Impérial, ainsi qu'une vue de Cambden-Place et il lui laissa supposer que l'Impératrice désirait le voir. L'idée que l'heure du dévouement était peut-être venue et l'autorisation donnée par le prince Charles à sa sortie de Metz frappèrent le général ; il crut à une sorte de mission concertée, et, avec l'autorisation du maréchal Bazaine, il se rendit secrètement en Angleterre.

L'Impératrice, à la fois charmée et surprise de l'arrivée du général, lui demanda naturellement les motifs de son voyage; mais, aux premiers mots, elle lui dit : « Général, on vous a trompé. Je n'ai aucune parole à faire porter au roi de Prusse, ni aucun moyen d'utiliser votre dévouement. On a abusé de votre loyauté. Votre sortie de Metz vous crée une situation délicate. Si vous trouvez qu'il ne vous est ni aisé, ni convenable d'y rentrer, suivez le conseil que je vous donne. Allez à Tours et offrez votre épée au gouvernement de la Défense nationale. Partez sans hésiter, général, c'est moi qui vous y convie. Vous combattrez contre les Prussiens, et, ce faisant, vous servirez encore l'Empereur et la France. »

Le brave soldat se rendit à Tours, on crut à sa loyauté, et il servit fidèlement la patrie, sans discuter le régime qu'on lui avait donné. On sait que le gouvernement, qui lui confia une armée, l'oublia depuis au milieu des neiges, en signant un armistice dans lequel ni lui ni ses soldats n'étaient compris ; et la première fois que je le revis après la paix, pendant que ma main serrait la sienne, mon regard chercha et trouva sur son front la trace de la balle qui avait trompé son désespoir.

Le général Cousin Montauban, devenu comte de Palikao en 1862, à la suite de l'expédition la plus extraordinaire et du fait d'armes le plus merveilleux de l'histoire, avait fait sa carrière en Afrique, où le gouvernement eut le tort de le laisser trop longtemps, car il était de ces rares hommes de guerre qui, comme Saint-Arnaud, sont aussi, au besoin, des hommes de gouvernement.

Beaucoup d'autres généraux ont gagné en Europe de grandes et mémorables batailles, dont ils portent les noms, associés à celui de leurs familles. On peut douter que les plus illustres d'entre eux, avec une poignée de soldats, appartenant à des nations différentes, et sans unité complète de commandement, eussent enlevé les forts de Péï-ho, forcé le pont de Palikao, fait capituler Pékin, imposé une paix durable à l'Empereur de la Chine et qu'il fût rentré en France la même année.

Le célèbre Père Huc, qui avait passé sa vie dans les missions de la Chine, et qui avait été, au séminaire de Toulouse, le camarade de l'abbé de Cassagnac, mon frère, étant venu me voir à Paris, à l'époque où l'on préparait l'expédition, me dit que l'idée de prendre Pékin était une pure illusion. La population de la ville et de sa province est si dense, ajoutait-il, qu'il suffirait aux habitants de se presser les uns contre les autres, pour former une masse impénétrable. Les rapports officiels de l'expédition constatèrent, en effet, et le général Cousin Montauban m'a confirmé depuis, qu'au passage du pont de Palikao, les masses de la cavalerie chinoise couvraient le pays à perte de vue, sans qu'il fût possible d'en voir le commencement ou la fin. C'est à travers ces masses, chargeant avec furie, que l'armée dut se frayer un passage, avançant en carrés et au pas, par la trouée que faisaient devant elle la mitraille et les feux de peloton.

Pour honorer cet exploit légendaire, qui n'a rien d'analogue dans les récits de l'antiquité, et qui était aussi glorieux pour la France que pour son général et ses soldats, l'Empereur demanda au Corps législatif une dotation de cinquante mille francs, récompense bien inférieure à celles que l'ancien régime décerna à quelques-uns de ses généraux, au milliard que la Convention vota pour les armées de la République, aux domaines, aux hôtels et aux millions que Napoléon prodigua à ses maréchaux et à ses généraux victorieux. Le Corps législatif sembla, un instant, marchander cette récompense. Le général comte de Palikao la refusa.

Ce fut la faute de M. de Morny qui n'aimait pas le général. Cédant aussi aux fatigues d'une veille prolongée, il ne présida pas la Chambre et laissa présenter le projet de dotation par le vice-président, M. Réveil, homme honorable de tous points, mais n'exerçant pas une grande influence sur l'Assemblée. Quelques critiques se firent entendre dans les couloirs; elles grossirent dans la salle des conférences et amenèrent des choix de surprise d'une commission hostile. Sa délicate susceptibilité une fois éveillée, le parti du général fut immédiatement pris. Il écrivit à l'Empereur pour le prier de retirer le projet de loi et il persista dans son refus, malgré la ferme et honorable persistance du Souverain. Ce déboire immérité fut l'œuvre d'un petit groupe d'opposants orléanistes et légitimistes. Portée à la tribune, la dotation n'eût pas trouvé contre elle dix voix d'opposition. L'Empereur resta blessé de l'incident et il en résulta un orage qui éclata sur la tête de M. de Morny.

Au général comte de Palikao, homme d'un grand esprit et d'un ferme courage, je n'ai connu qu'un moment de faiblesse; mais elle fut de la plus extrême gravité! Ce fut au Corps législatif, à la fameuse séance de nuit du 3 au 4 septembre.

M. Thiers et M. Jules Favre venaient de déposer leurs propositions de déchéance et de demander que, vu les circonstances, il fût procédé à la formation d'une commission de gouvernement. M. le général comte de Palikao, président du conseil, ne déclina pas, au nom du cabinet, la formation d'un conseil de gouvernement, destiné à se mettre en relation avec le pays et à le consulter sur la solution à donner aux difficultés que créait la captivité de l'Empereur; mais il ajourna à la séance du lendemain les propositions à soumettre à la Chambre.

Renvoyer au lendemain, en des circonstances si brûlantes, c'était agir trop tard. Il fallait, séance tenante, avant de se séparer, soumettre la composition du conseil de gouvernement au Corps législatif, qui l'eût votée à une immense majorité. Un président résolu, tel que M. de Morny, n'eût pas permis un tel ajournement et l'Impératrice, appuyée sur une majorité dévouée, serait restée maîtresse de la situation. La France, consultée, aurait disposé d'elle-même, au lieu d'être livrée par l'émeute aux intrigants et aux ambitieux de l'Hôtel-de-Ville, qui se firent les complices de l'ennemi, en désorganisant tous les services publics et en paralysant ainsi les moyens d'une défense efficace de la patrie.

Je l'ai dit, la faiblesse du comte de Palikao, dans cette nuit fatale, fut désastreuse et elle pèsera sur sa mémoire. Elle n'eut qu'une excuse, que le cœur des pères peut seule accepter. Dans la soirée, le comte de Palikao venait de recevoir une dépêche lui annonçant que le colonel, son fils unique, avait été tué à Sedan, en chargeant à la tête de ses hussards. La nouvelle était fausse; mais le ministre ploya peut-être un peu trop vite sous le coup dont le père avait été frappé.

Dans ces rapides esquisses des hommes de guerre que j'ai eu l'honneur de connaître ou de voir de près, j'ai omis M. le maréchal Baraguey-d'Hilliers; l'omission n'est pas involontaire, car il me répugnerait de méconnaître les honorables et glorieux services du maréchal dans la Baltique et en Italie; mais il ne m'est pas possible, non plus, d'oublier qu'à l'une des heures sombres de l'Empire, le maréchal se sépara brusquement du gouvernement de l'Impératrice Régente par un acte qui, dans toutes les langues, doit s'appeler une défection.

Voici, en effet, cet acte, dans son inconcevable étrangeté.

Le 10 août 1870, le Corps législatif était convoqué extraordinairement, après la défaite si glorieuse de Reichshoffen. Le cabinet de M. Émile Ollivier, qui n'avait pas encore achevé le septième mois de sa durée, venait de donner sa démission et avait été remplacé le matin par le ministère dans lequel entrèrent M. Jérôme David, M. Clément Duvernois et M. Henri Chevreau, sous la présidence du général comte de Palikao. Par elles-mêmes, les circonstances étaient fort graves et les partis, éternels ennemis de l'Empire, crurent que l'ébranlement, qu'amène toujours un changement de ministère pourrait favoriser un coup de main. Vers trois heures, une émeute à forme pacifique, mais parfaitement organisée par groupes portant des drapeaux, entoura le Corps législatif et engagea des pourparlers, par-dessus les murs du petit jardin qui donne sur la rue de Bourgogne, avec quelques députés de l'opposition, parmi lesquels je vis M. Jules Ferry; je montai immédiatement au fauteuil du président, M. Schneider, qui ne savait rien de l'événement et qui, sur mon avertissement, fit appeler un bataillon qui stationnait dans les cours intérieures du palais. M. le maréchal Baraguey-d'Hilliers, qui était gouverneur de Paris, prit le commandement des troupes, et à la tête d'un peloton de cuirassiers, il eut facilement raison des braillards qu'il repoussa au loin sur le quai et au delà du pont.

C'est vers ce moment que se produisit le scandaleux incident dont j'ai parlé et qui était l'équivalent d'un refus d'obéissance, de la part d'un maréchal investi d'un commandement.

M. Émile Ollivier et ses collègues étaient aussi sur leurs bancs, attendant leurs successeurs et ils écoutaient, silencieux, la première proposition de déchéance formulée par M. Jules Favre et quelques-uns de ses collègues. M. le général comte de Palikao, venant prendre sa place au Corps législatif, arriva au cordon de soldats qui avait repoussé l'attroupement. Comme il était en habit de ville et que les officiers de service pouvaient avoir l'excuse de ne point le connaître, il dut réclamer l'intervention du maréchal. Celui-ci, étant intervenu, lui refusa l'accès du Corps législatif. Cependant, il le connaissait bien, comme officier général et son collègue au Sénat. Le maréchal ayant persisté dans son refus, même après que le général eut décliné sa qualité de ministre de la guerre et de président du conseil, il y eut échange de paroles, énergiques de la part du ministre, outrageantes de la part du gouverneur de Paris, qui n'était pourtant que son subordonné.

Informé de cet acte de résistance ouverte à son gouvernement, en présence de l'émeute dans la rue et d'une proposition de déchéance dans la Chambre, l'Impératrice ne pouvait pas hésiter et elle n'hésita pas. Elle révoqua le maréchal de ses fonctions de gouverneur de Paris.

M. le commandant Rollin, maréchal-des-logis du Palais, reçut l'ordre d'aller trouver le général Soumain, commandant de la place et de l'inviter à se rendre auprès de la Régente. Sa Majesté l'investit immédiatement des fonctions de gouverneur de Paris qu'il conserva jusqu'au 17 août. Ce jour-là, l'Empereur, abusé sur la loyauté du général Trochu, garantie par M. le maréchal de Mac-Mahon abusé lui-même, eut le malheur de lui confier le gouvernement de Paris. Le pouvoir de la Régente tomba donc de fièvre en chaud mal. Elle venait de révoquer un révolté, on lui imposa un traître.

IV

LES HOMMES POLITIQUES DU SECOND EMPIRE

SOMMAIRE. — Caractère politique de l'Empire. — Ce fut un régime *ouvert.* — M. Baroche. — Son portrait. — Caractères de son éloquence. — Comparaison avec Jules Favre et Berryer. — Réformes du 24 novembre 1860. — M. Baroche est confiné dans la présidence du Conseil d'État. — Attitude de MM. Rouher et Baroche, en présence de ce grand changement politique. — M. Baroche au Corps législatif. — Relations de l'auteur avec le Président du Conseil d'État. — Le Chien et le Loup. — M. Baroche est remplacé dans son rôle oratoire par MM. Billault et Magne, ministres de la parole. — Avènement de M. Billault. — Les deux périodes principales de sa carrière. — Portrait de M. Billault. — L'avocat et l'orateur. — Comparaison de M. Billault avec M. Guizot. — Tous deux substituent leurs pensées et leurs principes aux idées de leurs adversaires. — Discours médités soigneusement. — Anciens rapports de l'auteur avec M. Billault. — Concours commun donné au nouveau mode de gouvernement.

Les esquisses qui précèdent donnent un rapide aperçu de quelques-unes des illustrations militaires sur lesquelles s'appuya l'Empire. La guerre d'Italie et la guerre du Mexique mettront en lumière d'autres hommes de guerre, qui seront plus convenablement placés dans leur cadre naturel. Aucun autre régime n'eut un personnel politique plus remarquable que celui de l'Empire et par le grand nombre d'hommes instruits, pratiques et distingués, qui furent mêlés, à cette époque, aux affaires publiques et par le principe que suivit invariablement l'Empereur d'appeler aux affaires toutes les capacités éprouvées, se bornant à faire appel à leurs talents et à leur loyauté, sans s'arrêter à leur origine.

L'Empire fut, en effet, un régime ouvert, non aux doctrines, mais aux personnes. Légitimistes, orléanistes, républicains, tous, sous ce régime, furent admis à servir la France, et à tirer parti de leurs capacités au profit de la chose publique et de leurs familles. M. Billault, arrivé si haut comme ministre d'État, n'avait-il pas commencé par se montrer hostile au prince Louis-Napoléon, en votant, le 10 décembre, pour M. le général Cavaignac? La famille de La Guéronnière, toute légitimiste, ne vit-elle pas s'ouvrir devant elle les préfectures, les ambassades et le Sénat; et, plus tard, lorsque, à l'heure où tombait la dynastie, le chef de cette famille eut prodigué les plus indignes outrages à l'auguste martyr de Sedan, M. Arthur de la Guéronnière ne conserva-t-il pas les sympathies de l'Empereur et du parti impérialiste?

M. Baroche, l'un des membres les plus considérables du gouvernement de l'Empereur, fut encore le témoignage le plus frappant de la sympathie loyale avec laquelle Napoléon III accueillit les caractères honnêtes et les talents éprouvés, sans regarder à leur ancienne cocarde. Après avoir fait procureur général près la cour de cassation M. Dupin aîné, qui avait été l'ami personnel et le conseiller privé du roi Louis-Philippe, il confia plus tard la direction des cultes non catholiques à M. Guillaume Guizot. M. Baroche avait aussi une origine orléaniste, et, entré dans la vie politique, aux élections de 1847, il manifesta, en 1848, son rôle réformiste, en signant la mise en accusation de M. Guizot et de M. Duchâtel. Le désordre, qui suivit la révolution du 24 février, ramena M. Baroche aux doctrines conservatrices, comme il guérit M. Rouher du caprice républicain qui l'avait fait élire à l'Assemblée constituante.

La première fois que j'eus l'honneur de voir M. Baroche, c'était en 1850, peu de temps après ma rentrée à Paris et ma participation à la rédaction du *Constitutionnel*. Il était ministre de l'intérieur, et quoique n'ayant jamais été en relations avec lui, je n'hésitai pas à aller lui demander, comme service politique, une modeste pension pour la veuve d'un sous-préfet conservateur.

La petite affaire se traita courtoisement et gaîment. M. Baroche était un causeur agréable. — « Monsieur le ministre, lui dis-je, je suis personnellement, pour vous, à peu près un inconnu et presque un adversaire. Vous servez un gouvernement républicain et je suis un monarchiste invétéré. Le jour où il ne restera plus un trône en Europe, j'irai demander au Grand Turc la permission de défendre le sien. Cependant, vous avez prouvé que vous êtes homme d'ordre et d'autorité, et nous nous touchons par ces points. Si, donc, vous voulez bien me faire crédit pendant quelques mois, j'ai la confiance de parvenir à mériter la grâce que je sollicite. » — « Je vous tiens pour un très bon débiteur, me répondit le ministre, et je vous ferai tout le crédit que vous voudrez. » La petite pension fut accordée.

Ainsi commencèrent des relations de vingt ans que je fis servir au patronage de talents éprouvés et d'honorabilités reconnues.

M. Baroche était de grande taille et de puissante constitution. Il avait la tête belle, l'œil largement ouvert et perçant, la parole pleine, sonore et vigoureuse; il parlait sans gestes, les deux mains posées sur le rebord de la tribune, exposant avec brièveté et netteté, discutant avec énergie ; il était lutteur.

Chose à peine croyable et pourtant réelle, cet orateur qui, au barreau, au Conseil d'État ou au Corps législatif, fut quarante ans au premier rang de ceux qui parlaient avec solidité et avec éclat, se levait ému et presque tremblant. Un jour, au Corps législatif, il était assis sur son fauteuil de président du Conseil d'État, s'apprêtant à répondre à un orateur. Je passai devant lui, pour parler à un de ses collègues, lorsqu'il me tendit la main, en me disant à demi-voix: «Tâtez mon pouls.» Frappé de la force et de la rapidité des pulsations, je lui demandai s'il était malade. «J'ai la fièvre, me répondit-il. Dans un instant, j'aurai à dire deux mots, qui ne dureront pas cinq minutes. Eh bien! depuis quarante ans que je parle, je n'ai pas pu encore me rendre maître de l'émotion qui me prend, au moment de me lever. »

Deux choses constituaient le talent de M. Baroche : une énorme puissance de travail, jointe à une rare faculté d'assimilation et une méthode de discussion ardente, nourrie, rectiligne, courant au but, appuyée sur une dialectique inflexible.

Il devait à la pratique du barreau cette ardeur appliquée à l'étude des innombrables questions et projets de loi que, pendant huit années, de 1852 à 1860, il exposa ou défendit devant le Corps législatif. Chaque question constituait pour lui un dossier qu'il dépouillait pièce à pièce, en dégageant l'idée principale et groupant les détails autour de cette idée. C'est par cette méthode appuyée sur le travail le plus opiniâtre qu'il parvint à se rendre familières les matières les plus disparates, les problèmes relatifs à l'armée, aux impôts, aux traités de commerce, à en faire sortir l'évidence pour quelques-uns, la clarté pour tous.

Ses discours n'avaient ni les balancements froidement académiques de M. Jules Favre, ni les éclats et la mise en scène théâtrale de M. Berryer. C'était une grande et chaude parole, plus forte qu'élégante; un souffle puissant de logique et de bon sens, poussant devant lui une doctrine solidement construite et la menant au but, à travers les lambeaux déchirés des arguments contraires. M. Jules Favre parlait beaucoup pour les journaux de son parti, M. Berryer, pour les douairières de son monde; M. Baroche parlait pour la question.

Après huit années de cette laborieuse besogne, il atteignit la session de 1860 un peu fatigué; du moins, l'Empereur le crut et lorsque, par le décret du 24 novembre, il accorda au Corps législatif le vote de l'Adresse, le rétablissement de la tribune et la publicité officielle des débats, il institua pour la défense du gouvernement deux ministères sans portefeuille, dont les titulaires furent M. Billault et M. Magne. M. Baroche resta confiné dans la présidence du Conseil d'État, avec le titre de ministre sans portefeuille.

Cette réforme du 24 novembre 1860 surprit l'opinion publique. L'Empereur, fortifié par la guerre d'Italie et l'acquisition de deux départements, crut pouvoir se livrer un peu plus au libre examen qu'il eut l'illusion de croire équitable; il médita et prépara secrètement sa réforme, poussé à l'exécution de sa pensée par les conseils de M. de Morny et surtout par les instances du comte Walewski, inspiré lui-même par M. Thiers, son ancien patron sous le règne du roi Louis-Philippe. J'aurai à dire, plus loin, la résistance opposée à ces réformes par M. Rouher, qui en avait eu seul la confidence. M. Baroche, qui n'avait pas prévu ce grave changement, avait préparé sa campagne pour la session suivante.

J'ai parlé de sa bienveillance pour moi ; il me fit l'honneur de me demander mon concours. Comme tous ceux qui jouent les premiers rôles, sur tous les théâtres possibles, M. Baroche aimait à rester protagoniste et à parler seul. Il parlait ainsi pour tout le Conseil d'État, dans les rangs duquel il y avait pourtant des orateurs exercés et distingués. Dans la Chambre, c'était différent ; il y acceptait volontiers le concours libre et bénévole de quelques députés plus ou moins batailleurs.

« On m'assure, me dit un jour M. Baroche, que vous avez envie d'être conseiller d'État. Vous êtes assurément du bois dont on les fait et votre situation acquise justifie l'ambition qu'on vous attribue. Si vous le demandez à l'Empereur, je ne doute pas que vos désirs soient accueillis ; mais il me serait agréable et utile que vous n'eussiez pas cette pensée ; j'ai besoin de vous à la Chambre, et je vais prier l'Empereur de ne pas vous mettre au Conseil d'État. J'espère que, dès la première session, vous voudrez bien venir me voir et conférer avec moi ; nous étudierons ensemble les questions. L'habitude que vous avez acquise de la parole et votre longue pratique du journalisme vous mettent à même de me donner un précieux concours que je sollicite de votre amitié. J'espère que vous ne me le refuserez pas. »

Je promis le concours, si honorable pour moi, que M. Baroche me demandait. Il m'en coûtait d'autant moins de renoncer à la perspective de devenir conseiller d'État que je n'y avais jamais songé. Assurément, le Conseil d'État, surtout alors, était une réunion de lumières et de talents bien remarquables ; mais il y a de certains honneurs, très réels et très enviés, qui ne m'ont jamais souri. Je n'ai jamais eu, par exemple, l'envie d'être ministre ou académicien. Le grand air et la liberté d'esprit m'ont toujours semblé préférables. Pour dire toute ma pensée, devenir conseiller d'État m'eût fait le subordonné des ministres ; rester député et journaliste me faisait leur collaborateur volontaire, indépendant, considéré et recherché. Si j'avais eu à choisir entre les destinées du loup et du chien de La Fontaine, j'aurais encore préféré la liberté et l'échine maigre de l'un au dos arrondi et au cou pelé de l'autre.

Le décret du 24 novembre fit évanouir les projets caressés par M. Baroche, remplacé dans son rôle oratoire, glorieusement rempli, par M. Billault et par M. Magne, institués ministres de la parole. Je n'y perdis rien, au point de vue de ma position personnelle, car le suffrage de mes collègues me porta pendant six années de suite à la Commission de l'Adresse, dont la rédaction me fut régulièrement confiée, et j'eus à en soutenir devant la Chambre les principales discussions.

La carrière de M. Billault, qui succéda à M. Baroche comme orateur du gouvernement, se divise en deux périodes bien distinctes, entre lesquelles il opéra sur lui-même une heureuse et complète transformation. Pendant la première, qui s'écoula sous le gouvernement de Juillet, M. Billault se produisit à la tribune comme un avocat disert et brillant. Pendant la seconde, qui ne dura malheureusement que trois années, il s'y produisit comme un orateur de premier ordre.

C'est en 1842, et pendant la campagne si bruyamment menée par l'opposition contre M. Guizot, au sujet du droit de visite, que M. Billault conquit son rang à la Chambre. Il portait à la tribune de nombreux et de volumineux papiers, qu'il cousait l'un à l'autre avec assez d'habileté, ayant ainsi son discours dans son dossier, à la manière des avocats, au lieu de l'avoir dans sa tête, à la manière des orateurs.

L'Empire mûrit l'intelligence naturelle et le talent exercé de M. Billault; il se trouva mêlé, pendant onze années, aux conseils du gouvernement, d'abord d'une manière indirecte, par la présidence du Corps législatif, où il fut remplacé par M. de Morny, ensuite, directement, par le ministère de l'intérieur, où il céda sa place à M. de Persigny; puis, enfin, dans sa fonction délicate et élevée de ministre sans portefeuille. C'est pendant cette dernière période de sa vie qu'il mit le sceau à sa carrière d'orateur. Placé, le 24 juin 1863, au ministère d'État réorganisé, il est à croire qu'il s'y serait élevé plus haut encore, lorsque la mort vint le surprendre, le 13 novembre suivant, ravissant ainsi à son œuvre politique une sanction et à sa gloire d'orateur un couronnement.

Il n'y a qu'un type auquel pût être justement rapportée la parole de M. Billault pendant les trois dernières années de sa vie, c'est la parole de M. Guizot.

Il en avait étudié et atteint l'élévation, la sérénité et le charme. Ainsi, il composait son discours comme ce maître illustre, groupant d'abord quelques idées générales, desquelles il dégageait une doctrine puissante, en opposition avec celle de l'adversaire; il développait ensuite cette doctrine avec précision et avec clarté; puis, enfin, et sans entrer dans aucune polémique, genre toujours subalterne, il obtenait ce résultat qu'après avoir carrément posé sa propre pensée sur sa base, il avait fait oublier la pensée contraire, sans l'avoir même prise à partie. Ainsi procédait M. Guizot; il substituait un ordre nouveau d'idées à celles qu'il avait à combattre; si bien que, sans s'être appliqué à faire une réponse, il se trouvait avoir victorieusement répondu.

Il est surtout une qualité rare des discours de M. Guizot, que M. Billault était parvenu à conquérir; c'est le charme général de la composition, ainsi que la forme correcte et littéraire du style. Peu d'orateurs avaient ce souci ou ce talent. Les discours si émus et si colorés de M. Berryer avaient peine à supporter la lecture.

La correction de M. Jules Favre n'était souvent qu'une régularité grammaticale sans relief et sans chaleur. M. de Montalembert, qui parlait un cahier à la main, et qui y écrivait ses bons passages, était récompensé de sa peine et ne perdait rien à être lu. Comme M. Guizot, M. Billault méditait soigneusement son sujet et il en arrêtait dans son esprit les parties les plus importantes. Certains traits, certaines saillies, étaient évidemment le fruit de réflexions et de réminiscences tenues éventuellement en réserve; mais on n'est orateur et grand orateur qu'à ce prix. On improvise une idée soudaine ou une boutade; mais un discours veut être médité.

Mes relations avec M. Billault, qui finirent par être si cordiales, avaient d'abord été empreintes d'une certaine acrimonie. Lorsque, sous le règne de Louis-Philippe, il était, à la Chambre, l'adversaire violent de M. Guizot, je m'étais fait naturellement son adversaire énergique dans le *Globe*. J'ai toujours résolûment défendu mes amis. En ce temps-là, les polémiques étaient ardentes et je justifiai plus d'une fois les rancunes de M. Billault. Devenu ministre de l'Empereur, il se souvint peut-être un peu trop de ces vieilles querelles, nées d'un passé évanoui ; mais, mes rapports naturels de député et de journaliste avec le ministre de l'intérieur, nous étaient, à tous deux, si impérieusement obligatoires et j'agissais si visiblement avec l'attache ou par ordre de l'Empereur, que, ma déférence et mes bons procédés aidant, M. Billault reprit avec moi les relations les plus bienveillantes. Elles devinrent surtout étroites à partir du 24 novembre 1860, époque où ses fonctions d'orateur du gouvernement n'auraient ni conseillé ni permis un état de froideur avec le rédacteur habituel de l'Adresse.

Ces nouveaux rapports lui suggérèrent même la pensée qu'avait eue M. Baroche : élevé, le 24 juin 1863, au poste nouvellement créé de ministre d'État, il songea aussi à se donner des auxiliaires dans la Chambre. Il m'annonça son projet, en me désignant les deux ou trois collègues auxquels il désirait m'associer, et parmi lesquels figurait naturellement et justement M. Henri Busson. En me faisant cette communication flatteuse, M. Billault me pria d'accepter un rôle dans le petit groupe des orateurs qui étaient destinés, dans sa pensée, à le seconder dans son grand rôle de gouvernement.

V

LA BOURGEOISIE PARISIENNE SOUS LE SECOND EMPIRE

Sommaire. — État de l'Empire après cinq ans d'épreuve. — Le suffrage universel en 1852 et en 1857. — Même confiance dans le gouvernement. — L'opposition se réveille dans la bourgeoisie et parmi les révolutionnaires. — M. Véron. — Les parlementaires, M. de Montalembert, M. de Chasseloup-Laubat, M. de Flavigny. — M. de Chasseloup, ministre de la marine. — Il fait le bien, sans faire de discours. — Il quitte le ministère, dès qu'on lui rend la parole. — Le régime parlementaire. — Sa valeur et son efficacité. — Opinion de M. Thiers à ce sujet. — Discours de réception à l'Académie. — Opposition faite à l'Empire par l'Académie. — Henri IV et Louis XIII. — Les places de sûreté. — M. Berryer, académicien, refuse de se rendre aux Tuileries. — Il écrit à M. Mocquard, à ce sujet. — Réponse de ce dernier. — Réflexions sur les mobiles qui dirigeaient M. Berryer. — Napoléon Ier et M. de Chateaubriand. — Opinion de Victor Hugo sur la grammaire de M. Berryer. — Opposition des classes riches. — Tentatives d'assassinat des révolutionnaires.

Les élections générales du 21 juin 1857, qui étaient le premier renouvellement du Corps législatif, après cinq années d'expérimentation du régime nouveau, expliquent, avec plus de clarté que ne le pourraient faire les plus longs raisonnements, le caractère de l'esprit politique en France et éclairent d'une vive lumière la marche des événements ultérieurs.

En n'employant que des nombres ronds, on trouve qu'il y eut, sur 6 millions de votants, savoir :

Pour les candidats du gouvernement, 5 millions de suffrages ;

Pour les candidats de l'opposition, 500,000 suffrages.

Encore ce dernier chiffre doit-il être réduit de moitié, par la raison que 250 mille voix impérialistes s'étaient égarées sur des candidats dévoués au gouvernement, lesquels, n'ayant pu trouver place sur les listes officielles, avaient couru, avec leurs chances personnelles, les risques de l'élection.

Ainsi le corps électoral qui, en 1852, avait fondé l'Empire, restait, après cinq années d'épreuve, fidèle à son principe et ferme dans sa confiance, et les populations agricoles, industrielles et marchandes, abritées sous un gouvernement fort, développaient en sécurité leurs instincts de travail et leurs besoins de transactions. Mais, en même temps, l'esprit d'opposition se réveillait vivement dans les deux milieux qui en sont le foyer habituel : la bourgeoisie, que la prospérité enfle et que l'inaction impatiente, et les révolutionnaires, qui voient dans l'ordre public un obstacle et dans le pouvoir un ennemi.

Lors donc que cinq millions d'électeurs des villes et des campagnes emplissaient le Corps législatif de députés dévoués, n'y laissant pénétrer que cinq députés hostiles, M. Hénon, M. Picard, M. Emile Ollivier, M. Darimon et M. Jules Favre, un petit groupe de bourgeois hasardait discrètement de sourdes réclamations et une poignée de conspirateurs ourdissait d'odieux attentats.

Depuis que l'acte violent du 6 octobre 1789 eut enlevé la royauté du palais de Versailles, pour l'enfermer prisonnière au château des Tuileries, la bourgeoisie de la ville de Paris et sa plèbe, ensuite, firent du gouvernement comme leur chose propre et substituèrent le fait d'une domination usurpée au droit de la nation méconnu. Napoléon III restitua au pays ce droit dont on l'avait dépouillé, et, sous lui, Paris fut tenu en équilibre par la France.

La bourgeoisie parisienne, gorgée de ses richesses, ambitieuse de jouer un rôle, se sentait mal à l'aise sous un régime qui, mettant toutes choses en leur place, réservait au gouvernement le droit de gouverner. Un homme qui, par sa fortune, par son intelligence, par son habileté, pouvait être considéré comme le type le plus vrai de cette classe, et qui, à ces divers titres, eut le droit de se décerner à lui-même, dans ses *Mémoires*, la qualification de Bourgeois de Paris, M. Véron, fut le premier qui, lassé de l'ordre, blasé par la sécurité, ennuyé de la vie paisible et régulière, poussa le cri de mécontentement contre l'Empire, auquel il devait ses biens, comme ce citoyen d'Athènes qui bannissait Aristide, parce qu'il était fatigué de l'entendre appeler le Juste.

Ce bourgeois de Paris dans un volume publié en 1857, sous le titre de : *Quatre ans de règne*, exhalait plaintivement, en pleine sécurité, le regret que lui laissait le souvenir de cette époque tourmentée, mais charmante, où, par des soirées d'émeute furieuse, il allait se cacher à Palaiseau, afin d'y dormir paisiblement dans son lit. N'avoir rien à craindre ni pour sa fortune, ni pour sa liberté, ni pour sa vie, faisait maintenant le désespoir de ce blasé, millionnaire, officier de la Légion d'honneur et député, et qui, en des temps moins sûrs, avait eu la prudence d'acheter une maison en Hollande, pour s'y aller dérober au triomphe des socialistes.

Ce n'est pas que ce modèle du bourgeois de Paris refusât à l'Empereur la justice qui lui était due. Oh ! non ; il reconnaissait que l'Empereur avait reconstitué l'autorité en France et que, pour ACCOMPLIR CE MIRACLE, quatre années lui avaient suffi, mais il regrettait qu'au Corps législatif, un député fût exposé *à se faire oublier.* Il regrettait aussi que la parole de ce député ne fît *aucun bruit* au dehors, et il demandait qu'on *brisât les liens de la presse* et *qu'on ouvrît les fenêtres de la Chambre,* afin que *la tribune pût retentir au loin.* Aux yeux de ce bourgeois parisien, un gouvernement dans lequel députés et sénateurs pouvaient *être oubliés*, ne faisaient aucun *bruit au dehors*, et ne *retentissaient pas au loin*, semblait une calamité à faire regretter les régimes plus dramatiques où la journée se passait en alertes incessantes.

Ainsi, un gouvernement qui avait accompli LE MIRACLE de rétablir, en quatre années, le principe d'autorité, qui avait donné aux intérêts la sécurité, aux affaires l'avenir, aux esprits le repos, ce régime ne suffisait plus à la bourgeoisie frivole, depuis qu'elle ne tremblait plus. Elle appelait, pour la distraire, une presse agitée, une tribune ardente, des séances dramatiques. Après avoir eu peur, pendant plusieurs années, de l'agitation et du bruit, elle en vint à sembler avoir peur du calme et du silence. Et M. Véron, en vue de conjurer des crises que la sécurité générale lui semblait présager, conseillait à l'Empereur d'employer l'émancipation de la presse et de la tribune, comme *tubes de sûreté.*

Mort en 1867, M. Véron eut le chagrin de ne pas voir adapter à la Constitution les *tubes de sûreté* conseillés et appliqués par M. Émile Ollivier ; mais, j'avais connu d'assez près son bon sens et son patriotisme à l'œuvre, pour rester persuadé que son chagrin eût été plus vif encore, s'il avait vu que ces appareils feraient éclater la machine.

Il y avait au Corps législatif d'autres hommes d'un esprit plus élevé que le *Bourgeois de Paris*, mais qui n'étaient pas moins férus d'un goût véhément pour cette liberté politique, agitatrice et bruyante qu'on appelle le parlementarisme. Parmi ces hommes, M. de Montalembert, M. de Chasseloup-Laubat et M. de Flavigny étaient les partisans les plus avoués de ce système.

M. de Chasseloup-Laubat, attaché à l'Empire par des traditions de famille, était d'ailleurs personnellement dévoué à Napoléon III, dont il avait soutenu la cause ; mais, soit effet des souvenirs du régime de 1830 qu'il avait servi avec distinction, soit désir légitime de jouer un rôle, il s'accommodait mal de la situation honorable, mais un peu désarmée que lui donnait son titre de député au Corps législatif. Un jour, il vint, pendant une séance, s'asseoir près de moi et entama la conversation suivante : « Croyez-vous franchement, mon cher collègue, que les choses puissent marcher longtemps ainsi ? Notre situation dans la Chambre est effacée et impuissante ; toute initiative est interdite. On semble redouter le moindre bruit. Si nous sommes dans une chambre de malade, il faut le dire, nous parlerons bas et nous marcherons sur la pointe des pieds. »

Je m'étonnai qu'un homme de son expérience et de son

esprit en fût à demander si la France était malade ; il l'avait vue au moment de périr. Échappée par miracle à la dislocation qu'amenait la compétition des anciens partis et à l'horrible anarchie poursuivie par les socialistes, elle se relevait avec peine de l'état misérable où ces deux crises sociales l'avaient plongée. Je lui fis remarquer que de telles maladies étaient longues à guérir et que les rechutes en étaient mortelles.

Je ne le guéris pas de son penchant pour l'initiative politique et pour le bruit de la tribune ; mais la pratique des affaires le changea. Appelé au ministère de la marine le 24 mars 1858, il ne tarda pas à s'apercevoir que le calme est plus favorable que l'agitation aux réformes administratives. Et le goût des luttes parlementaires lui passa à ce point qu'il y renonça spontanément, le jour même où on lui ouvrit l'arène. En effet, la Lettre de l'Empereur du 19 janvier 1867 ayant annoncé que le Corps législatif recevait le droit d'interpellation et que les ministres y seraient envoyés pour défendre les affaires de leur département, M. de Chasseloup-Laubat donna immédiatement sa démission. Il était resté au pouvoir tout le temps qu'on n'y parlait pas et il le quittait le jour où la Constitution lui donnait la parole. Son passage à la marine renouvela et surpassa la belle période de M. Ducos, et le bruit qu'il eût pu faire à la tribune n'aurait pas valu le bien qu'il sut faire en silence.

Cette grave question de la valeur et de l'efficacité du régime parlementaire, en France, au sortir d'une révolution, ne sera souverainement et définitivement jugée que par l'expérience et par le temps. Cependant, si je m'abstiens d'exprimer mon opinion, je crois bon de consigner ici celle de l'homme qui a le plus vivement soutenu le régime parlementaire, et qui l'a le plus employé à servir ses desseins. C'est l'opinion de M. Thiers.

Dans son discours de réception à l'Académie française, prononcé le 13 décembre 1834, M. Thiers crut devoir comparer le régime compressif du Consulat et le régime expansif des chartes de 1815 et de 1830. Et voici comment il appréciait le silence que, dans l'intérêt du rétablissement de l'ordre public, le Premier Consul, au commencement de ce siècle, avait imposé à la tribune et à la presse :

« Du chaos sort un génie extraordinaire qui saisit cette Société agitée, l'arrête, lui donne à la fois l'ordre et la gloire, réalise le plus vrai de ses besoins, l'égalité civile, et *ajourne la liberté,* qui l'aurait arrêté dans sa marche. Dans le *silence de la tribune et de la presse* expirèrent les passions fatales qu'il fallait laisser s'éteindre : dans ce silence, une France nouvelle, forte, compacte, innocente, s'est formée, dans laquelle la liberté est possible. »

Sur ce dernier point, M. Thiers se trompait : la chute de la Restauration et du régime de 1830 ont montré que, si le silence du Consulat et de l'Empire avait rendu beaucoup de libertés possibles, il fallait, en tout cas, en excepter la liberté parlementaire, avec l'agitation qui, dans les pays divisés, en est la suite et la complication inévitables.

Il manquerait un trait essentiel au caractère de ces classes d'élite, qui ont pour elles la fortune, l'éducation et le loisir, natures égoïstes et chagrines, que la sécurité exalte et qui, dans les crises sociales, écoutent moins la raison que la peur, si je ne rappelais l'opposition que l'Institut, et particulièrement l'Académie française, ne cessa de faire à l'Empire.

On se rappelle qu'Henri IV, par son édit de Nantes, accorda aux protestants un grand nombre de villes fortifiées, dites places de sûreté, que Louis XIII fut obligé de reprendre l'une après l'autre, la plupart avec du canon. Sous le second Empire, et grâce à la bonté du souverain, les cinq classes de l'Institut devinrent autant de places de sûreté, et comme elles se recrutent elles-mêmes, les mécontents et les boudeurs avaient soin d'y entretenir une garnison hostile.

Quelques membres de l'Académie française se mirent en résistance ouverte. M. Berryer, nommé avant le 2 décembre, mais reçu seulement en 1855, refusa de se conformer à l'usage qui voulait que les récipiendaires allassent présenter leur discours au souverain. Il se dispensa de ce devoir et de cette courtoisie par la lettre suivante qu'il écrivit à M. Mocquard :

« Paris, 22 février 1855.

« Je fais appel aux souvenirs de mon ancien confrère, M. Mocquard, pour réclamer de lui un bon office. Je viens d'être reçu à l'Académie française. Il est d'usage, à peu près constant, que chaque nouvel académicien aille présenter aux Tuileries son discours de réception. La situation particulière qui m'a été faite en 1851 rend cette présentation tout à fait impossible de ma part.

« Je crois avoir acquis, il y a quinze ans, le droit de m'abstenir aujourd'hui d'une formalité, dont l'accomplissement ne serait peut-être pas pénible pour moi seul. M. Mocquard sait bien que, par principe comme par caractère, j'ai autant de répugnances pour le bruit inutile et les vaines manifestations que pour un manque d'égard personnel. Je le prie de vouloir bien sans retard faire connaître la détermination qu'un sentiment honorable m'impose.

« Je prie M. Mocquard de recevoir les compliments de ma vieille confraternité.

« BERRYER. »

Avant de transcrire la réponse de M. Mocquard, je n'ai à donner que deux courtes explications sur le billet du nouvel académicien.

« La situation particulière qui lui avait été faite en 1851 » n'est autre que la situation commune dans laquelle se placèrent les 217 députés qui, réunis à la mairie du dixième arrondissement, mirent, sur la proposition de M. Berryer, le Président de la République *hors la loi*. Or, qui livre bataille s'expose à être vaincu.

Quant au droit qu'il avait acquis, en 1840, de n'être pas respectueux envers le souverain, en 1855, il se réduisait au plaidoyer que M. Berryer avait prononcé pour le Prince, devant la Cour des pairs, et pour lequel l'avocat illustre reçut du client vingt mille francs d'honoraires.

Voici la réponse de M. Mocquard :

« L'ancien confrère s'est empressé de se rendre à l'appel de M. Berryer : la réponse suivante en est la preuve.

« L'Empereur regrette que, dans M. Berryer, les inspirations de l'homme politique l'aient emporté sur les devoirs de l'académicien. Sa présence aux Tuileries n'aurait pas causé l'embarras qu'il semble redouter. De la hauteur où elle est placée, Sa Majesté n'aurait vu dans l'élu de l'Académie que l'orateur et l'écrivain, dans l'adversaire d'aujourd'hui que le défenseur d'autrefois.

« M. Berryer est parfaitement libre d'obéir, ou à ce que lu prescrit l'usage, ou à ce que ses répugnances lui conseillent.

« L'ancien confrère est heureux, dans cette circonstance, d'avoir pu rendre à M. Berryer ce qu'il croit être, ce qu'il appelle un bon office et il lui offre les compliments de sa vieille et cordiale confraternité.

« MOCQUARD. »

Napoléon Ier, qui faisait respecter les institutions, ne permit pas que M. de Chateaubriand se dérobât à l'observation des usages académiques. Un corps se détruit lui-même en foulant aux pieds ses propres règles. On peut d'autant plus regretter l'indifférence avec laquelle Napoléon III accueillit le manquement de M. Berryer, que son absence de l'Académie n'y aurait pas fait chômer le Dictionnaire ou la Grammaire, surtout si l'on juge son purisme par cette phrase dont Victor Hugo avait l'habitude d'égayer la société de ses amis : « proscrire de tels principes, c'est, aurait dit M. Berryer, *proscrire les véritables bases du lien social.* »

Une telle opposition venue des classes riches et instruites était d'autant plus dangereuse que l'intérêt manifeste de ces classes au maintien de l'ordre public semblait les défendre contre l'accusation de vouloir le troubler. Ces attaques, au contraire, venues des conspirateurs de profession et des assassins, affaiblissaient beaucoup moins le gouvernement impérial, parce qu'elles soulevaient les consciences honnêtes et qu'elles ralliaient autour du Trône les hommes et les intérêts dont sa consolidation était la garantie.

VI

LES ATTENTATS CONTRE L'EMPEREUR.

Sommaire. — Tentatives d'assassinat contre Napoléon III. — Neuf conspirations de 1853 à 1870. — Conspiration dite de l'*Hippodrome* et de l'*Opéra-Comique*. — M. Arthur Ranc.— Tentative d'explosion du chemin de fer de Calais à Tournai. — Mazzini, réfugié à Londres, organise les conspirations. — Attentat de Pianori. — Détails circonstanciés et inédits. — Le cardinal Antonelli se fait le préfet de police de l'Empereur. — Il l'avertit de la prochaine arrivée à Paris du frère de Pianori, chargé de tuer l'Empereur, en vengeant son frère. — Attentat de Tibaldi. — Ledru-Rollin est impliqué dans cette affaire. — Attentat d'Orsini, 14 janvier 1858. — Cent soixante-dix personnes tuées ou blessées. — Attentat du 3 janvier 1864. — Greco, Trabucco, Scaglioni et Imperatori. — Attentat d'avril 1870. — Beaury, Mégy et Flourens. — Bernard, réfugié français à Londres, est le complice d'Orsini. — Le gouvernement anglais refuse de livrer Bernard. — Indignation publique contre l'Angleterre. — Présence embarrassante de lord Cowley aux Tuileries. — Révélations intimes.

C'est ici le lieu de parler des tentatives d'assassinat contre l'Empereur.

De 1853 à 1870, neuf conspirations. Procédons par ordre. Le 6 juin 1853, ce fut d'abord le complot, dit de l'Hippodrome. Cette conspiration fut organisée par une Société secrète composée d'ouvriers, mais à celle-ci vint s'unir une

Société secrète composée d'étudiants. Ce projet du 6 juin ayant échoué à l'Hippodrome, fut repris pour être exécuté le 5 juillet, à l'Opéra-Comique. Le procès des conspirateurs fut jugé en Cour d'assises, le 7 novembre, et l'arrêt, rendu le 16, frappa de peines graves dix-huit accusés.

M. Arthur Ranc, l'un d'eux, et qui n'avait que vingt-deux ans, fut acquitté. Néanmoins ayant été repris, deux mois plus tard, avec quarante-cinq accusés, poursuivis pour Société secrète et détention d'armes de guerre, il eut sa part des peines prononcées contre les complices et qui varièrent de trois ans à un an de prison.

Le 12 septembre, ce fut la tentative d'explosion d'un train du chemin de fer de Calais à Tournai, dans lequel l'Empereur devait se trouver, pour une visite au roi des Belges et qui par hasard fut contremandée. Il s'agissait de faire éclater entre deux rails, sous le wagon impérial, un cylindre contenant deux kilogrammes et demi de fulminate de mercure et relié par un fil de fer, soigneusement enveloppé de soie verte, à une pile de Bunsen cachée à plusieurs centaines de mètres de la gare. Une longue et minutieuse instruction fit renvoyer devant la Cour d'assises de Douai quatre accusés coutumaces et cachés en Angleterre, nommés Déron, Clément, Nicolas Jacquin et Vendôme, lesquels furent condamnés à la peine de mort, et deux présents aux débats, Dhénin et Desquiens, condamnés, le premier aux travaux forcés à perpétuité, le second à cinq années de prison.

Ces deux tentatives d'assassinat, du 6 juin 1853 et du 11 septembre, furent les seules organisées en France : celles qui vont suivre furent toutes organisées à l'étranger et principalement en Angleterre, d'après un plan invariablement le même. Les sociétés secrètes italiennes en étaient généralement l'âme et les réfugiés l'instrument. Mazzini en fut l'inspirateur principal. Il croyait que, pour avoir chance de réussir, le nombre des conspirateurs devait être très restreint. C'est pour cela qu'il n'envoya habituellement en France qu'une, deux ou quatre assassins au plus.

La première de ces tentatives, si habilement combinées, et dont quelques-unes n'échouèrent que par une protection manifeste de la Providence, eut lieu le 28 avril 1855.

Il était environ cinq heures du soir ; l'Empereur, à cheval, remontait l'avenue des Champs-Élysées, suivi de deux piqueurs et se dirigeant vers le Bois de Boulogne. Pendant que les promeneurs s'arrêtaient et se découvraient, et un peu après qu'il eut dépassé le rond-point, un individu sortit de la contre-allée de droite et se dirigea vers le Souverain. Arrivé à deux ou trois pas du cheval, l'inconnu, sans trouble apparent ou précipitation, tira sur l'Empereur deux coups de pistolet, avec un pistolet double : le coup manqua.

Un des agents du service de sûreté, nommé Alessandri, avait remarqué le mouvement de l'inconnu et s'était précipité sur lui pour lui barrer le passage ; mais une voiture qui passait l'arrêta dans son dessein et il ne parvint à l'homme qu'après que les deux coups de pistolet eurent été tirés. Alessandri terrassa l'assassin, et, poussé par les cris de la foule indignée, autant que par sa propre colère, il levait déjà son poignard pour le tuer, lorsque l'Empereur, qui était resté au centre du groupe calme et impassible, lui ordonna de l'épargner. On trouva sur lui un second pistolet et un poignard. Conduit en prison, il déclara se nommer Giovanni Pianori, avoir vingt-huit ans et exercer la profession de cordonnier.

La foule fit à l'Empereur un cortège enthousiaste ; les promeneurs à pied l'acclamèrent et les cavaliers l'accompagnèrent jusqu'aux Tuileries. Arrivé auprès de l'Impératrice, il lui dit gaiement : « C'est tout de même un singulier pays que celui-ci ; on y tire sur les gens comme sur les moineaux. »

Pianori ayant été arrêté en flagrant délit et n'ayant rien à nier, le procès en Cour d'assises put avoir lieu le 7 mai, huit jours après le crime. L'assassin fut condamné à mort et exécuté. Il ne fit aucune révélation, ni sur ses principes, ni sur ses griefs, ni sur ses desseins. Il avait agi et il finit comme un sectaire. On était néanmoins parvenu à savoir qu'il arrivait d'Angleterre et l'on découvrit à Londres l'armurier qui lui avait vendu ses pistolets.

Indépendamment de son ministre de l'intérieur et de son préfet de police, l'Empereur avait pour veiller sur sa vie et sur son œuvre une grande intelligence, qui se sentait avec lui en étroite solidarité : c'était le cardinal Antonelli. Malgré la raideur de ses résistances, la Cour de Rome voyait fort bien que l'Empereur défendait Rome et le cardinal Antonelli veillait sur lui comme sur le protecteur de la papauté. C'est lui qui informait le ministre de l'intérieur des projets des assassins en Italie et à Londres, et, notamment, c'est lui qui prévint le gouvernement de l'arrivée du frère de Pianori, qui venait d'Italie pour tuer l'Empereur et venger son frère. La dépêche du cardinal arriva à Paris six heures avant l'assassin, elle fit connaître le nom qu'il portait dans son passeport, avec la voie par laquelle il voyageait ; en sorte que la police française n'eut qu'à l'attendre et à le recevoir à son arrivée. L'instruction mit ses desseins en pleine lumière ; et il fut envoyé à Cayenne, où il mourut.

Cette idée d'abattre l'Empereur, pour abattre la Papauté, ne cessa jamais de hanter les esprits des révolutionnaires, tant la conscience publique était habituée à considérer la dynastie des Napoléon comme la gardienne naturelle des libertés religieuses. Dix ans plus tard, on caresse encore la même doctrine ; car je trouve dans mes papiers une note envoyée du cabinet de l'Empereur pour être publiée dans le *Pays*, et qui est ainsi conçue :

« Les relations du réfugié Roselli Mollet, ancien représentant à la Législative, avec les Italiens agents de Mazzini, tels que Igi, Bramani, Marsuczi, deviennent de plus en plus étroites et leurs entrevues n'ont jamais été plus fréquentes.

« Amédée Deleau prêche publiquement l'assassinat de l'Empereur. On l'a entendu prononcer ces paroles : « Napoléon veut maintenir le Pape à tout prix. Nous devons combattre Napoléon et le renverser par tous les moyens. Italiens et Français, nous avons le même intérêt à sa chute. Il appartient à la justice du peuple. »

L'événement prouva bien que cette théorie de la solidarité du Pape et de l'Empereur n'était pas absolument vaine, car la chute de l'un livra l'autre aux desseins de ses ennemis.

En 1857 eut lieu le complot ourdi à Londres contre la vie de l'Empereur par Tibaldi, Bartolotti et Grilli, sous l'inspiration de Mazzini et avec son argent. Ledru-Rollin, réfugié à Londres depuis l'insurrection du 13 juin 1850, fut compromis dans cette tentative d'assassinat par le témoignage formel de Bartolotti, l'un des trois accusés convaincu et condamné comme les deux autres.

Mais, l'attentat le plus atroce fut celui du 14 janvier 1858, qui eut lieu vers huit heures et demie du soir, sous le péristyle de l'Opéra, au moment où l'Empereur et l'Impératrice y arrivaient en voiture. Cent soixante-dix personnes furent tuées ou blessées par les éclats de trois bombes. L'Empereur eut au visage une légère éraflure ; le premier aide de camp, général Roguet, reçut une forte contusion à la tête. Seule, l'Impératrice ne fut pas atteinte ; mais ses vêtements portaient plusieurs taches de sang.

L'auteur de l'attentat était un avocat italien, nommé Orsini, secondé à Londres par un réfugié français, nommé Bernard, et à Paris par trois complices italiens, nommés Pieri, Gomez, et de Rudio. Tous les quatre furent condamnés, Orsini, Pieri et de Rudio, à la peine de mort et Gomez aux travaux forcés à perpétuité. L'Empereur fit grâce de la vie à de Rudio. Orsini et Pieri furent exécutés.

Le gouvernement anglais refusa de livrer Bernard.

Je ne raconterai pas en détail l'attentat d'Orsini, qui appartient à l'histoire, ni celui que quatre vulgaires assassins, Greco, Trabuco, Scaglioni et Imperatori, essayèrent le 3 juillet 1864. C'étaient toujours des sicaires italiens soudoyés par Mazzini et abrités à Londres, sous les prérogatives un peu exagérées de l'hospitalité britannique.

Ces sanguinaires infamies n'exercèrent aucune influence sur la marche des affaires, pas plus que les tentatives du même genre qui eurent lieu en janvier et en avril 1870 et à la suite desquelles la haute Cour de justice, siégeant à Blois, condamna aux travaux forcés, à la déportation ou à la détention des coupables de diverses conditions, dont les plus connus étaient Beaury, Mégy et Flourens. Ces conspirations odieuses montraient clairement à tout le monde que l'Empereur était considéré par tous les révolutionnaires comme le pivot de l'ordre social, et elles avaient pour effet naturel de rapprocher de lui tous ceux qui avaient intérêt à la conservation de cette précieuse garantie. On le vit bien, après l'attentat d'Orsini, le seul qui fut bien près d'amener de graves complications extérieures que je fus amené à étudier et à suivre de très près.

L'opinion publique en Angleterre se montra toujours jalouse de conserver inviolable le droit d'asile, au profit de ceux que les révolutions politiques chassent de leur pays. Un pareil droit doit être sacré et il est bien peu de partis, de quelque nation qu'ils soient, que l'agitation de l'Europe, depuis près d'un siècle, n'aient forcés y à recourir. Tant que le gouvernement de la France fut déposé entre des mains fermes, il força l'Angleterre à respecter l'asile donné aux Stuarts et c'est l'honneur de l'Angleterre d'avoir donné la sécurité chez elle aux Bourbons, aux d'Orléans et aux Bonaparte.

Mais, si l'asile donné à des proscrits, qui vont demander à un pays l'hospitalité sous la protection de ses lois, est la garantie la plus respectable et la plus nécessaire des opinions politiques, religieuses ou morales, on ne saurait assimiler à un tel asile le repaire dans lequel des assassins vont méditer et préparer un crime et où ils retournent se cacher dès qu'ils ont manqué leur coup, pour y combiner et y réunir avec plus de maturité les éléments nouveaux d'une tentative plus efficace. Cela est si vrai que, par des conventions spéciales, devenues la base du droit universel, toutes les nations civilisées, si elles couvrent de l'inviolabilité de leur territoire ou de leur pavillon les simples réfugiés, livrent toujours les meurtriers et les voleurs.

Or, chacune des trois tentatives de Pianori, de Tibaldi et d'Orsini, toutes les trois méditées et projetées à Londres, avait présenté d'une manière si évidente le caractère exclusif d'un simple assassinat, conçu par un misérable dont le poignard était l'arme politique ordinaire, qu'il n'était pas possible d'étendre raisonnablement jusqu'à Mazzini, meurtrier sans courage, faisant tuer pour de l'argent, l'immunité due à des proscrits politiques se bornant à demander à un pays étranger la sécurité et le repos qu'ils ne trouvent pas dans leur patrie.

L'opinion politique, en France, se montra donc violemment choquée de l'espèce d'indifférence, avec laquelle le gouvernement anglais semblait confondre les purs réfugiés et les assassins et étendait ainsi jusqu'aux crimes l'impunité qui n'était due qu'aux opinions.

Cette légitime indignation publique alla très loin et elle créa entre les deux gouvernements une froideur qui n'aurait pas pu se prolonger sans péril. Je fus témoin et un peu acteur dans cette grave mésintelligence que des explications loyales vinrent dissiper à temps et avant que l'aigreur ne dégénérât en rupture. Je vais raconter ce que j'en ai vu et su d'intime ; on peut révéler aujourd'hui ces péripéties délicates, depuis que la réflexion et le temps ont édifié l'Angleterre sur la valeur morale de ces réfugiés qui usurpaient pour leurs crimes le droit d'asile, uniquement réservé par tous les peuples à la protection des sentiments honnêtes.

Le soir du 14 janvier 1858, un inconnu m'aborda, vers neuf heures et demie, devant le Théâtre-Français où je me disposais à entrer et m'apprit en quelques mots le crime qui venait d'être commis sous le péristyle de l'Opéra. Il ajouta que l'Empereur et l'Impératrice n'avaient pas été atteints. Je jugeai que ma place, comme député et comme Français, était aux Tuileries et je m'y rendis immédiatement. Je rencontrai sur le large trottoir intérieur du château M. le général de Courson, qui était de service ; il ne savait rien et il apprit de moi les courts détails que l'inconnu m'avait donnés.

J'avais de bonnes relations avec le général. Son frère, M. Aurélien de Courson, que je connaissais, était l'auteur de plusieurs ouvrages sur la Bretagne et il avait pour parent mon vieux camarade Alfred de Clarens, entré le même jour que moi, il y a vingt-huit ans, au Conseil général du Gers.

Le général et moi, échangeant nos idées, nous attendîmes environ deux heures le retour de Leurs Majestés. La nouvelle de l'attentat s'était répandue très tard dans Paris et avait trouvé la plupart des ministres ou dans les théâtres, ou dînant en ville chez des amis. Vers onze heures, il arriva quelques sénateurs et quelques ambassadeurs, naturellement fort émus et dans la même situation que nous, c'est-à-dire ne sachant rien, excepté le crime.

Lorsque les voitures de la Cour arrivèrent, un groupe, composé surtout des dames d'honneur, averties et accourues, se précipita à la portière de l'Impératrice. Sa Majesté, après

7.

avoir affectueusement accueilli leurs félicitations, monta vivement le grand escalier du pavillon de Flore et entra dans les appartements du premier étage. Après avoir salué l'Impératrice, je restai sur le trottoir intérieur du palais, pour voir l'Empereur. La foule des visiteurs avait suivi vivement l'Impératrice, sans remarquer que l'Empereur était resté dehors.

La file des voitures occupait encore la place où elles s'étaient arrêtées ; j'aperçus auprès des chevaux de la plus éloignée, l'Empereur à pied, la canne à la main, causant avec les cochers, l'un après l'autre, en se rapprochant de moi. Il faisait tout tranquillement son enquête, qu'il n'avait pas pu faire à l'Opéra, au milieu des cris des blessés et des acclamations de la foule. Lorsqu'il eut fini, je m'avançai vers lui, en lui disant : « Sire, Dieu vous a sauvé ! — Ah ! c'est vous, me répondit-il, en me tendant la main ; il est certain que Dieu s'en mêle, montez avec moi. »

Le cercle déjà réuni dans le salon était nombreux. On entourait Leurs Majestés, qui, restées debout, racontaient les détails de l'événement. L'Impératrice avait sa *sortie de bal* en cachemire blanc, tachée de sang en plusieurs endroits. C'était le sang des blessés qui avait rejailli sur elle. L'Empereur avait une légère éraflure qui saignait à la joue droite, c'était l'effet d'un éclat des vitres de la voiture. Seul, le premier aide-de-camp, général baron Roguet, avait reçu une assez forte contusion à la nuque, dont il parlait de bonne grâce.

La conversation ne tarda pas à se généraliser et deux notes la dominèrent: on blâma la débonnaireté de l'Empereur, et l'on s'indigna contre l'apparente complicité de l'Angleterre. Le langage tenu en ce moment fut de la dernière énergie et, la colère aidant, arriva à la violence. On récapitulait la liste des assassins que Londres envoyait régulièrement pour tuer l'Empereur, et la présence de lord Cowley n'empêcha pas de dire que si l'Angleterre ne livrait pas les meurtriers, il fallait aller les prendre. On va voir que, dès le lendemain, l'opinion publique, les Chambres, l'armée, se mirent à l'unisson et qu'il aurait suffi d'une bien petite étincelle pour allumer un gros incendie.

VII

LES SUITES DE L'ATTENTAT D'ORSINI.

Sommaire : Le Corps législatif apporte à Napoléon III une adresse à l'occasion de l'attentat d'Orsini. — L'auteur rédige ce document avec M. de Morny. — Passages principaux. — Paragraphe supprimé par l'Empereur.— Adresses envoyées par l'armée et par les départements.—Loi de sûreté générale. — L'Empereur, le 8 février suivant, institue la Régence de l'Impératrice. — Il crée le Conseil privé, sorte de conseil de régence.—Le cardinal Morlot, le duc de Malakoff, M. Fould, M. Troplong, M. de Morny, M. Baroche et M. de Persigny.—Le général Espinasse est nommé ministre de l'intérieur.—M. de Persigny, ambassadeur à Londres.—Détails intimes sur l'intérieur de la Cour impériale.—L'Impératrice et ses autographes. — Dialogue entre l'auteur de ces *Souvenirs* et l'Impératrice. — Vivacité de ce dialogue. — M. de Persigny est remplacé à Londres par le duc de Malakoff. — Visite de la reine d'Angleterre, du prince de Galles et du prince Albert à Cherbourg. — Funérailles faites à Londres à un réfugié. — Cérémonie glorifiant les assassins politiques.—Article du *Constitutionnel*.— Billet de M. Mocquard. — Exposition de 1855. — Résumé des premières années du second empire.

Comme on doit le penser, le Corps diplomatique apporta à l'Empereur l'expression officielle de l'horreur qu'avait inspirée l'attentat d'Orsini et de ses trois complices ; mais le discours que prononça M. de Morny, à la tête de tous les députés présents à Paris, reçut de ma collaboration une accentuation spéciale.

J'avais toujours pensé que le premier devoir du gouvernement impérial, c'était de se faire respecter, en respectant les autres. La mollesse avec laquelle le gouvernement anglais, sous prétexte de liberté, tolérait les infâmes complots, publiquement ourdis à Londres par les coupe-jarrets aux ordres et à la solde de Mazzini, dépassait, à mon sens, toute mesure. Les dédaigner était une imprudence, les tolérer était une faiblesse. J'avais parlé dans ce sens à M. de Morny, aux Tuileries, pendant la journée du 14 et comme, en sa qualité de président d'un des trois grands corps de l'Etat, il était obligé de s'associer à la démonstration qui serait faite, il me pria d'aller en causer avec lui le lendemain matin et de lui apporter non un projet de discours, mais quelques phrases caractéristiques sur les devoirs que des attentats répétés, ourdis dans la même ville par le même homme, au nom des mêmes doctrines, imposaient au gouvernement français.

J'apportai à M. de Morny la rédaction demandée. Son esprit vif, fécond, délicat, ne le dispensait pas de l'obligation de recourir à un collaborateur exercé, lorsqu'il voulait donner du relief et de la précision à ses idées. On connaît les collaborateurs de ses comédies ; j'eus quelquefois la bonne chance d'être le collaborateur de ses discours. Voici, donc, à peu près, le passage que j'avais proposé et que M. de Morny adopta, comme indiquant d'une manière suffisamment précise la conduite résolue, dont des assassinats sans cesse renouvelés feraient un devoir à l'Empereur :

« Nous ne pouvons pas vous le cacher, Sire, les populations que nous venons de visiter récemment s'inquiètent des effets de votre clémence, qui se mesure trop à la bonté de votre cœur. Alors qu'elles voient d'aussi abominables attentats se préparer au dehors, elles se demandent comment des gouvernements voisins et amis sont impuissants à détruire ces laboratoires d'assassinats et comment les saintes lois de l'hospitalité peuvent s'appliquer à des bêtes féroces. Vous n'êtes ainsi attaqué que parce que vous êtes la clé de voûte de l'ordre public : aussi, nous vous supplions de ne pas suivre seulement les inspirations de votre courage et de ne pas oublier qu'en exposant votre personne, vous exposez le repos de la France. »

Je m'étais placé, dans le groupe des députés, assez près de M. de Morny pour m'assurer si ma rédaction avait été maintenue ; j'y retrouvai tout, à l'exception d'une courte phrase, exprimant, non une menace, mais une résolution de demander et d'obtenir justice. L'Empereur en avait demandé la suppression.

Au milieu de l'émotion profonde produite par l'attentat, émotion qui gagna rapidement les populations et l'armée elle-même, le Président du Corps législatif avait rempli son rôle, en apportant au souverain les inquiétudes et les vœux du pays : l'Empereur remplit le sien, en déclinant avec sévérité le recours aux armes qui lui était indirectement, mais assez clairement suggéré et en s'en rapportant à la haute raison du peuple anglais pour mettre un terme, par une plus exacte surveillance, aux trames criminelles publiquement ourdies contre un souverain allié, chef d'une nation amie.

Mais le danger couru, le 14 janvier, par l'Empereur et l'Impératrice avait été trop grand, pour ne pas imposer des précautions nécessaires. Les députés arrivèrent exaspérés du fond de leurs départements. L'armée tout entière, régiment par régiment, voulut témoigner par des adresses de son fidèle attachement à la dynastie, à la Constitution et aux lois établies. Une loi dite de Sûreté générale fut votée, permettant d'éloigner du territoire les anciens condamnés. Des mesures d'ensemble complétèrent ce système de précautions nécessaires. Le 8 février, l'Empereur institua la Régence de l'Impératrice et créa le Conseil privé, destiné à devenir au besoin le Conseil de Régence. Des hommes éminents le composaient : le cardinal Morlot, le maréchal duc de Malakoff, M. Fould, M. Troplong, M. de Morny, M. Baroche et M. de Persigny. Il était complété par les deux princes français, les plus proches parents dans l'ordre de l'hérédité.

Comme pour donner leur vrai sens à toutes ces mesures et faire comprendre aux révolutionnaires du dedans et du dehors qu'on était prêt, le général de division Espinasse fut nommé, le 7 février, ministre de l'intérieur, en remplacement de M. Billault, et garda le portefeuille jusqu'au mois de juin, époque où il fut remplacé par M. Delangle, premier président de la Cour impériale de Paris.

Et ce qui répond d'une manière victorieuse aux critiques adressées à la loi de sûreté générale, c'est qu'à partir de sa promulgation, et pendant *douze années*, à l'exception de la tentative peu importante de Greco et de Trabuco, en 1863, il n'y eut plus de conspirations. Les révolutionnaires savaient le gouvernement armé et résolu ; ils avaient peur, et ils se tenaient tranquilles.

Cependant le cri public de la France, demandant l'éloignement de nos frontières des criminels condamnés par la justice et l'interdiction de l'apologie de l'assassinat par les journaux ou dans les meetings, avait eu un immense retentissement en Angleterre. Les adresses des colonels des régiments avaient donné une assez forte saveur de menace à ces plaintes, qui n'étaient pourtant qu'une loyale et légitime réclamation ; la presse anglaise affecta de croire que la France prétendait imposer à la Grande-Bretagne l'abandon du droit d'asile. M. de Persigny, ambassadeur à Londres, et qui avait le cœur haut, sans rien contester des justes prétentions de l'Angleterre à conserver inviolables les droits des opinions vaincues, contesta hautement cette inviolabilité, dès qu'elle était revendiquée par les conspirateurs, au profit de leurs complots sanguinaires. Il disait au gouvernement britannique : « Protégez les réfugiés politiques, mais surveillez les assassins. »

Ce malentendu, qui dura plusieurs mois, amena entre les deux pays un état de froideur, duquel, sans la sagesse de l'Empereur, pouvait sortir une rupture.

Un soir de la fin de novembre, un valet de pied des Tuileries m'apporta un pli dans lequel l'officier de service m'invitait à me rendre auprès de l'Empereur, à sept heures. J'étais à dîner avec ma famille ; je me levai, et, sans autre toilette que celle de mon intérieur, je me rendis aux Tuileries. L'Empereur, qui était sorti un peu tard, ne rentra qu'à huit heures et, en me trouvant dans le salon d'attente, il me dit : « Il est trop tard pour causer à présent : allez vous habiller et venez dîner ; nous causerons ensuite. » — « Mais, Sire, j'ai dîné. » — « Vraiment, mais alors, allez vous habiller tout de même et venez passer la soirée. » J'arrivai à dix heures ; j'étais seul étranger et après m'avoir fait l'honneur de me présenter à Mme la grande duchesse Stéphanie de Bade, qui fut gracieuse comme elle savait l'être, l'Empereur me dit de le suivre dans son cabinet.

« J'ai à vous entretenir, me dit-il, de cette grosse et délicate question des réfugiés de Londres. Ils discutent publiquement des projets d'assassinat et fabriquent des bombes sous les yeux de la police, qui laisse faire. Je ne puis pas tolérer une pareille violation du droit d'asile, qui doit assurer l'indépendance des personnes et des opinions politiques; mais qui ne peut pas couvrir des complots contre la sécurité des pays voisins et des projets de meurtre contre des souverains alliés. On me croira, lorsque je dirai que moi qui ai profité du droit d'asile en Suisse et en Angleterre, je ne saurais trouver mauvais que les mêmes pays l'accordent aux Italiens, aux Allemands, aux Polonais, que les agitations politiques de leurs pays ont forcés à s'expatrier. Moi-même, conformément aux traditions hospitalières de la France, je donne un asile et des secours à des milliers de réfugiés, accourus de divers pays; mais je ne souffrirais pas que l'on profitât de la sécurité due à la protection de nos lois pour conspirer ouvertement contre les gouvernements voisins et, si l'on découvrait en France des misérables préparant l'assassinat des souverains étrangers, je les livrerais sans pitié à leurs juges naturels.

« Ce sont là des notions élémentaires de bon sens et d'honnêteté qu'il suffira d'exposer brièvement et avec netteté, pour que tous les esprits droits les accueillent. J'ai dicté sur ce sujet à l'Impératrice quelques aperçus, dont il faut que nous fassions une brochure courte, nette et précise. »

Et comme l'Empereur me tendait le papier, l'Impératrice entra dans le cabinet.

— M. de Cassagnac, me dit-elle, je mets une condition à la remise de cette note, c'est que l'original me sera rendu par vous. D'abord, je ne suis pas bien sûre que, l'ayant écrite à la hâte, sous la dictée de l'Empereur, elle soit correctement rédigée. Ensuite, n'ayant aucun titre constitutionnel qui m'autorise à intervenir dans les affaires publiques, je ne veux pas qu'on m'accuse, si la note se perdait, d'avoir poussé l'Empereur dans la voie délicate où il s'engage. Que si vous vouliez bien attacher quelque prix à mon écriture, je vous promets un autre autographe pour lequel je m'appliquerai et, ajouta-t-elle en riant, dans lequel mon orthographe bravera votre critique.

Je m'inclinai devant le désir de Sa Majesté, en retenant sa promesse et comme elle tenait à la main les journaux de Londres du matin, je lui demandai s'ils apportaient le résultat de l'instruction faite contre Bernard, le complice français d'Orsini, qui avait fait fabriquer les bombes à Birmingham et dont le gouvernement impérial était raisonnablement en droit de demander l'extradition. L'Impératrice lisait l'anglais plus aisément et plus vite que l'Empereur, et il résulta des documents qui étaient en sa possession qu'il n'y avait aucune illusion à se faire sur les dispositions actuelles de l'opinion publique en Angleterre : elle n'autoriserait à livrer aucun des complices de Mazzini, l'extradition des criminels étant subordonnée en Angleterre à des formes et à des preuves juridiques infiniment plus compliquées qu'en France et sans aucune analogie avec celles édictées dans nos Codes.

Je pris texte de ces documents et de ces explications pour faire observer à l'Empereur que de telles circonstances me paraissaient imposer l'obligation de donner une sanction à la brochure qu'il s'agissait de faire. Dire que le droit d'asile était destiné à protéger les opinions des réfugiés et non leurs crimes, était assurément soutenir une doctrine incontestable; mais si le gouvernement anglais continuait à étendre jusqu'aux assassinats la protection due seulement aux sentiments politiques, le gouvernement de l'Empereur ne pouvait pas se contenter du rôle d'un professeur de morale, même quand il a raison. Plus les concessions demandées par la France étaient légitimes, raisonnables et modérées, plus il était nécessaire, selon moi, de faire entendre dans la brochure qu'en cas de refus, on serait obligé d'aviser.

— Oh! monsieur de Cassagnac, s'écria l'Impératrice avec vivacité, ne poussez pas l'Empereur à la guerre, je vous en prie!

L'Empereur restait muet.

— Madame, il y a des situations qu'on subit, plus qu'on ne les discute. Tolérer qu'un pays ami donne publiquement asile à des meurtriers, les couvre d'une tolérance légale, pendant qu'ils préparent leurs assassinats, et les reçoive, lorsque les premiers crimes ont échoué, afin qu'ils puissent en préparer de nouveaux, est un genre de condescendance qu'il n'est pas au pouvoir de l'Empereur de pratiquer. La France a le droit d'être protégée; maintenir sa dignité, sa sécurité, l'avenir de ses institutions, dont la dynastie fait partie, constitue le premier devoir de son gouvernement.

— Oh! non, non, ne parlez pas ainsi. L'Angleterre a été notre fidèle alliée en Orient; un souffle de déraison passe en ce moment sur l'esprit des Anglais, d'ordinaire si juste, et l'égare. Le bon sens et l'équité prévaudront ; mais, ne poussez pas l'Empereur à cette guerre.

L'Empereur continuait à rester immobile et impénétrable.

— Madame, c'est parce que les revendications de la France touchent à l'ordre public, c'est parce qu'elles sont justes, c'est parce que de la satisfaction qui leur sera donnée dépend la sécurité du pays, que le gouvernement anglais, j'en suis persuadé comme Votre Majesté, finira par y faire droit. Le Sénat, le Corps législatif, les Conseils municipaux, en demandant que la vie de l'Empereur soit protégée contre des assassins, n'ont aucune intention d'humilier l'Angleterre ou de porter atteinte à ses lois et les régiments, qui viennent d'attester une fois de plus leur résolution de défendre les institutions et la dynastie, ont assez appris à connaître l'armée anglaise, sur les champs de bataille, pour n'avoir pas conçu la folle idée de l'intimider. L'opinion publique, les grands corps de l'État, les régiments ont trop raison pour comprendre et pour admettre que l'on cède et, sans vouloir pressentir l'opinion de l'Empereur, je demeure persuadé que, si l'année s'annonçait moins mauvaise et si le blé n'était pas à trente-deux francs, Sa Majesté aurait déjà pris son parti.

A ces mots, les regards de l'Impératrice et les miens se portèrent sur l'Empereur, qui rompit enfin le silence par ces seuls mots : « Vous pourriez bien avoir raison. »

Telle fut cette crise passagère, mais grave, qui resta strictement circonscrite au cabinet de l'Empereur et n'eut que trois témoins, l'Empereur, l'Impératrice et moi.

L'événement prouva que, si le bon sens pratique de la nation anglaise peut flotter un instant entre des sentiments contraires, il ne tarde pas à reprendre son équilibre. M. de [P]ersigny, qui avait un peu surmené les choses, fut rappelé et remplacé à Londres par M. le maréchal de Ma[c]akoff, dont la présence amena un apaisement salutaire et durable. Cet apaisement fut sanctionné par la visite que [l]a reine d'Angleterre, accompagnée du prince Albert et [d]u prince de Galles, fit à l'Empereur et à l'Impératrice, [à] Cherbourg, à l'occasion de leur voyage en Normandie et [d]e la fête qui eut lieu, le 3 août, à bord de la *Bretagne*, [p]our l'inauguration des travaux du port.

Quelques mots du toast de l'Empereur à la reine et du [p]rince Albert à l'Empereur témoignèrent, aux yeux de [l]'Europe, des bons rapports alors établis entre les familles [s]ouveraines.

« Je bois, dit l'Empereur, à la santé de S. M. la Reine [d']Angleterre, à celle du Prince qui partage son trône, et à la [f]amille Royale. En portant ce toast en leur présence, à [b]ord du vaisseau amiral français, dans le port de Cher[b]ourg, je suis heureux de montrer les sentiments qui nous [a]niment envers eux. En effet, les faits parlent d'eux-mêmes ; [i]ls prouvent que les passions hostiles, aidées par quelques [i]ncidents malheureux, n'ont pu altérer ni l'amitié qui existe [e]ntre les deux couronnes, ni le désir des deux peuples de [v]ivre en paix. »

Le prince Albert répondit : « Votre Majesté connait les [s]entiments que la Reine porte, à vous, Sire, et à l'Impéra[t]rice et je n'ai pas besoin de vous les rappeler. Vous savez [é]galement que la bonne entente entre nos deux pays est l'objet constant de ses désirs, comme elle l'est des vôtres. La Reine est donc doublement heureuse d'avoir l'occasion, par sa présence ici en ce moment, de s'allier à vous, Sire, en tâchant de resserrer autant que possible les liens d'amitié entre les deux nations. Cette amitié est la base de leur prospérité mutuelle. »

Cette entrevue éteignit, des deux côtés, les susceptibilités nationales : pendant cinq années, les meurtriers chômèrent. Les conspirateurs ne désarmèrent pas, mais ils furent surveillés de plus près et se trouvèrent réduits à des démonstrations heureusement aussi impuissantes qu'atroces. Vers le mois de novembre, l'un d'eux mourut à Londres et il lui fut fait des funérailles, telles qu'eût pu les rêver une tribu de Peaux rouges. Il y eut des bannières représentant les proscrits de tous les pays ; mais l'honneur de porter ces bannières ne fut accordé qu'à ceux qui avaient tenté de tuer un prince ou un roi. L'Empereur avait reçu le récit très circonstancié de cette démonstration de cannibales ; il me le remit, et j'en fis le tableau dans le *Constitutionnel*.

Le lendemain, M. Mocquart m'écrivait un petit billet que je trouve dans mes papiers et où il disait : « En lisant la description du cortège des assassins, une phrase m'est survenue qui l'aurait peut-être assez bien terminée :

« Il ne manquait que Verger pour le bénir. »

Verger était l'assassin de Mgr Sibour, archevêque de Paris, poignardé devant l'autel de Saint-Étienne-du-Mont, le 3 janvier 1857.

Ainsi, c'est entre l'année 1853 et l'année 1859, entre la guerre de Crimée et la guerre d'Italie, c'est-à-dire à l'époque la plus florissante du régime impérial, que l'opposition parementaire et l'opposition révolutionnaire se formèrent. La remière était le fruit de la sécurité générale, qui a toujours our effet d'enfler le désir des hommes et de les porter à ompromettre le bien positif qu'ils possèdent, en vue d'un ieux incertain qu'ils poursuivent. La seconde procédait de soif inextinguible de domination qui tourmente les anarhistes et qui les porte à recourir aux crimes les plus abominables, pour briser les obstacles que les pouvoirs réguliers pposent à leurs sinistres desseins.

Mais, l'appui résolu et énergique du peuple des campagnes t des petites villes, enivré des joies nouvelles d'une prospérité sans exemple, rendait vaines les agitations théoriques 'une bourgeoisie ambitieuse, et les revendications des soisant républicains, poursuivant l'accomplissement de leurs octrines par voie de conspiration et d'assassinat, souleient la conscience publique contre les fauteurs de ces cries presque toujours recrutés à prix d'argent dans le pernnel le plus abject d'une société corrompue.

En résumé, le régime impérial n'était affaibli à aucun deé par l'opposition de la bourgeoisie, et les tentatives des sassins accroissaient, au dehors comme au dedans, la symthie de tous les honnêtes gens.

Illustré par la gloire, fortifié par la victoire, popularisé par l bien-être répandu au milieu des populations agricoles et dustrielles, l'Empire avait pu faire, pendant la guerre Orient, la plus belle exposition générale qu'on eût jamais e, et qui dépassait de trois mille exposants la fameuse exsition de Londres de 1851, pour laquelle avait été consit le Palais de Cristal. L'Empire grandissait surtout apyé sur une espérance dont je ne saurais parler aujourd'hui que le cœur navré de douleur, espérance qui a été emportée par un de ces coups terribles et mystérieux de la Providence, dont la Foi seule ordonne de respecter les desseins, sans chercher à les pénétrer.

VIII

LE PRINCE IMPÉRIAL

Sommaire. — Naissance du Prince Impérial. — Il est le filleul de Pie IX, représenté au baptême par le cardinal Patrizzi. — Il est immatriculé au 1er régiment des grenadiers de la Garde. — Une amnistie est accordée à mille condamnés. — L'Empereur fonde l'*Orphelinat du Prince Impérial*. — Détails sur l'enfance du Prince. — Sa jeunesse studieuse. — Ses études militaires à Woolwich. — Ses études politiques. — L'école du malheur. — Ses conversations avec les Français accourant à Chislehurst. — Il avait un programme. — Mot de M. Rouher à ce sujet. — Visite de l'auteur à Cambden-Place, accompagné de son fils Georges. — Récit de cette entrevue. — La personne du Prince. — Ses doctrines. — Son rôle après la mort de l'Empereur. — Il rallie les groupes épars, il ranime les courages, il prévient les défaillances. — Il conquiert personnellement l'estime de l'Angleterre, de la Reine, du Prince héritier ; il est traité en Souverain par les Souverains. — Il est l'*Empereur* pour les sept mille Français accourus pour saluer sa majorité, le 16 mars 1876. — Il n'est pas mort tout entier. — Un Prince est un principe. — Idée représentée par le gouvernement impérial. — Définition de ce principe.

Le Prince Impérial était né le 16 mars 1856, au milieu des acclamations du peuple et accueilli par les bénédictions de l'Église. Le cardinal Patrizzi représenta le pape Pie IX comme parrain, à son baptême célébré le 15 juin et, le 3 décembre suivant, il était inscrit sur les contrôles du 1er régiment des grenadiers de la garde. Une amnistie commua la peine de mille condamnés et l'Empereur fonda, à ses frais, à l'aide d'une rente perpétuelle de trente mille francs par an, l'*Orphelinat du Prince Impérial*, qui a laissé et qui entretient de si touchants souvenirs dans des familles malheureuses.

Pauvre enfant! sa vie et sa mort se mêlent dans le récit des joies et des espérances dont sa naissance remplit le pays. Moins qu'aucun autre, je pourrais l'oublier, moi qui fus témoin de ce qu'il promettait et de ce qu'il a tenu, car il fut, à l'heure suprême où il s'épanouissait enfant, pour mourir homme, le représentant fidèle des vertus de sa race. Il était chrétien, patriote et soldat, et sa mort a révélé ce que contenait sa vie. Il a mérité d'être regretté par tous, même par les étrangers et l'on peut dire de lui ce que Tacite dit de Germanicus, qui fut pleuré, même par ceux qui ne le connaissaient pas : « *Etiam flebant ignoti.* »

De Biarritz à Chislehurst, de l'enfance à la maturité, j'ai suivi le développement de cette noble nature. Un jour, et j'en ai conservé la date dans mes notes privées, j'étais à Biarritz dans le cabinet de l'Empereur; l'Impératrice entra, portant l'enfant dans ses bras. L'Empereur le prit, s'avança vers moi et me dit : « Voyez donc comme il est beau! il n'a pas encore six mois; n'est-ce pas qu'il est beau? » Il fut beau en effet, d'une beauté virile dans sa grâce, forte dans sa délicatesse, sérieuse dans sa gaîté. Lorsqu'il eut assez grandi pour alterner entre les études et les jeux, les enfants de son âge qui, venus à Biarritz avec leurs familles de toutes les parties de l'Europe, se mêlèrent à ses ébats sur la pelouse et sur la grève furent témoins de sa courtoisie et de sa séduction personnelle; et ils diront à de moins favorisés qu'eux et ce que promettait et ce que tenait déjà cette existence d'élite, dont ils virent les premiers rayonnements et dont il ne nous reste plus qu'à pleurer la fin tragique.

Le Prince Impérial fut élevé pour le trône. Il apprit assez des langues anciennes, soit pour reconnaître ce qu'en contiennent de termes les langues modernes, soit même pour traduire, comme les maîtres d'Henri IV et de Louis XIV le firent faire à leurs élèves, quelques chapitres de César. A l'exception des mathématiques, où il s'appliqua et où il brilla, même dans la savante école de Woolwich, il ne se traîna pas dans le sentier banal des programmes universitaires. Il se préparait à la Couronne et non au baccalauréat.

Comme à tous les Souverains, il fallait au Prince Impérial une éducation militaire et politique.

Il reçut la première à l'école militaire de Woolwich, où il devint, comme Bonaparte à Brienne et Louis-Napoléon à Augsbourg, un brillant officier d'artillerie. Woolwich n'offre pas à la jeunesse, comme notre École polytechnique, un cours général et vague de mathématiques théoriques, où l'on enseigne l'astronomie aux futurs ingénieurs des mines et le calcul intégral aux futurs administrateurs des tabacs. C'est une école militaire dans la réelle acception du mot, où l'on apprend des sciences, de l'histoire et des lettres, ce qu'il en faut à la carrière des armes et où le futur officier n'est appliqué à l'étude d'aucune matière étrangère à sa profession.

Le Prince Impérial et ses camarades, en sortant de l'école, ne possédaient donc pas seulement la science de l'artillerie; ils avaient acquis encore le savoir pratique de l'officier de troupe ; car en apprenant le mécanisme, la destination et la puissance d'une batterie, ils avaient appris en même temps l'art de la commander. Le Prince Impérial avait donc, en sortant de l'École de Woolwich, l'éducation militaire qu'on n'a, en France, qu'en sortant de l'École d'application de Fontainebleau, complétée par des notions pratiques, puisées dans l'habitude des manœuvres.

Quant à son éducation politique, le Prince Impérial l'avait reçue à l'école où se forment toutes les âmes fortes, à l'école du malheur.

On sait qu'un prince étranger, étonné du vaste savoir de Napoléon III, lui ayant demandé dans quelle université il avait fait ses études, il lui répondit qu'il les avait perfectionnées à l'Université de Ham. La chute du trône impérial et l'exil furent, pour le fils, ce que la captivité avait été pour le père, et, en cherchant les causes qui compromettent les couronnes, il avait trouvé celles qui les préservent.

Lorsque le Prince Impérial fut sur le point d'atteindre sa majorité, rien ne fut négligé pour parfaire sa haute éducation. Dans ce but, il fut convenu entre les hommes les plus distingués du parti impérialiste que chacun d'eux irait, à tour de rôle, passer un mois auprès du Prince à Chislehurst, pour l'initier aux détails de la politique militante et le mettre au courant des besoins et des aspirations de la France. Le Prince, enfant mûri avant l'âge, grandissait ainsi sous les yeux et avec le concours des hommes éminents qui avaient jeté quelque éclat sur le règne de Napoléon III. Il s'entretenait, ainsi, des devoirs de la souveraineté avec son auguste Père, d'économie politique et sociale avec M. Rouher, de finances et de marine avec M. Béhic, d'histoire et de géographie avec M. Duruy, d'administration municipale avec M. Ch. Merruau.

d'autres hommes éminents, qu'il est inutile de nommer ici, qui apportaient affectueusement le concours de leur savoir et de leur dévouement.

Dès que le Prince devint majeur, il voulut tout faire par lui-même. L'Impératrice crut devoir, dès ce moment, s'effacer devant son fils, pour lui laisser l'entière responsabilité de ses actes, ce qui était un sûr moyen de lui inspirer une noble confiance en lui-même. Je me rappelle que, lorsque j'allai saluer le Prince à Chislehurst, à l'occasion de sa majorité, je fus frappé d'un détail. J'arrivai à Cambden-Place au moment où l'Impératrice et le Prince en sortaient par la grande avenue, pour se rendre à pied à la messe. En apercevant ces augustes hôtes du Château, qui se dirigeaient déjà vers le village où se trouve l'église de Sainte-Marie, je fis un mouvement instinctif pour aller vers l'Impératrice dans l'intention de la saluer la première; mais, la veuve de Napoléon III, apercevant ce mouvement, me fit signe de la main, en me montrant le Prince. Je compris alors que, dans la pensée de l'Impératrice, mon devoir était d'aller d'abord vers Napoléon IV, pour revenir ensuite à elle. Je me rendis à cet ordre muet et j'allai, en effet, m'incliner devant le jeune Prince, désormais majeur; après quoi, je m'approchai de sa Majesté l'Impératrice.

Ai-je besoin de dire que les élections de 1877 devinrent une des grandes préoccupations du Prince Impérial. Dans son esprit désintéressé d'affection pour la France, il n'envisageait qu'avec peine la chute possible du maréchal de Mac-Mahon, lequel, à ses yeux, comme à ceux du pays, était le dernier rempart à opposer à l'irruption de la démagogie. Aussi, le jeune Prince avait-il, en octobre 1877, l'œil et l'attention fixés

8.

sur tous les départements. Il avait, dans chaque arrondissement, désigné lui-même un candidat appuyé, en général, sur les populations rurales qui forment la majorité du pays, la population des villes ne formant qu'un cinquième dans le cadre électoral. Ce candidat, tout le monde, en France, le connaissait sous le nom de *Candidat du Prince Impérial.* Le malheur voulut que le Maréchal confiât la présidence du Conseil et le Ministère de l'Intérieur à des orléanistes, à M. le duc de Broglie et à M. de Fortou, dont les candidats n'avaient aucune racine dans le pays. En vain, les chefs du parti impérialiste firent-ils tous leurs efforts, pour obtenir la neutralité du gouvernement en faveur des candidats impérialistes. Le ministère refusa obstinément ce concours si précieux et c'est à peine s'il consentit à patronner quelques noms. On sait le reste : le Maréchal et ses ministres succombèrent, leurs candidats n'ayant aucune influence sur les campagnes. La carrière de la Révolution fut ouverte de nouveau.

Cet échec ne découragea pas le Prince et il s'occupa de ranimer le courage de ceux qui furent si injustement invalidés par les 363 triomphants.

Voici la lettre qu'il me fit l'honneur de m'écrire à cette époque :

« Cambden-Place, Chislehurst, 30 décembre 1878.

« Mon cher monsieur de Cassagnac, le scrutin du 5 janvier et la prochaine élection législative, à laquelle l'invalidation de votre fils va donner lieu, me font désirer vivement d'avoir des renseignements précis sur la situation des diffé-

ents partis dans le Gers. Je sais combien vous avez d'amis
ans ce département que vous connaissez si bien ; c'est pour-
uoi je m'adresse à vous pour obtenir des renseignements
uxquels j'attache une grande importance.

« Je désire savoir quels progrès la propagande républicaine
u radicale peut y avoir faits, quelle est l'influence actuelle de
'administration, quelle action respective les propriétaires et
es agriculteurs vous semblent disposés à exercer dans ces
lections.

« Vous comprenez combien je désire savoir à quoi m'en
enir sur les causes principales qui vous paraissent devoir
éterminer le résultat de ces scrutins, afin de me bien pé-
étrer du mouvement de l'opinion publique et de la force que
e gouvernement actuel peut y puiser.

« Croyez, mon cher monsieur de Cassagnac, à mes meilleurs
entiments.

« NAPOLÉON. »

Les leçons vivantes du foyer, la conversation des hommes
minents dont nous venons de parler et qui avaient été les
ollaborateurs de son père, la connaissance des documents
ecrets, avaient appris au Prince les faits mieux et plus sûre-
ent qu'à tout autre ; il connaissait les défaillances qui avaient
ffaibli et finalement perdu l'Empereur, et les témoignages
'affection et de respect que lui apportaient dans l'exil des
illiers de Français, accourus de toutes les provinces, lui
rouvaient jusqu'à l'évidence que si une révolution grossière-
ent violente lui avait ravi la couronne, la France lui con-
ervait sa confiance ; il croyait donc à son retour, comme on

croit aux événements que la logique amène à son jour, parce qu'ils sont dans la nature des choses. Il avait tout préparé, non pas son personnel, mais son programme et M. Rouher, qui le connaissait bien, me disait un jour de lui : « Il consultera les vieux, mais il gouvernera avec les jeunes. »

Quelques mois avant l'époque fatale où il partit pour aller braver cette mort chevaleresque, déjà associée à la légende de Sainte-Hélène, j'allai voir le Prince Impérial à Cambden-Place, où je conduisis Georges, le plus jeune de mes fils. J'avais à soumettre à son arbitrage un dissentiment passager, mais regrettable, survenu entre deux grandes personnalités du parti. Cette longue conversation, où la raison, la prudence, l'enjouement dévorèrent le temps, est la dernière impression directe ou personnelle qui me reste de lui. Tant que je vivrai, lorsque j'évoquerai son image sympathique et charmante, je verrai le Prince assis entre mon fils et moi, dans le petit salon de gauche, en entrant, à Cambden, gai, franc, spirituel, charmant le vieillard par sa haute intelligence et gagnant pour toujours le cœur du jeune homme, par sa courtoisie.

Il y avait dans le Prince Impérial deux choses distinctes : la personne et les doctrines. La Providence nous a retiré l'homme : les doctrines restent impérissables, comme les idées.

La personne du Prince Impérial ne sera jamais assez pleurée, non seulement pour ses aimables et rares qualités, mais pour les services que, durant sa courte existence, il a rendus à la cause de l'*Appel au peuple*.

Qui donc, après la mort de l'Empereur, rallia, group les amis de la dynastie et des institutions impériales ? Qu sut conquérir par son application, sa sagesse, sa dignité l'estime et les égards, non seulement de la reine d'Angleterre, du Prince héritier et du peuple anglais, mais encore de tous les Souverains de l'Europe, et fortifier ainsi les espérances de tous ceux qui virent en lui un véritable membre de la famille des Rois, puisqu'il était traité comme tel par les Rois eux-mêmes ? Qui sut démontrer plus opportunément et avec une plus ferme raison aux sept mille pèlerins accourus [à] Chislehurst le 16 mars 1876, que, pour la France mise en [d]étresse, le Plébiscite est à la fois le salut et le droit ? Et [l]orsque, au bruit sinistre de sa mort, toutes les églises se emplirent, les uns pleurant un chef, les autres sentant qu'ils [p]erdaient une garantie, à quelle mémoire remontait la stu[p]eur de ceux qui, au spectacle de ces foules impérialistes [s]'écriaient : « *Mon Dieu, qu'ils sont nombreux !* » — comme [e]n contemplant le corps du duc de Guise, étendu sur les [d]alles de Blois, ses meurtriers épouvantés disaient entre eux : [«] *Mon Dieu, qu'il était grand !* »

Mais, quoique disparu si jeune, l'héritier de Napoléon III [n]'est pas mort tout entier. Comme le héros thébain qui laiss[a]it à la Grèce pour filles deux immortelles batailles, le Prince [im]périal a laissé à la France, entières et clairement résumées, [le]s doctrines de sa race.

Pour être un Prince représentant un principe dynastique, [il] faut personnifier un ordre spécial de société et de gouver[n]ement, sous lequel, à un moment donné, un pays peut se [ré]fugier, s'il ne se sent pas suffisamment protégé par celui [q]ui existe. Sans vouloir comparer ou classer les principes [q]ui servent de base à la doctrine légitimiste, à la doctrine [or]léaniste, à la doctrine impérialiste, il serait superflu de dire [qu]e les princes, en qui ces trois doctrines se personnifient, représentent trois sortes de gouvernements qui diffèrent entre eux et que chacun de ces gouvernements diffère de la République. Avec l'initiative que le suffrage universel reconnaît au peuple, il n'est pas impossible qu'à un moment donné, la France se recueille, compare tous ces régimes et fasse un libre choix.

L'Orléanisme et la Légitimité ont ceci de commun avec la République, qu'en organisant leur gouvernement, ces régimes placent l'autorité dirigeante dans les Chambres, puisque tout s'y fait au nom et par l'impulsion des majorités. Tout au contraire, le principe impérialiste maintient le pouvoir dirigeant dans les mains du Souverain, qu'il se borne à faire conseiller et à faire contrôler par les Assemblées. Le Souverain échappe ainsi à l'oppression des majorités qu'il interroge sans les subir et il reste en communication permanente avec le pays, par l'intermédiaire des Chambres qui examinent et discutent ses actes. Le principe impérialiste a donc sur tous les régimes à base parlementaire l'avantage de maintenir l'unité de direction et l'esprit de suite dans les affaires, sans s'isoler de l'opinion publique.

C'est par l'application de ce système de gouvernement, que Napoléon Bonaparte mit fin aux troubles de la Révolution et que Napoléon III fit succéder un régime calme et fécond à la stérile compétition des partis politiques.

Telle est la doctrine politique inaugurée, au début du siècle, par Napoléon Ier, reprise en 1852 par Napoléon III, avec l'approbation de sept millions de citoyens et léguée pure et sans mélange de parlementarisme au choix de la France désabusée par le Prince Impérial. Cette doctrine ne concerne que le mécanisme du gouvernement.

Au-dessus même de ces doctrines se placent les principes [spé]ciaux de l'Impérialisme et qui sont : le respect de la reli[gi]on, l'autorité des familles sur l'éducation des enfants, la [pr]otection de la propriété, la liberté des échanges, la recher[ch]e de tout le bien-être possible, par le travail, l'économie et [la] charité.

Même sans promoteurs, et n'ayant d'autre appui que le bon [se]ns du peuple, ces principes feront leur chemin. Un jour vien[dr]a où, si le régime républicain méconnaît les légitimes as[pi]rations du pays, la grande voix du suffrage universel s'ex[pl]iquera d'elle-même, et la France cherchera alors son salut [pa]r les voies qui l'y ont déjà menée.

IX

NAPOLÉON III ET L'ITALIE.

Sommaire : La guerre d'Italie contenait-elle dans ses flancs l'unité de la Péninsule ? — L'auteur ne le croit pas. — *Les Prophètes du passé*. — Ils ont l'art de deviner les faits, lorsqu'ils sont accomplis. — Opinion de M. Louis Veuillot. — Opinion des républicains. — Personne ne demande la domination éternelle de l'Autriche en Italie. — On en souhaite l'affaiblissement. — L'Empereur veut la fédération avec la présidence réservée au Pape. — Projet de M. Guizot de faire payer le budget papal à toute la catholicité. — Préliminaires de Villafranca et traité de Zurich. — L'Italie et son contingent en Crimée. — Elle est admise à signer le *Traité de Paris*. — Réception du 1er janvier 1859. — Paroles de l'Empereur à M. de Hubner. — M. Drouyn de Lhuys. — Il désapprouve l'expédition d'Italie. — Motif de cette désapprobation. — Il entrevoit les suites de l'ébranlement général imprimé à la Péninsule. — Les événements lui ont donné raison, mais l'avenir est aux idées fédératives de Napoléon III.

La plupart des hommes politiques qui composent la génération actuelle sont persuadés que la guerre de 1859 portait naturellement dans ses flancs deux faits connexes et, si je puis parler ainsi, deux faits jumeaux, l'unité de l'Italie et l'affaiblissement de la Papauté et ils en font remonter, selon leurs sentiments personnels, le blâme ou l'éloge à l'Empereur Napoléon III, auteur de la guerre, qui n'avait pu manquer d'en méditer ou tout au moins d'en pressentir les résultats.

Ce monde est plein de gens, comme ceux auxquels on a donné le nom de *Prophètes du passé* et qui prédisent avec précision les événements, lorsqu'ils ont été accomplis. L'unité italienne une fois réalisée, il y a eu foison d'écrivains pour montrer comment elle se rattachait par une chaîne matérielle et visible à la bataille de Solférino, de même que, le pape Pie IX une fois dépossédé de Rome par le gouvernement italien, il a paru naturel et logique à beaucoup de raisonneurs de présenter ce renversement de l'Église comme la conséquence inévitable de l'accroissement extraordinaire procuré par la France impériale à la maison de Savoie.

Oui, à considérer aujourd'hui les choses, elles peuvent être ou paraître ainsi ; mais ces mêmes questions se présentaient en 1859 sous un autre aspect. Je suis en situation de montrer, par des faits constants et précis, que l'Empereur, non seulement ne songeait pas à l'unité de l'Italie ou à l'affaiblissement du Saint-Siège, mais qu'il ne voulait ni de l'une ni de l'autre, à aucun prix.

Il y a bien plus encore ; je puis montrer, par des témoignages décisifs, qu'au moment où éclata la guerre de 1859, des catholiques éminents, champions ardents de la doctrine ultramontaine, souhaitaient l'affaiblissement de l'Autriche en Italie, sans en rien redouter pour la papauté et que des épublicains libres-penseurs repoussaient l'intervention de la 'rance, de laquelle ils n'espéraient rien en faveur de la démagogie ou de l'affaiblissement des croyances.

Ainsi, on ne citerait certainement pas, en France, un plus erme catholique, un plus éminent penseur, un croyant plus

9

dévoué à l'autorité pontificale que M. Louis Veuillot. Eh bien ! dans une brochure publiée en 1861, intitulée le *Pape et la diplomatie*, M. Louis Veuillot disait de la guerre de 1859 : « Il ne nous semblait pas nécessaire à la religion que l'Autriche gardât la Lombardie. La Lombardie arrachée à l'Autriche, c'était une victoire. »

Ainsi encore, les députés composant le groupe des cinq, qui, en 1859, représentait les idées républicaines au Corps législatif et qui comprenait M. Hénon, député de Lyon, MM. Ernest Picard, Darimon, Emile Ollivier et Jules Favre, députés de Paris, appelés, comme leurs collègues, à voter les crédits demandés par le gouvernement pour la guerre d'Italie, ne virent dans une expédition destinée à détruire la domination exclusive de l'Autriche au delà des Alpes aucune espérance à fonder dans l'intérêt de la démocratie ou de la libre-pensée italiennes.

La guerre de 1859 n'était donc pas jugée, lorsqu'elle éclata, comme elle l'a été depuis lors ; des solutions, qui semblent logiques aujourd'hui, étaient repoussées à cette époque. Des catholiques attendaient de la guerre l'affaiblissement de l'Autriche et des républicains n'en attendaient pas l'affaiblissement de la papauté.

Le but que l'Empereur s'était proposé, en entreprenant la guerre de 1859, c'était, en matière politique, le contraire de l'unité, c'est-à-dire la confédération ; et, en matière religieuse, le contraire de l'affaiblissement de l'autorité de l'Église, c'est-à-dire la présidence de la Confédération dévolue au Pape.

Et nul pays au monde n'appelait mieux que l'Italie une organisation fédérative. Quatre nations, nettement distinctes par leurs langues, la Lombardie, la Vénétie, la Toscane, le royaume de Naples, se partagent le sol. Sans doute, l'idiome de Florence, adopté dans les écoles, dans les livres, dans la société polie et qui porte le nom de langue italienne, sert de lien à toutes les parties de la péninsule et est devenu depuis des siècles la langue officielle des gouvernements. Mais de même que l'usage du français a laissé à la Flandre, à la Bretagne, à l'Auvergne, à la Provence, à la Gascogne, au Béarn les vieux idiomes nationaux propres à ces provinces, par lesquels leurs populations se distinguent les unes des autres, de même la langue italienne, qui n'est parlée par le peuple qu'en Toscane où elle est indigène, n'a détruit à aucun degré, ni dans le royaume de Naples, ni dans la Vénétie, ni dans la Lombardie, les vieux idiomes des populations, témoins irrécusables et vestiges indestructibles de leur nationalité.

Tels sont les éléments traditionnels consacrés par les siècles et dont l'Empereur Napoléon voulait faire la base de la Confédération des États indépendants de la Péninsule.

Je vais raconter la série des intrigues révolutionnaires qui firent échouer ses desseins et qui, à une fédération pratique et durable, substituèrent une unité idéale et fictive, née de théories préconçues, appui toujours branlant de la monarchie italienne.

L'organisation administrative de l'autorité pontificale plaçait la papauté dans une situation difficile, et par rapport au peuple des États de l'Église et par rapport aux divers États italiens.

Quoique l'impôt payé par les Romains et par les populations de l'État de l'Église au gouvernement du Pape fût inférieur à celui dont les a frappés le gouvernement italien, il offrait cette irrégularité et cette injustice, de faire peser sur un très petit groupe de contribuables les dépenses générales de l'organisation de l'Église, telles que le traitement des nonces, des cardinaux romains, des congrégations, des curés romains, ainsi que l'entretien des édifices consacrés au culte. Sous le gouvernement du roi Louis-Philippe, le protestant M. Guizot avait pris l'initiative d'un projet, aux termes duquel les États catholiques se seraient cotisés pour couvrir les frais généraux de la catholicité et soulager d'autant le petit État de l'Église. La Révolution de février emporta ce projet et les contribuables romains conservèrent leurs griefs.

D'un autre côté, cinquante ans d'agitations politiques avaient ébranlé les États italiens et imprimé leur contrecoup à Rome. L'Autriche avait repris, depuis 1815, son patronage traditionnel sur l'Italie et elle l'exerçait, à Rome comme ailleurs, sans avoir réussi à le faire accepter. L'Empereur avait pensé qu'une confédération de tous les États italiens, dans laquelle entrerait l'État pontifical lui-même, en substituant une sauvegarde commune à la domination exclusive et un peu lourde de l'Autriche, contribuerait à l'apaisement des esprits et que la papauté puiserait une force nouvelle dans une étroite association avec tous les éléments de la patrie romaine.

Telles furent les idées de l'Empereur, sur l'organisation générale à donner à l'Italie, sur les garanties de stabilité à offrir au pouvoir de la papauté et ce ne furent pas des idées vagues, de purs projets. Ce furent des conceptions précises, mûries, qui, après les préliminaires de paix de Villafranca, allèrent se formuler en articles dans le traité de Zurich.

On le voit, l'Empereur n'avait voulu et poursuivi ni l'unité de l'Italie, ni l'affaiblissement de la papauté et il est à la fois inexact et injuste d'en faire remonter jusqu'à lui la responsabilité. Par quelles visées, par quelles intrigues, par quelles initiatives la politique de l'Empereur en Italie fut-elle détournée de son but ? Ce sont là des détails ou inconnus ou complètement oubliés et que j'ai le devoir de mettre dans leur jour dans ces *Souvenirs*, pour rectifier les fausses données de l'opinion contemporaine.

Napoléon III hésita longtemps avant de s'engager dans la guerre de 1859. On crut et l'on dit à cette époque que les attentats de Pianori et d'Orsini contribuèrent à la faire éclater, par la pensée de calmer, en intervenant, l'irritation des Italiens. C'est une fable ridicule. Ces attentats jetèrent, au contraire, des irrésolutions dans l'esprit de l'Empereur et lui firent craindre que l'exaltation révolutionnaire disposât mal l'Italie à se contenter de réformes pratiques et à se dégager de l'action occulte, mais très réelle des clubs.

Le gouvernement du Piémont, en vue de luttes nouvelles avec l'Autriche, avait très habilement obtenu, par le traité de 1855, son admission dans le concert des puissances occidentales et lorsqu'eut éclaté la guerre de Crimée, le gouvernement anglais, en vue de fortifier son contingent, accepta volontiers l'offre du roi Victor-Emmanuel d'envoyer sur le théâtre des opérations une division d'infanterie, placée sous les ordres du général de La Marmora. La division arriva en mai 1855 et elle resta à la solde de l'Angleterre. C'étaient de très braves soldats; mais la division, placée en réserve, ne put donner qu'au combat de Traktir, sur les bords de la Tchernaïa. Cette participation à la guerre d'Orient fournit naturellement au comte de Cavour l'occasion d'avoir une attitude honorable au Congrès de Paris et de signer comme partie contractante au glorieux traité du 30 avril 1856.

Cette nouvelle situation du gouvernement sarde enfla son courage et lui inspira une attitude plus ferme en vue de contenir en Italie l'expansion de l'influence autrichienne. Les luttes armées de 1848, entre la dynastie de Savoie et la maison de Hapsbourg, avaient laissé les esprits aigris ; les Piémontais rêvaient naturellement des représailles du désastre de Novare et il n'était pas difficile de prévoir qu'un sanglant conflit ne tarderait pas à éclater.

Une éventualité aussi probable ne pouvait pas laisser la France indifférente.

La question se posait ainsi : l'Autriche avait en Italie deux cent mille hommes de troupes aguerries ; l'animation des Italiens contre la domination de la maison de Hapsbourg était extrême et leurs espérances étaient tournées vers le Piémont. L'Autriche attaquerait-elle le Piémont, ou tout au moins le sommerait-elle de désarmer ? c'était extrêmement probable ; et, à la fin de 1858, l'opinion des hommes politiques s'accordait à considérer cet événement comme certain. Or, si le roi de Sardaigne refusait d'obtempérer, il devait être inévitablement écrasé par l'Autriche.

Le France devait-elle assister impassible à cet écroulement et laisser la domination autrichienne, déjà établie à Milan et à Venise, toute-puissante à Florence, à Parme et à Modène, s'établir encore à Turin et l'aigle à deux têtes planer sur les Alpes ? En 1848, la république ne l'avait pas cru ; en 1858, l'Empire ne le crut pas davantage.

L'Empereur résolut donc de défendre le roi de Sardaigne,

s'il était attaqué. Dans son plan de fédération longuement médité, il y avait place sur le sol italien pour toutes les puissances traditionnelles et légitimes. Il ne voulait ni en chasser l'Autriche, ni en laisser chasser le Piémont. Un royaume de Sardaigne suffisamment fort pour se défendre était nécessaire pour couvrir la France sur la frontière des Alpes. C'était déjà vrai du temps d'Henri IV, qui avait résolu la guerre dans ce but ; c'était encore plus vrai sous Napoléon III, au moment où l'Autriche était prête à venir en armes couronner les crêtes du Mont-Cenis.

Le 1er janvier 1859, la résolution de l'Empereur était prise. Pendant la réception du Corps diplomatique, il adressa à M. le baron de Hubner, ambassadeur d'Autriche, des paroles qui constataient le désaccord des deux Cours et qui faisaient pressentir avec toute la clarté suffisante la participation de la France au conflit austro-italien.

Les avis ne manquèrent pas à l'Empereur sur l'importante résolution qu'il avait prise. Les plus sérieux, qui se trouvèrent aussi les plus vrais, lui vinrent d'un serviteur, dont il connaissait à la fois l'expérience, la haute raison et l'indépendance de caractère : j'ai nommé M. Drouyn de Lhuys. Il était digne du ministre qui avait si habilement dirigé les affaires d'Orient d'apprécier dans sa portée la guerre qui allait s'engager en Italie.

La désapprobation, que M. Drouyn de Lhuys exprima formellement contre l'expédition d'Italie, ne s'adressait ni aux intentions très droites de l'Empereur, ni aux chances de l'expédition. Il savait que l'Empereur était un champion très résolu de l'ordre, incapable de donner dans les chimères dangereuses des partisans de l'unité italienne. Il l'avait vu, en

1849, enlever Rome aux révolutionnaires avec trop d'énergie et ramener le Pape dans sa capitale avec trop de dévouement et de respect, pour supposer qu'en passant les monts il se montrerait hostile ou seulement indifférent envers le Saint-Siège ; mais M. Drouyn de Lhuys déclara à l'Empereur que, dans sa conviction profonde, sa volonté, sur ce point, qu'il savait très ferme, resterait néanmoins au-dessous de la force des choses.

« Vous exécuterez vos desseins militaires, lui dit-il. L'Angleterre vous laissera faire, à cause de ses idées religieuses, que vous allez seconder, malgré vous ; la Russie ne bougera pas, par représailles contre l'Autriche, sa rivale en Orient, et la Prusse restera l'arme au bras, par jalousie de la maison de Hapsbourg, sa rivale en Allemagne. Donc, au point de vue militaire, je ne doute pas de votre succès ; mais, une fois la lutte des armes terminée, commencera la lutte redoutable des idées. Vous aurez produit un ébranlement politique et accéléré un mouvement moral dont vous ne serez plus le maître. Avec l'état des esprits en Italie et la direction que leur ont imprimé les Sociétés secrètes, Princes et Pape, tout sera ébranlé ; les tendances à l'indépendance et à l'unification seront nécessairement fortifiées par l'affaiblissement de l'Autriche ; les imaginations exaltées ne laisseront à ce moment aucune chance de succès aux plans les plus sages, aux combinaisons les plus pratiques et vous aurez détruit vous-même, sans le vouloir, la base des combinaisons qui vous mettent les armes à la main. A la place des fondements solides sur lesquels vous espérez asseoir les nouvelles institutions de l'Italie, vous trouverez un sol miné, ébranlé, émietté, sans consistance et tout ce que vous aurez édifié sur lui s'écroulera avec fracas, à l'heure même où lui manquera l'appui du prestige de votre présence, et des baïonnettes de vos régiments. »

L'Empereur écouta ces raisons avec calme, sans les discuter. Il en sentait toute la force, mais il était placé, pour les juger, à un autre point de vue que son ancien ministre. Inspiré par sa raison et par sa loyauté, il se refusait à admettre par avance des fautes et des ingratitudes qui étonnent, même quand elles sont prouvées. Pouvait-il supposer que le Piémont, au moment d'être envahi par l'armée autrichienne, sauvé et agrandi par lui, ne se contenterait pas de la possession de la Lombardie et voudrait encore lui arracher Florence, Venise et Naples? Pouvait-il redouter que la Papauté, maintenue en possession de son territoire et investie de la présidence honoraire de la Confédération italienne, ajouterait encore aux difficultés naturelles que devait rencontrer l'exécution du traité de Zurich?

Sans doute, l'événement a donné raison à M. Drouyn de Lhuys, qui ne croyait ni à la sagesse, ni à la reconnaissance des Italiens ; mais il n'est pas interdit de penser qu'il y a dans la péninsule beaucoup de citoyens qui, éclairés par l'expérience, préféreraient la Confédération poursuivie par l'Empereur à l'unité chanceuse et chancelante établie par les utopistes. L'empire du bon sens n'est pas d'un jour et la Providence seule sait si l'idée générale de l'Empereur n'aura pas son lendemain.

X

LA GUERRE D'ITALIE.

Sommaire. — La guerre d'Italie est résolue dès le 1er janvier 1859. — Le 30 du même mois, le prince Jérôme épouse la princesse Clotilde, fille du roi Victor-Emmanuel. — L'auteur est mandé aux Tuileries et chargé d'écrire pour le *Moniteur officiel* un article annonçant les résolutions du gouvernement. — Le 15 mars, mobilisation de l'armée française. — Le 22 avril, l'Autriche somme le Piémont de désarmer sous trois jours. — Une semaine après, elle franchit le Tessin. — Turin. — Victoire du général Forey à Montebello. — Bataille de Magenta. — Coup d'œil sur l'intérieur. — Première régence de l'Impératrice. — M. Delangle, ministre de l'intérieur, passe à la justice. — Le duc de Padoue lui succède à l'intérieur. — M. le duc de Padoue remplacé par M. Delangle à la Chancellerie. — Conversation de l'auteur avec l'Impératrice sur l'issue probable de la guerre. — L'Autriche, à Solférino, met en ligne deux cent vingt mille hommes. — La France n'a que cent cinq mille soldats. — Confidences de M. le général de la Hitte. — Les expériences de Meudon. — M. le colonel de Reffye. — Montebello, Palestro, Magenta. — San Martino. — Mort du général Espinasse. — Proclamation de Napoléon III aux Italiens, datée de Magenta. — Entrée de l'Empereur à Milan. — Mort du général de Cotte. — Bataille de Solférino. — Considérations de haute politique qui déterminèrent l'Empereur à ne pas poursuivre le programme de Milan jusqu'au bout et à laisser de côté Venise. — Il se décide à signer la paix. — Entrevue avec Kossuth. — Refus de recevoir Garibaldi. — Paix de Villafranca.

Dès le 1er janvier 1859, la guerre d'Italie était résolue, et de ce jour au 15 avril, jour de Pâques, elle fut matériellement organisée. Deux choses dissipèrent assez rapidement tous les doutes. L'alliance politique de la France et de la Sardaigne était sanctionnée par l'union des deux familles souveraines. Le 30 janvier, le prince Napoléon, fils du roi Jérôme, épousait la princesse Clotilde, fille du roi Victor-Emmanuel. A quelques jours de distance, le *Moniteur* parlait. M. Fould, ministre d'État, me fit appeler aux Tuileries et me conduisit dans le cabinet de l'Empereur. Là, le Souverain me fit l'honneur de me demander de rédiger, pour le *Journal officiel*, un article qui parut le lendemain et dont l'idée principale consistait dans cette déclaration que l'Empereur des Français avait écrit au roi de Sardaigne une lettre où il s'engageait à le défendre contre l'Autriche s'il était attaqué par cette puissance. Dès ce jour, tous les voiles étaient levés.

On n'ignorait pas en Europe la résolution de l'Autriche d'imposer un désarmement à la Sardaigne et l'appui que venait de lui promettre officiellement l'empereur Napoléon imposait moralement à la Sardaigne l'obligation de refuser. L'épée était tirée à demi hors du fourreau.

L'armée autrichienne, au nombre de deux cent vingt mille hommes, étant déjà en Italie, la France n'avait pas de temps à perdre pour se préparer à l'arrêter dans sa marche probable sur Turin. Le 15 mars l'Empereur envoya chercher M. Rouher, ministre du commerce et des travaux publics, et lui donna l'ordre de préparer les transports de l'armée. Le jour même, une convocation fut adressée à tous les directeurs des chemins de fer, qui se réunirent le lendemain dans le cabinet du ministre. M. Rouher fit appel, au nom de l'Empereur, à leur activité et à leur patriotisme. Le zèle qu'ils déployèrent fut si grand qu'ils déclarèrent être prêts, dans le délai de vingt-quatre heures, à transporter à la frontière quarante mille hommes par jour. Le maréchal Vaillant, qui resta ministre de la guerre jusqu'à l'ouverture de la campagne, déclarait que « c'était trop, » et qu'il ne pourrait pas utiliser dans toute son étendue le matériel des Compagnies.

L'embarquement des troupes et du matériel commença donc et s'opéra assez rapidement : l'armée se dirigea vers le Piémont par Suze et par Gênes. Le 22 avril, le gouvernement autrichien somma le roi de Sardaigne d'avoir à désarmer sous trois jours et le feld-maréchal Giulay passa le Tessin le 29. Il occupa la province de Novare pendant dix jours et la dévasta. Il aurait eu le temps d'enlever Turin, s'il n'avait craint d'être pris en flanc par le corps du maréchal Canrobert, qui était arrivé le premier. La victoire du général Forey à Montebello, le 20 mai, arrêta l'armée autrichienne et la grande bataille de Magenta, gagnée le 4 juin, la mit en retraite vers sa base d'opérations, qui était sur le Mincio.

Arrêtons-nous ici un instant, et voyons en quelles mains l'Empereur laissait le gouvernement de la France.

L'Impératrice était Régente depuis le 8 février 1858, avec l'assistance du Conseil privé, dont j'ai donné la composition. On sait que sous la pression des événements qui avaient fait établir la Régence, le ministère de l'intérieur, par une dérogation aux traditions politiques, avait été donné à un officier énergique, le général Espinasse. En quelques mois, l'effet salutaire de cette nomination avait été produit et l'administration régulière de la France fut rendue à des mains civiles. M. Delangle, premier président à la Cour d'appel de Paris, succéda au général Espinasse, le 5 juin 1858 et dirigea le ministère de l'intérieur jusqu'au moment où l'Empereur alla prendre le commandement des troupes. Au moment de partir, l'Empereur nomma M. Delangle à la justice et confia le ministère de l'intérieur à M. le duc de Padoue.

Quel était le motif de ce changement ? il était bien simple, et pris dans la politique intime de l'Empereur. M. le duc de Padoue, indépendamment des attaches traditionnelles qui le rapprochaient de la dynastie, était connu par ses principes de sincère catholique et, au début d'une guerre qui intéressait la religion, l'Empereur voulut avoir, comme témoin de ses sentiments envers l'Église, un homme religieux, M. de Padoue, à l'intérieur, de même qu'il essaya d'en avoir un autre, M. Drouyn de Lhuys, aux affaires étrangères. En effet, la veille de son départ, l'Empereur chargea M. Walewski de faire appeler M. Drouyn de Lhuys aux Tuileries et il lui offrit de prendre immédiatement la direction des affaires extérieures, sachant bien que le ministre qui l'avait aidé à ramener le Pape à Rome rassurerait la catholicité et que l'homme d'État, qui avait dirigé les négociations pendant la guerre d'Orient, aurait assez d'habileté pour démêler les intrigues que pourrait susciter la guerre d'Italie. J'ai déjà exposé les objections qu'avait faites M. Drouyn de Lhuys contre l'expédition, et au point de vue politique et au point de vue religieux. Il y persista avec une respectueuse fermeté et il déclina l'offre honorable qui lui était faite.

Telle fut, et non autre, la raison qui détermina l'Empereur, lors de son départ pour l'Italie, à retirer à M. Delangle.

pour le donner à M. de Padoue, le ministère de l'intérieur. Il y voulait un homme religieux. J'aurai peut-être à raconter comment cet homme religieux dépassa un peu l'attente de l'Empereur et fut amené à résigner ses fonctions, pour avoir donné à la Papauté des preuves de respect qui parurent hors de proportion avec ce que comportaient les circonstances.

Quant à M. Delangle, qui avait la confiance absolue du Souverain, et qui la méritait, l'Empereur témoigna clairement de l'opinion qu'il avait de son caractère et de sa capacité, en lui confiant immédiatement le ministère de la justice, et, plus tard encore, en l'élevant au Sénat, où il fut investi de la fonction de premier vice-président de ce grand Corps.

L'armée française avait rapporté d'Orient une telle réputation d'héroïsme que l'opinion publique était généralement confiante dans les résultats de la guerre. J'étais associé de cœur à ce sentiment de chauvinisme national ; et, dans une conversation avec l'Impératrice, je lui offris de parier que dans deux mois, l'Empereur victorieux rentrerait à Paris après avoir signé la paix. Sa Majesté, plus inquiète que moi, accepta la gageure, avec le vif désir de la perdre. On sait que je gagnai. J'aurais été moins rassuré, si j'avais su que l'empereur d'Autriche, à Solférino, mettrait en ligne deux cent vingt mille hommes et que l'empereur Napoléon n'en pouvait opposer que cent cinq mille, qui furent tous engagés.

Toutefois, j'avais reçu une confidence qui fortifiait mes espérances. On attribuait à l'Empereur ce mot mystérieux, dit au moment de la guerre : « J'étonnerai l'Europe par mon artillerie ». Parlant un jour de ce mot à M. le général d'artillerie de la Hitte, qui avait été chargé d'expédier sur le théâtre de la guerre, des caisses assez petites, mais très lourdes, il me confia, à un moment où la confidence était sans danger, que ces colis singuliers, qui ne devaient être déballés qu'en Italie, contenaient chacun un petit canon de quatre, se chargeant par la culasse, avec un boulet à ailettes et portant de trois à quatre kilomètres. Ce canon, ajouta le général, a été exécuté sur les indications de l'Empereur : il est véritablement son œuvre.

On sait que, pendant la guerre de Crimée, l'Empereur inventa encore les batteries flottantes, qui furent employées contre les fortifications de Kilbourn, à l'embouchure du Dnieper, et qui devinrent le type primitif des *Monitors* et des bâtiments cuirassés. Passionné pour l'artillerie, et auteur du beau livre, *Etude sur le passé et l'avenir de l'artillerie*, l'Empereur avait placé près de sa personne et dans sa maison militaire, d'abord M. le général Favé, officier et écrivain de la plus grande distinction, et puis, M. le colonel de Reffye, dont la réputation est devenue européenne. L'Empereur leur soumettait ses idées sur la balistique et ils travaillaient sur ces données primitives, en les fécondant par leur propre expérience. C'est, je crois, pour ce dernier officier qu'il établit à Meudon un atelier fermé au public, et où, toujours sur les indications de l'Empereur, furent exécutées les premières mitrailleuses.

Le fameux petit canon de quatre, dont M. le général de la Hitte m'avait révélé le secret, contribua, en effet, beaucoup à la victoire de Solférino, en désorganisant les réserves autrichiennes à des distances insolites et tout à fait hors de la portée de l'ancienne artillerie.

Je ne raconterai ni Montebello, ni Palestro, ni Magenta.

Ces trois mémorables journées sont entrées dans l'histoire. Le soir de Magenta, le 4 juin, l'Empereur resté à San-Martino, où la garde avait soutenu l'effort de toute l'armée autrichienne, pendant que le général de Mac-Mahon opérait son mouvement tournant par la gauche, dînait sur une caisse d'emballage, lorsque des infirmiers passèrent, portant un officier mort. C'était le général Espinasse. Avec la bravoure la plus froide, l'Empereur n'avait pas l'impassible nature des grands batailleurs, qui passent insensibles sur les cadavres. La vue du corps du général l'émut ; il se leva, ôta son képi et dit avec tristesse : « Pauvre Espinasse ! »

Le lendemain, l'Empereur coucha à Magenta, où il fit sa célèbre proclamation : *Aux Italiens*. Elle fut écrite, sous sa dictée, par M. Robert, attaché à son cabinet. L'Empereur l relut et la corrigea, après l'avoir dictée et M. Franceschini Pietri, porteur du texte définitif, fut envoyé à Milan pour la faire imprimer. Le texte primitif, qui avait été perdu, fut trouvé par le curé de Magenta et déposé au Musée de Milan, où il resta comme un document historique.

Entré à Milan, à côté du roi Victor-Emmanuel, au milieu de l'enthousiasme universel et sous une pluie de bouquets, l'Empereur Napoléon alla se loger à la villa Bonaparte, ayant appartenu au prince Eugène. Cette villa située à l'extrémité de la ville, forme, avec son parc, une sorte de quartier spécial, où les rues et les allées portent des noms empruntés aux batailles du premier Empire. C'est dans ce parc que doit être érigée la statue de Napoléon III, que l'on coula à Florence.

On sait qu'après la bataille de Marignan, l'Empereur e l'armée continuèrent leur marche vers le Mincio ; et que, le

24 juin, à quatre heures du matin, pendant que l'on célébrait les obsèques du général de Cotte, aide de camp de l'Empereur, dans l'église de Montechiavo, le grondement lointain du canon annonça que les corps les plus avancés étaient engagés avec l'ennemi. C'était la bataille de Solférino qui commençait; elle dura seize heures. A huit heures du soir, un effroyable orage couvrit les deux armées et l'Empereur d'Autriche ayant ordonné la retraite, ses troupes purent effectuer l'opération toujours difficile du passage d'une rivière importante, en présence de l'ennemi, sans être inquiétées.

Le soir, le quartier général fut transféré à Cavriana et l'Empereur Napoléon coucha dans la chambre de l'Empereur François-Joseph. C'est là que fut rédigé, par l'Empereur lui-même, le célèbre bulletin qui fit tressaillir Paris et la France. Il avait d'abord écrit *grande bataille et grand succès.* Il effaça ce dernier mot et il lui substitua *grande victoire.* Comme il fallait une copie bien nette et que l'écriture de l'Empereur laissait à désirer sous ce rapport, M. le baron Larrey, chirurgien en chef de l'état-major général, s'offrit pour faire cette copie, l'écrivit en effet et obtint de l'Empereur l'autorisation de garder la dépêche originale qu'il a conservée depuis et qu'il a eu l'obligeance de me montrer.

La campagne avait été heureusement commencée et plus heureusement poursuivie. On avait remporté cinq victoires, sans mélange d'aucun revers; mais cinq victoires, quelque éclatantes qu'elles fussent, ce n'était pas encore la paix. Pour accomplir dans son texte littéral, sinon dans son esprit, la proclamation de Milan, il fallait pousser jusqu'à Venise. Une telle opération exigeait, non pas une nouvelle armée, mais, la mise sur pied d'énormes réserves, munies d'équipages de siège et la prise successive de places fortes de l'importance de Mantoue et de Vérone. L'armée autrichienne avait sans doute beaucoup souffert ; néanmoins, ce qui restait des deux cent vingt-cinq mille hommes de Solférino constituait évidemment, dans les mains de l'Empereur d'Autriche, de formidables moyens de résistance qu'il n'était pas aisé de briser.

En cet état de choses, l'Empereur Napoléon sentit naître dans son esprit de patriotiques inquiétudes ; il se demanda s'il avait accompli loyalement, dans son principe et dans sa mesure, ce qu'il devait à l'Italie et ce qu'il devait à la France.

Il devait à l'Italie de la mettre désormais à l'abri d'une pression arbitraire du gouvernement autrichien. Or, l'adjonction, désormais opérée en fait, de la Lombardie au Piémont permettait de constituer un royaume italien respectable, et, s'il était possible, d'organiser une confédération dans laquelle entreraient les États anciens et l'État nouveau. L'Italie recevrait de cet accord créé entre ses éléments nationaux une autonomie pouvant servir de base à une sérieuse indépendance. Les différents États de l'Italie n'auraient plus aucune raison de chercher un appui en Autriche, dès qu'ils le trouveraient en eux-mêmes. Ce vieil antagonisme avec le gouvernement de Vienne sera même conjuré, si la Vénétie restant possession autrichienne entrait dans la confédération des États italiens.

L'Empereur, s'il réalisait ce plan, et il en avait les moyens, pouvait donc dire qu'il avait accompli loyalement tout ce qu'il devait à l'Italie.

En ce qui touche ce qu'il devait à la France, l'Empereur ait arri à la limite où l'intérêt de l'État lui ordonnait de s'arrêter. La guerre, contre une brave armée comme celle de S. M. l'Empereur d'Autriche, avait été meurtrière. Entreprendre une guerre de sièges n'était pas nécessaire, dût-elle réussir, parce que l'indépendance réelle de l'Italie était acquise. L'Autriche offrait, d'ailleurs, un gouvernement essentiellement monarchique et conservateur que l'Empire français n'avait aucun intérêt à ébranler. Enfin, la Confédération germanique s'était soudainement émue à l'idée que les Français allaient s'approcher du Tyrol, contrée traditionnellement considérée comme une barrière dont l'inviolabilité était nécessaire à la patrie allemande. Une grande Cour du nord, inspirée par un sentiment de sympathie, crut devoir éveiller l'attention de l'Empereur des Français sur un danger grave, que pouvait éventuellement faire éclater la guerre à outrance portée au delà du Mincio.

Mû par ces diverses considérations, toutes sérieuses et puissantes, Napoléon III vainqueur conçut l'idée de proposer la paix à l'empereur François-Joseph, avec la résolution de la faire servir à consolider les grands et glorieux résultats achetés par le sang de ses soldats et par les trésors de la France.

En vue, toutefois, du refus de l'Empereur d'Autriche, l'Empereur avait écouté les propositions du célèbre agitateur hongrois, Kossuth, qui avait suivi l'Empereur, après des entretiens avec M. Piétri l'aîné, chargé d'une mission ayant pour objet des relations à établir avec divers personnages italiens. C'est aussi par l'intermédiaire de M. Piétri, que Garibaldi, venu à Milan, avait fait demander un entretien à l'Empereur, qui le refusa. Ce n'est pas que Napoléon III n'appréciât le courage du célèbre aventurier; mais il ne convenait pas à sa dignité de faire campagne avec celui qui avait chassé le Pape de Rome et versé le sang de l'armée française.

Le 8 juillet, M. le général Fleury, aide de camp de l'Empereur Napoléon, porta à Sa Majesté le roi François-Joseph une proposition d'armistice qui fut acceptée et, le 11, les deux souverains se rencontrèrent à Villafranca, où furent signés les préliminaires de paix.

Or, les préliminaires de paix, devenus le traité signé à Zurich, le 10 novembre, entre la France, l'Autriche et la Sardaigne, résolvaient la question, telle que Napoléon III l'avait poursuivie en prenant les armes. Le roi Victor-Emmanuel ajoutait à son royaume toute la Lombardie, du Tessin au Mincio et les anciens États formaient, avec la Sardaigne et la Vénétie, une fédération italienne, sous la présidence honoraire du Pape.

XI

LES DIX DERNIÈRES ANNÉES DE L'EMPIRE. — LE PARLEMENTARISME. — LE 4 SEPTEMBRE. — LA COMMUNE.

Sommaire : Quiétude de la France après dix ans de règne. — Les ambitieux de Paris ne sont pas satisfaits. — La bourgeoisie déclare que le vent de l'opinion publique est aux réformes.— Le salon de M. Thiers.— Les bureaux du *Journal des Débats*.—Les couloirs de l'Académie.—M. Schneider, président du Corps législatif. — Ses illusions sur le gouvernement parlementaire.—Son réveil le 4 septembre. — Ni le comte Walewski, ni M. de Morny ne voulaient faire de M. Émile Ollivier un premier ministre. — Conséquences de sa politique. — *L'Astrologue* de la fable. — Détails sur l'armée de l'émeute. — L'enterrement de Victor Noir. Projets d'assassiner l'Empereur. — Les soldats conspirateurs. — M. Naquet et la nitro-glycérine. — Arrestation. — La police et Mégy. — Les conjurés à Londres. — Un banquet d'assassins. — Protot, futur ministre de la justice sous la Commune. — Les conjurés sont vendus par l'un des complices. — Procès de Tours.— Les insultes publiques à la famille impériale. — Chute de M. Ollivier. — Ministère Palikao.—Le 4 septembre.—M. Jules Favre met les scellés sur la Chambre des députés et M. Floquet sur le Sénat. — Calomnie contre la majorité des impérialistes. — M. Jules Favre à Ferrières. — Le *pouvoir personnel*.— M. Gambetta en ballon. — M. de Freycinet et ses collaborateurs. — M. Gambetta, ministre de la guerre et général.—Il se sauve devant les uhlans.—Assemblée de Bordeaux.—Proclamation de Napoléon III pour protester contre l'usurpation des hommes du 4 septembre.—L'assemblée de Bordeaux essaie de prononcer la déchéance de la Dynastie impériale. — Ce que vaut, au juste, cette résolution.—Détails caractéristiques sur la motion de M. Target.— Noms des signataires. — Ils veulent faire peser sur l'Empire la perte de deux provinces abandonnées par la République, quand c'est, au contraire, l'Empire qui nous a donné trois départements. — Conclusion.

Le régime politique de 1852, basé sur la responsabilité du Souverain, en procurant au pays les bienfaits de l'unité de gouvernement, avait valu à la France une période de près de dix années de sécurité caractérisée par une prospérité inouïe à l'intérieur et à l'extérieur par la dignité et l'influence, dues à nos victoires de Crimée et d'Italie.

Ce régime, qui écartait des affaires, dans une certaine mesure, les ambitions et les appétits politiques de la bourgeoisie de Paris, fut sapé et miné par elle, comme nous l'avons montré dans le cours de ces *Souvenirs*. On réussit, à force de manœuvres, à persuader à l'Empereur que *le vent de l'opinion publique* était aux réformes politiques, quand ce vent ne venait que du salon de M. Thiers, des bureaux du *Journal des Débats* et des couloirs de l'Académie française. Le reste de la nation, satisfait des succès de l'Empire et confiant dans l'Empereur, c'est-à-dire l'immense majorité des propriétaires petits et grands, vouée aux travaux agricoles et industriels, aux professions libérales, voyait d'un œil indifférent ces évolutions intéressées des ambitieux de Paris.

Dans le cours de ces *Souvenirs*, j'ai cité un mot de M. de Chasseloup-Laubat qui semblait, comme Lamartine en 1848, *s'ennuyer* de la prospérité publique. Ce politicien demandait l'extension dans un but de *distraction*, des attributions parlementaires. J'ai raconté, également, les désiderata du docteur Véron qui ne comprenait de salut pour l'Empire que dans des *tubes de sûreté*, lesquels ont, hélas! fait éclater la machine. Il n'est pas jusqu'à M. Schneider, président de la Chambre, qui ne donnât dans ce travers. Homme honorable au premier chef, sincèrement dévoué à l'Empire et à la dynastie, financier hors ligne dans les grandes affaires, restaurateur, et, on peut le dire, fondateur de la colossale usine du Creuzot, la plus importante du monde, sans excepter l'Angleterre, M. Schneider était, en même temps, un homme du monde, fin causeur, amateur délicat des arts, dont il collectionnait les chefs-d'œuvre dans ses galeries. Appartenant, à la fois, au milieu politique, industriel et artistique qui s'agite à Paris, il ouvrait son hôtel à un nombre considérable d'invités de toute catégorie et il entendait, par suite, les propos et les doléances de tous les ambitieux en disponibilité et de tous les oisifs internationaux de la haute société. Ce mélange de visiteurs et de convives se renouvelant sans cesse et l'assourdissant de leurs propos politiques ne lui laissait pas toujours la libre disposition de son bon sens personnel : ce va-et-vient troublait parfois la netteté de son optique. Il en était venu à ne plus être lui-même, au moins en politique. En prononçant la clôture de la période 1865, l'honorable président de cette Assemblée, où se révélaient déjà les inconvénients du régime parlementaire que l'Empereur venait de réinstaller, sans qu'on le lui demandât, M. Schneider, n'y voulut voir que les curiosités d'une lutte oratoire ; à ce moment, il s'exprimait ainsi : « Vous me permettrez de dire, à l'honneur de cette assemblée et à ma satisfaction profonde, que nous avons vu se révéler, cette année, de nombreux et solides talents *qui doivent ajouter à la confiance du pays.* » Illusion d'un homme honnête, mais peu clairvoyant ; car, si les institutions ne préservent pas un pays, ce ne sont pas les discours qui les sauvent. Ni Démosthènes, ni Cicéron, ni Mirabeau, ni Guizot, ni Lamartine, ni Thiers n'ont arrêté ou dirigé le cours des événements.

C'est dans cet ordre d'idées que, séduit, convaincu, aveuglé par les impatiences de ses amis, j'entendis un jour M. le président Schneider me dire qu'il fallait accorder de nouvelles réformes, parce que, pensait-il, la France éprouvait le besoin du mouvement *comme le malade qui veut se retourner dans son lit.* — Mais, lui répliquai-je, la France se porte à merveille, je nie qu'elle soit malade, elle ne dit point elle-même qu'elle est malade, pourquoi donc pensez-vous qu'elle ait le besoin prétendu de mouvement dont vous parlez ? Hélas! l'Empereur, de guerre lasse, accorda à M. Schneider et à ses amis ce qu'ils désiraient et ce que la France ne demandait pas. Qu'arriva-t-il ? c'est que la France reçut l'impulsion d'un tel mouvement qu'elle en roula dans l'abîme et M. Schneider, lui-même, dans la journée du 4 septembre, put s'apercevoir de la manière dont les révolutionnaires expriment leur reconnaissance. Frappé par les envahisseurs de la Chambre, insulté et traîné aux gémonies, il ne dut son salut qu'à la présence d'esprit des huissiers et à la force herculéenne, à la haute taille de ses domestiques qui l'arrachèrent des mains de ses agresseurs.

Et voilà comment dix années avaient suffi, sur cette pente savonnée, pour entraîner à leur perte le ministère, la dynastie et la France, voilà comment nous avons pu assister aux hontes de la révolution du 4 septembre.

Ces événements de l'année terrible, nous les avons vus de près, pour la plupart ; ceux auxquels nous n'avons point assisté, nous les connaissons par les récits véridiques de nos amis et nous sommes en mesure d'en donner ici les détails intimes et particuliers, sur les hommes comme sur les choses.

Les esprits imprudents qui mirent en avant le nom de M. Ollivier et qui pensèrent, bien à tort, que son accession au pouvoir plairait à l'opposition et *fortifierait*, par là, la dynastie, ceux-là, il faut le reconnaître aujourd'hui, n'allèrent jamais jusqu'à proposer à l'Empereur d'en faire un premier ministre. Ni le comte de Morny, ni le comte Walewski, qui passaient pour les artisans de cette évolution, ne conçurent un tel dessein, c'est ce que j'ai dit déjà dans mon *Histoire populaire de Napoléon III*. Je crois savoir que le comte Walewski, notamment, n'avait parlé à l'Empereur que du portefeuille de l'Instruction publique pour M. Ollivier et, si je suis bien informé, la famille de l'ancien ministre d'État possède, sur ce point important, des documents qui en contiennent l'absolue confirmation.

C'est l'ambition seule de M. Ollivier, poussée par celles de Duvernois et de Girardin, qui lui permit de franchir la limite si considérable qui sépare le président du Conseil des ministres des attributions spéciales d'un ministre secondaire.

Peu de personnes se rappellent sans doute que M. Ollivier avait échoué sur le terrain électoral et que, battu par M. Bancel à Paris, il ne serait peut-être jamais rentré dans l'arène parlementaire sans la bonté de l'Empereur, qui lui en rouvrit l'entrée, comment dirai-je ? par une porte dérobée. Il y avait, dans le Var, un siège occupé par un très honorable député, M. Lécuyer d'Attainville. M. Ollivier, ayant renoncé à affronter le scrutin et les réunions électorales de Paris et des grandes villes, jeta son dévolu sur le siège occupé par celui-ci. Il ne fallut pas moins que l'intervention souveraine de l'Empereur faisant appel au patriotisme de M. d'Attainville pour le décider à céder sa place et ses électeurs à M. Ollivier ; nous tenons de l'ancien député du Var la révélation de cette négociation.

Jamais, on doit en convenir, la candidature officielle ne fut plus nettement caractérisée que dans cette affaire. Cette candidature officielle que M. Ollivier et ses amis avaient si souvent bafouée et honnie, il en usait avec cynisme, dans des conditions au delà desquelles il n'y a rien. Eh bien ! à peine installé au pouvoir, dans les premiers jours de janvier, celui qui écrit ces lignes fut obligé de monter à la tribune et de demander au cabinet s'il entendait *adopter* ou *repousser la candidature officielle*, M. Chevandier de Valdrôme, ministre de l'intérieur, ayant laissé entendre qu'il la patronnerait ; M. Ollivier parla à son tour et s'empressa de contredire son collègue sur ce point délicat et, comme président du Conseil, il la repoussa énergiquement. Ainsi donc, il demeurait acquis à l'histoire que l'homme politique qui, en tant que député, acceptait les bénéfices de la candidature officielle, flétrissait et rejetait cette même candidature, lorsque, parvenu au pouvoir, il n'en avait plus besoin. Éternelle palinodie d'avocat, apportant à la tribune comme ministre, les habitudes, l'impudence et les mensonges du Palais.

Mais la Providence ménageait à ce sycophante au cœur léger les retours vengeurs de la justice d'ici-bas. Quelle visible intervention de cette providence que l'affaire Victor

Noir éclatant, dans la semaine même qui avait vu naître le ministère présidé par M. Ollivier !

Cette triste et misérable aventure est déjà, peut-être, fort oblitérée dans la mémoire des contemporains. Il convient, cependant, d'en détacher et d'en faire saillir quelques circonstances caractéristiques pleines d'enseignements politiques.

En consignant ici quelques détails peu connus, sur cette affaire, qui fut le prélude du 4 septembre, notre intention est de montrer quelle était la force de cette armée révolutionnaire, comptant déjà dans ses rangs tous ces hommes sinistres qui devaient former le noyau de la Commune de 1871. Ces détails mettront également au grand jour l'infatuation de M. Ollivier qui, tout occupé de parlementarisme et semblable à l'astrologue de la fable, regardait dans son télescope, sans voir l'abîme que creusaient sous les pieds de l'Empire les soldats de l'émeute.

Les sociétés secrètes grouillaient autour du ministère du 2 janvier, sans qu'il parût s'en préoccuper. Les républicains excités par le langage de leurs journaux préparaient, presque ouvertement déjà, une insurrection et se disposaient à profiter de la première occasion qui se présenterait. Le 11 janvier, l'enterrement de Victor Noir parut être cette occasion.

Les conspirateurs avaient réussi à détourner de leurs devoirs trois jeunes soldats de la caserne du Prince-Eugène, Asnon, Fayolle et Beaury. Les principaux conjurés étaient Verdier, Ruault, Benel, Pellerin, Tony Moillin, Godinot, Cournet, Mégy, les frères Villeneuve, Gois, Jaclard, Tridon, ces derniers passant pour les agents de Blanqui. Ces principaux affiliés au complot se réunissaient tantôt dans un café, tantôt chez les nommés Dupont, Fontaine, Guérin, Sapia. Presque tous ces socialistes révolutionnaires assistaient au convoi de Victor Noir, armés et tout prêts à exécuter leur coup de main; c'est alors que Rochefort fit tout avorter en s'évanouissant à plusieurs reprises, et en allant, finalement, se cacher, comme avaient coutume de le faire, en 1793, ses devanciers, Marat, Danton et Robespierre.

Le soir même de l'enterrement de Victor Noir, plusieurs conjurés se réunirent aux environs de la caserne du Château-d'Eau pour essayer d'entraîner avec eux les soldats que nous venons de nommer et avec ceux-ci, quelques-uns de leurs camarades du même régiment; mais ce fut en vain. Cependant l'agitation était soigneusement entretenue, elle augmentait sans cesse dans le rayon populaire où agissaient les conjurés.

Le 21 janvier eut lieu, à Saint-Mandé, un banquet, où assistaient les chefs principaux. C'est là, on s'en souvient, que Gromier lut le fameux *toast à la balle* de Félix Pyat. Peu de jours après, le 6 février, dans un second banquet, au même endroit, Flourens porta un toast « *aux régicides en principe, à Orsini, régicide de fait* ». Le lendemain eut lieu l'arrestation de Rochefort, suivie de la promenade effrénée de Flourens à travers les rues de Belleville, où il proclama, à lui tout seul, la République.

Après l'échec avorté de la conspiration, Flourens, pour échapper aux poursuites de la police, se réfugia boulevard Voltaire, chez son ami Ballot, où il demeura quelques jours. Puis, il fit déposer chez M. Piétri, préfet de police, sa carte cornée avec les lettres P.P.C. et partit pour l'Angleterre. Arrivé à Londres, il s'occupa plus que jamais du projet de faire assassiner l'Empereur. Dans ce but, il se mit en relations avec les réfugiés français qui s'y trouvaient et surtout avec Fayolle et Beaury qui, le jour même de l'enterrement de Victor Noir, avaient déserté et s'étaient réfugiés à l'étranger. Beaury était passé par Bruxelles, avec cent vingt francs que lui avaient donnés les rédacteurs du *Rappel*.

Nous retrouverons plus loin Beaury, au commencement d'avril, mais auparavant, il nous paraît nécessaire de revenir un instant sur nos pas et de rappeler ce que les conspirateurs de Paris firent, après le désastre de l'émeute, le jour des funérailles de Victor Noir.

Le 28 janvier, un nommé Verdier se présenta à la préfecture de police et y fit des révélations écrites et signées. Ces révélations coïncidaient avec tout ce que savait déjà le service de la Sûreté et que nous avons relaté plus haut.

La police se tint en éveil et, après l'arrestation de Rochefort, dans les premiers jours de février, elle jugea que le moment d'agir était venu. Deux jours après, elle faisait arrêter Godinot, Sapia, Ramet et Dupont, dans le domicile de ce dernier. Le lendemain, elle s'empara de plusieurs de leurs complices et entre autres du mécanicien Mégy, qui tua d'un coup de pistolet l'agent de police Mourot, au moment où il venait de lui ouvrir la porte de son domicile.

Dès le premier jour, Godinot avoua que les conjurés avaient formé le projet d'assassiner l'Empereur. En 1869, déjà, ce projet avait été discuté et Dupont avait rendu compte d'une expérience récente qu'il avait faite de la nitro-glycérine, substance que M. Naquet, aujourd'hui député, avait recommandée dans un journal, avec l'intention à peine dissimulée de la conseiller dans un guet-apens contre le souverain. « J'ai pris, racontait Dupont, gros comme un pois de nitro-glycérine, je l'ai placé sous dix forts pavés et les pavés ont sauté à quinze mètres de hauteur. » Il ajoutait qu'il aurait une provision de nitro-glycérine pour le 15 août.

C'est le 2 avril, quelques jours après, que nous retrouvons à Londres ceux des conjurés qui se tenaient en correspondance avec leurs affiliés de Paris.

On donna un banquet à l'assassin Tibaldi, qui venait d'arriver en Angleterre. Le lendemain, Tibaldi, Fayolle et Beaury déjeunèrent chez Flourens. Tous quatre étaient décidés à tuer l'Empereur; mais, comme leur arrivée à Paris pouvait éveiller les soupçons, ils tirèrent au sort à qui partirait. Le sort désigna Beaury. Il fut convenu que s'il échouait, il serait remplacé par Fayolle; après lui, Flourens et Tibaldi promettaient de faire en commun une dernière tentative.

Beaury partit pour Paris sous le nom de Fleury. Il s'y mit en rapport avec Ballot et avec Protot, qui fut depuis ministre de la justice sous la Commune. Le premier était chargé de lui donner de l'argent et c'est chez le second que Flourens devait lui écrire. Le plan des conjurés était très simple et par suite présentait de grandes chances. Beaury, ce jour-là, devait quitter le vieux paletot bourgeois de tous les jours et revêtir son uniforme militaire, il se serait présenté ainsi à l'Empereur. Après s'en être approché, il aurait déchargé un revolver à plusieurs coups sur le Souverain que l'uniforme du soldat aurait laissé sans méfiance.

Heureusement, la veille du jour fixé pour l'exécution du crime, Ballot offrit au Préfet de police de lui dénoncer le complot, moyennant une somme de vingt mille francs. Le marché fut conclu et le 24 avril Beaury fut arrêté; il n'hésita pas à avouer sa culpabilité; on trouva les bombes chez ses complices. C'est ce qui explique que le jour de l'enterrement de Victor Noir, le nommé Fontaine criait à Neuilly : « *Rentrons à Paris, nous avons des bombes.* »

Tels sont les curieux détails de ces échauffourées révolutionnaires que M. Émile Ollivier semblait ignorer ou qu'il était impuissant à combattre.

Je ne quitterai pas le souvenir des tristes événements qui suivirent les funérailles de Victor Noir, sans faire remarquer avec quelle légèreté, nous ne voudrions pas y voir un pire sentiment, le cabinet de M. Émile Ollivier laissa traduire devant une haute Cour le Prince Pierre, lequel, frappé chez lui par d'indignes adversaires, n'avait fait qu'user des droits de légitime défense, en ayant recours à son revolver. L'Empereur ne pouvait donner un ordre, pour soustraire le Prince aux conséquences de sa situation, mais le ministre pouvait le couvrir de sa responsabilité et il devait épargner à tout prix le scandale d'un procès livrant en pâture à la malignité publique et aux fureurs révolutionnaires le fils de Lucien, le cousin de l'Empereur régnant. La conséquence de la conduite du cabinet Ollivier, en cette circonstance, fut le scandale inouï de ces audiences, où il sembla que ce fut l'Empire lui-même et le grand nom de Napoléon que le ministre livrait à la rage des révolutionnaires, ses alliés de la veille.

On se souvient de la réponse que fit le misérable Paschal Grousset au Président qui lui demandait si, originaire de la Corse, il n'était pas *allié ou parent de l'accusé.* Le témoin répondit : « Je n'en sais rien, *madame Lætitia ayant eu tant d'amants,* il pourrait se faire que je sois l'allié ou le parent de l'accusé. » Quelque mépris que mérite une aussi grossière, une aussi inepte injure à la mémoire de Celle que son auguste fils, l'Empereur Napoléon I*er*, jugeait digne *de tous les genres de respect*, on ne saurait méconnaître les inconvénients qu'il était facile de prévoir et qui devaient nécessairement résulter d'un pareil procès, dans un pareil moment ; ces inconvénients n'avaient pas été prévus par le premier ministre. Or, qui avait autorisé le procès? Le cabinet présidé par M. Émile Ollivier, et c'est sur lui que, devant l'histoire, doit retomber la responsabilité d'un aussi déplorable scandale.

En somme, l'arrivée aux affaires de M. Ollivier n'eut qu'un résultat, ce fut d'ouvrir les portes aux émeutiers du 4 septembre ; c'est ce qu'il est de notre devoir de constater.

Cette révolution du 4 septembre eut, elle-même, des conséquences et des suites dignes de ses origines. Préparée de longue main et faite en présence de l'ennemi, lorsque la France était envahie et l'Empereur prisonnier, elle commença par le mensonge, se poursuivit par la hâblerie et la rapine et s'acheva dans la bassesse et la lâcheté. Ce prétendu gouvernement de la Défense nationale ne fut, on l'a dit, que celui de la démence, ou de la dépense, ou de la défaillance nationale. On y vit des généraux avocats, comme M. Trochu, et des avocats improvisés généraux, comme MM. Gambetta et Crémieux.

Ces grands amis de la légalité, ces défenseurs emphatiques des droits du peuple, avaient devant eux une Chambre des députés élue par le suffrage universel, et, cependant, ils sont les premiers, le 4 septembre, à provoquer l'envahissement de l'Assemblée. M. Gambetta et M. Jules Simon avaient fait, ce jour-là, convoquer, de leur propre autorité, la garde nationale, qui devait forcer les portes du Corps législatif. M. Floquet, M. Étienne Arago lui donnaient des ordres dans la cour du

Palais-Bourbon. M. Trochu devait mettre le comble à la trahison, en apportant son concours aux adversaires du gouvernement qu'il était chargé de défendre. Le général Caussade, protégé de M. Trochu, enjoignit à la police de se retirer, pour faire place à la garde nationale et la Chambre fut envahie. « J'ai été témoin, dit un républicain, le général Le Flô, de l'invasion de la Chambre par cette *horde de scélérats* que nous avons retrouvés dans la Commune ». C'étaient les fondateurs de la République. — « J'ai vu, de mes yeux vu, a déclaré le général de Palikao, je l'atteste et je l'affirme, M. Gambetta faire un signe aux hommes qui avaient envahi les tribunes. Ils se mirent à descendre le long des colonnes et ils envahirent la Chambre. » On sait que le même M. Gambetta, en prenant possession du ministère de l'intérieur, débuta dans ses fonctions, en faisant mentir impudemment le télégraphe. Il écrivit aux départements *que la déchéance venait d'être prononcée au Corps législatif* et il donna même *le nombre de votants*. A six heures du soir, M. Floquet alla bravement fermer les portes du Sénat ; MM. Jules Favre et Glais-Bizoin vinrent mettre les scellés sur les portes de la Chambre. Qui les en avait chargés? Qui leur en avait donné le droit?

Une calomnie s'est propagée à ce propos, dans les journaux républicains : on a dit que l'Empire n'a pas trouvé de défenseurs et qu'il a été abandonné par ses amis eux-mêmes ; c'est là une erreur manifeste. Nous ne voulons pas parler d'une résistance matérielle. Quand les hommes, fonctionnaires et généraux chargés de maintenir l'ordre, ont trahi et livré une ville de deux millions d'hommes à la discrétion des malfaiteurs, toute résistance est impossible et, à ce point de vue, l'Empire ayant été trahi et livré, n'a pu être défendu ; mais, il n'en est pas de même de la résistance politique. Le 4 septembre 1870, elle a été plus vigoureuse, plus éclatante, plus obstinée qu'en 1792, en 1830 et en 1848. Quoique la Chambre des députés eût été envahie, que l'insurrection fût maîtresse de l'Hôtel-de-Ville, que l'Impératrice eût été obligée de quitter les Tuileries, les députés dévoués au second Empire résistèrent encore. Au moment même où les bureaux de la Chambre délibéraient et où quelques membres hostiles parlaient, dans le neuvième bureau, de demander à l'Impératrice d'abdiquer, vingt-huit députés sur trente-deux refusèrent avec indignation, et, loin d'y consentir, l'un d'eux, M. Roulleaux-Dugage, déclara qu'il se ferait plutôt tuer sur son banc. C'est M. de Kératry, un adversaire, qui a reconnu ces faits. Tous les autres bureaux de la Chambre, a-t-il ajouté, proclamèrent la résolution inflexible de *maintenir le régime impérial tel quel.*

La salle des séances ayant été envahie, les députés se réunirent, sur l'invitation de M. Dréolle, dans la salle à manger de l'hôtel de M. Schneider, sous la présidence de M. Alfred Leroux. Les paroles les plus dignes, les plus fermes y furent prononcées en forme de protestations et M. Grévy fut envoyé à l'Hôtel-de-Ville pour inviter les émeutiers à rentrer dans la légalité. Un tel émissaire, aux trois quarts complice, revint sans résultat. Dans cette séance mémorable, M. Buffet flétrit énergiquement ce nouvel attentat à la représentation nationale succédant à tant d'autres. Il dit qu'il protestait contre les événements accomplis et s'écria, en terminant, que « dût-il engager sa liberté et même sa vie, il ne consentirait jamais, au nom même de la liberté et pour l'honneur de son pays, à reconnaître le gouvernement qui s'était élevé sur les ruines de la liberté et du droit. »

Les mêmes députés, indignés, mais non découragés, se réunirent de nouveau, le 5 septembre, chez M. Johnston ; ils nommèrent une commission de protestation composée de MM. Buffet, de Talhouet, Lefébure, Johnston, Daru, Josseau, Dréolle. Au nombre de cent cinquante, ils donnèrent leurs signatures. M. Gambetta envoya, du ministère de l'intérieur, des aventuriers en armes, pour dissoudre cette réunion.

Voilà les hommes qui reprochent à Napoléon III d'avoir fermé la Chambre le 2 décembre 1851.

Au moins, le Prince avait convoqué la nation dans ses comices, afin de lui soumettre l'acte qu'il venait d'accomplir pour son salut, ce que les hommes du 4 septembre n'ont jamais osé faire.

Le siège de Paris, dans la pensée des avocats du 4 septembre, n'avait jamais pris que les proportions d'une comédie. M. Picard avait dit, dès le début, à son frère Arthur : « Nous ferons une défense d'opéra-comique. » M. Trochu lui-même déclara que c'était une *héroïque folie*, et le gouvernement de la *défense nationale* n'y avait même as cru un seul instant. M. Jules Favre proclama que c'était ue *œuvre impossible* ; c'est ce qui résulte encore de la éclaration de M. de Kératry.

Les uhlans étaient à peine aux portes de Paris que I. Jules Favre allait à Ferrières se jeter, en pleurant, aux ieds de M. de Bismarck. Cet homme qui avait tant délamé contre le *pouvoir personnel*, le voilà s'érigeant lui-ême en pouvoir personnel, se permettant d'aller traiter au om de la France. Il avait bien pu mettre les scellés sur la

Chambre des députés, mais qui donc l'autorisait à traiter avec la Prusse ? De qui tenait-il ce prétendu mandat de parler au nom de la France ? Et pourtant, à ce moment, M. de Bismarck consentait à signer la paix moyennant la cession de Strasbourg et les frais de la guerre. M. Jules Favre, qui avait annoncé qu'on ne céderait ni une pierre de nos forteresses, ni un pouce du territoire, et qui savait qu'en traitant, à Ferrières, il serait renversé le lendemain, revient à Paris et commet l'acte si célèbre, qu'on a appelé le *crime de Ferrières*, en annonçant à ses collègues et à la France — ce qui était faux — que la Prusse avait demandé l'Alsace et la Lorraine ! La guerre continua à outrance et quel en fut le résultat ? Il fallut, en fin de compte, céder l'Alsace, une partie de la Lorraine et payer cinq milliards.

Comme si le gouvernement de Paris n'avait pas assez de ses hontes et de ses défaillances, l'histoire est obligée de se rappeler que ce gouvernement se dédoubla et que la partie qui siégeait à Tours ne fit qu'ajouter à ces hontes et à ces défaillances des pages où le comique le dispute au tragique. Un avocat, tel que M. Gambetta, s'élançant en ballon et tombant à Tours « *ministre de la guerre, raisonnant comme général en chef et fixant la stratégie des opérations* ». Ce sont les paroles de M. Trochu lui-même. Quel spectacle nouveau !

En arrivant à Tours, M. Gambetta, on le sait, s'improvisa lui-même ministre de la guerre et, détail piquant, il retira ces fonctions, pour se les approprier, à un autre avocat M. Crémieux, qui se les était adjugées tout d'abord. C'est ic que le comique vient traverser ces grave événements. Deu hommes constituaient le gouvernement de Tours, deux vieil lards, usés de corps et tombés dans l'enfance sénile ; tout le monde les a connus, Crémieux et Glais-Bizoin. Ces deux *Parques*, comme les appelle M. Steenackers dans une dépêche officielle — il eût pu dire : ces deux *singes* — s'étaient disputé le portefeuille de la guerre. M. Glais-Bizoin disait à M. Crémieux : « Si vous étiez ministre de la guerre, l'Europe entière ne pourrait s'empêcher de rire. » Hélas ! la France en a ri ; mais après en avoir pleuré. M. le général Le Flô a déposé que M. Crémieux arrêtait le premier venu dans la rue et lui disait : « Seriez-vous capable de commander une armée ? » Son principal collaborateur était le célèbre bohême nommé *Pipe-en-Bois*. M. Glais-Bizoin, l'autre Parque, l'autre singe, se promenait dans un costume qui n'était pas fait pour lui valoir un complément de respect. « Il portait habituellement, dit le général d'Aurelles de Paladine, un veston rouge, couleur Solférino, un caleçon de flanelle et des pantoufles. Il recevait officiellement les généraux dans ce costume. »

Mais, voici un ingénieur des mines, M. de Freycinet ; il est chargé de diriger les opérations militaires, avec l'aide d'un Polonais, M. Nieczffenski, fils d'un boulanger de Bayonne, qui se fit appeler De Serres, du nom de sa mère. A Tours, comme à Paris, la défense est proclamée *impuissante*. M. le général Faidherbe le dit ; M. Laurier alla plus loin et avoua que ce qui se faisait n'était que *pour la montre*.

Le mensonge continua à fonctionner sur les fils du télégraphe. M. Gambetta qui, le 4 septembre, avait menti deux fois, en annonçant à la province que la déchéance avait été prononcée au Corps législatif et que la République avait été roclamée par la population, tandis qu'elle avait été proclamée seulement à l'Hôtel-de-Ville, M. Gambetta mentit encore en annonçant aux provinciaux, le 1ᵉʳ décembre, que l'armée de Paris, forçant le blocus, était parvenue à Épinay, au delà de Lonjumeau, après avoir pris *de nombreux prisonniers et deux canons*, confondant ainsi cette dernière petite ville de l'arrondissement de Corbeil avec Épinay-Saint-Denis, au-dessous d'Enghien. Le comique vient encore une fois s'imposer au milieu de cette tragédie.

A Laval, le préfet de Maine-et-Loire, l'avocat Delattre, qui fera plus tard parler de lui, vint, sur la place publique, lire les dépêches concernant les victoires de M. Gambetta. Après avoir fait cette proclamation, ce personnage télégraphia à Paris pour en préciser la mise en scène. Dans sa dépêche télégraphique, il dit : « Le préfet, à cheval, était tête nue et tout le monde était découvert ! »

Huit jours après, le 8 décembre, M. Gambetta ayant aperçu des uhlans, décidait, en toute hâte, la translation du gouvernement de Tours à Bordeaux. Le 10, il était parti : *effugit, evasit, eruptit.* Il allait se reposer de tant de gloire sous les ombrages de Saint-Sébastien. Après s'être montré *gai*, après avoir fumé des *cigares exquis* et s'être couché dans des appartements *de pourpre et d'or*, comme on peut le voir dans les dépêches de M. Steenackers, il allait méditer en paix, en laissant à d'autres le soin de la prétendue défense nationale.

Ainsi finissait le gouvernement de M. Gambetta. Il avait versé en vain le sang de nos soldats et dépensé *huit millions par jour*. Six semaines après, le gouvernement de Paris ouvrait les portes aux Prussiens et rédigeait une affiche pour inviter les Parisiens *à les bien recevoir*.

L'entrée des Prussiens dans Paris est, il faut bien le dire, la plus grande des hontes qu'aient fait subir à la France les hommes du 4 septembre. Il avait été expressément écrit dans la convention faite après la capitulation de Paris, que l'armée ennemie n'entrerait pas *dans l'enceinte de la capitale*. Malgré cette stipulation, l'entrée eut lieu et de plus, elle s'opéra dans des conditions qui accumulaient les hontes sur les hontes. Ainsi, ces hommes de la prétendue défense nationale avaient fait, avant la guerre, des serments emphatiques, comme on en reproche tant à leurs devanciers de 93. Ils avaient juré *de mourir,* plutôt que de se rendre, de faire de Paris une nouvelle Saragosse (paroles de M. Emmanuel Arago) et autres hâbleries d'avocat. Non seulement ils se rendirent, sans avoir accompli la fameuse sortie torrentielle, mais encore, il se passa un fait inouï : M. Picard, ministre de l'intérieur, le matin de l'entrée de l'ennemi dans Paris, ne craignit pas de faire afficher sur tous les murs une proclamation adressée aux habitants de la capitale et dans laquelle il osa les supplier de bien recevoir *les Prussiens*. Le prétexte dont il colora une aussi basse recommandation, c'est que la bonne réception faite à l'ennemi nous vaudrait la place de Belfort. Les amateurs d'affiches révolutionnaires ont dû conserver précieusement celle-là, car elle constitue un titre bien caractéristique de l'avilissement et de l'hypocrisie de ces hommes. Le même Ernest Picard, comme on l'a vu plus haut, avait dit à son frère Arthur avant le siège : « *Nous ne ferons qu'une défense d'opéra-comique.* » Son affiche en faveur des Prussiens a été le digne dénouement de cette méprisable comédie.

Notre plume se refuse à rappeler ici tous les désastres que

le prétendu gouvernement de la défense nationale accumula sur notre malheureux pays : on put voir, alors, à quel abîme nous avait conduit le régime des avocats, s'improvisant généraux, avec les intrigants à la suite se ruant à la curée des places, tous préoccupés surtout d'imposer la République, sans souci du salut et de la dignité de la France.

Nous ne redirons pas ici les défaites militaires se succédant partout, l'arrivée et les équipées de Garibaldi, le nouveau *crime de Jules Favre*, jetant notre armée de l'Est dans les neiges de la Suisse, la fuite de M. Thiers abandonnant Paris sans police, et oubliant d'occuper le Mont-Valérien, obligé ensuite d'assiéger ces mêmes fortifications qu'il avait fait ériger jadis, enfin, les hontes sans nom de la Commune et ses exécrables forfaits.

Nous avons raconté ces sinistres et lamentables épisodes dans notre *Histoire de la troisième République*.

Voilà, en somme, à quoi s'est réduite cette prétendue défense nationale : ils avaient promis de mourir et ils ne sont pas morts. Ils avaient promis de battre l'ennemi, et ils ont été battus ; ils avaient juré qu'ils ne céderaient pas un pouce de terrain et ils ont cédé deux provinces !

L'histoire est là qui vengera l'Empire, en racontant ce que fut le gouvernement qui lui a succédé.

Nous terminerons ce chapitre par des détails inédits relatifs à la prétendue déchéance de la dynastie impériale, prononcée à Bordeaux par l'Assemblée de 1871 ; mais, auparavant, nous voulons mettre sous les yeux du lecteur la noble proclamation, écrite par Napoléon III, pour protester, au nom de la France contre l'accusation des hommes du 4 septembre.

Voici cette pièce historique :

PROCLAMATION

DE L'EMPEREUR NAPOLÉON III

AU PEUPLE FRANÇAIS.

Wilhemshohe, le 8 février 1871

FRANÇAIS,

Trahi par la fortune, j'ai gardé depuis ma captivité le profond silence qui est le deuil du malheur. Tant que les armées ont été en présence, je me suis abstenu de toutes démarches, de toutes paroles qui auraient pu diviser les esprits. Je ne puis aujourd'hui me taire plus longtemps devant les désastres du pays, sans paraître insensible à ses souffrances.

Au moment où je fus obligé de me constituer prisonnier, je ne pouvais traiter de la paix ; n'étant plus libre, mes résolutions auraient semblé dictées par des considérations personnelles. Je laissai au gouvernement de la Régence, siégeant à Paris, au milieu des Chambres, le devoir de décider si l'intérêt de la nation exigeait la continuation de la lutte.

Malgré des revers inouïs, la France n'était pas

domptée ; nos places fortes étaient encore debout, peu de départements envahis, Paris, en état de défense, —l'étendue de nos malheurs pouvait être limitée; mais, pendant que tous les regards étaient tournés vers l'ennemi, une insurrection éclata dans Paris, le siège de la représentation nationale fut violé, la sécurité de l'Impératrice fut menacée, un gouvernement s'installa, par surprise, à l'Hôtel-de-Ville et l'Empire, que toute la nation venait d'acclamer pour la troisième fois, abandonné par ceux qui devaient le défendre, fut renversé.

Faisant trêve à nos justes ressentiments, je m'écriai : « Qu'importe la dynastie, si la patrie peut être sauvée ! » et, au lieu de protester contre la violation du droit, j'ai fait des vœux pour le succès de la défense nationale, et j'ai admiré le dévouement patriotique qu'ont montré les enfants de toutes les classes et de tous les partis.

Maintenant que la lutte est suspendue, que la Capitale, malgré une résistance héroïque, a succombé et que toute chance raisonnable de vaincre a disparu, il est temps de demander compte *à ceux qui ont usurpé le pouvoir, du sang répandu sans nécessité, des ruines amoncelées sans raison, des ressources du pays gaspillées sans contrôle.*

Les destinées de la France ne peuvent être abandonnées à un gouvernement sans mandat qui, en désorganisant l'administration, n'a pas laissé debout une seule autorité émanant du suffrage universel.

Une nation ne saurait obéir longtemps à ceux qui n'ont aucun droit pour commander. L'ordre, la confiance, une paix solide ne seront rétablis que lorsque le peuple aura été consulté sur le gouvernement le plus capable de réparer les maux de la patrie.

Dans les circonstances solennelles où nous nous trouvons, en face de l'invasion et de l'Europe attentive, il importe que la France soit *une* dans ses inspirations, dans ses désirs comme dans ses résolutions ; c'est le but vers lequel doivent tendre les efforts de tous les bons citoyens.

Quant à moi, meurtri par tant d'injustices et d'amères déceptions, je ne viens pas aujourd'hui réclamer des droits que, quatre fois en vingt ans, vous m'avez conférés. En présence des calamités qui nous entourent, il n'y a pas de place pour une ambition personnelle ; mais tant que le Peuple, régulièrement réuni dans ses Comices, n'aura pas manifesté sa volonté, mon devoir sera de m'adresser à la Nation comme son véritable représentant et de lui dire : « Tout ce qui est fait sans votre participation directe est illégitime. »

Il n'y a qu'un gouvernement issu de la souveraineté nationale qui, s'élevant au-dessus de l'égoïsme des partis, ait la force de cicatriser vos blessures, de rouvrir vos cœurs à l'espérance, comme les églises profanées à nos prières et de ramener au sein du pays le travail, la concorde et la paix.

Napoléon.

Cette belle protestation semble une réfutation anticipée de ce qui allait être fait à Bordeaux.

Il était naturel de penser que l'Assemblée, réunie à Bordeaux et composée des ennemis de l'Empire, ne manquerait pas de donner à ce grand gouvernement renversé par l'émeute le coup de pied de l'âne ; aussi, la petite coterie orléano-légitimiste et les exaltés du parti républicain songèrent-ils à profiter de la première occasion pour donner suite à leurs projets de mesquine et impuissante rancune. Tenus pendant vingt ans éloignés du pouvoir, repoussés par le suffrage universel, élus pour ainsi dire par surprise, puisque le gouvernement républicain avait écarté du scrutin tous les partisans de l'Empire, ils n'eurent pas un grand courage à proclamer, entre eux et à huis clos, la prétendue déchéance de l'Empire ; ils étaient assurés, d'ailleurs, ces grands foudres de guerre, de l'appui de M. Thiers, désireux de faire oublier ses fautes, dont la Commune allait être, le mois suivant, le chef-d'œuvre politique et administratif.

C'est, en effet, le 1ᵉʳ mars 1871, au moment où l'Assemblée délibérait sur les préliminaires de la paix, que la petite intrigue crut le moment venu de frapper son grand coup. Les principaux rôles étaient distribués depuis quelques jours; les comparses étaient choisis. Dans la coulisse, on organisa la conspiration, on en arrêta même les termes. Cette première rédaction se bornait [à rendre la Dynastie impériale

« responsable des désastres de la guerre ». On n'avait pas osé affronter la France elle-même, en attaquant ouvertement la dynastie qu'elle avait soutenue de quatre votes éclatants. La rédaction, telle que nous venons de l'indiquer, même au milieu des ennemis de l'Empire, avait paru tellement injuste dans son audace, tellement fausse dans son énoncé, tellement impudente dans ses termes, que d'assez nombreux députés furent pris des plus honorables scrupules et se refusèrent à la signer. On confia alors cette première rédaction à la garde de M. Target, dont la haine de famille remontait à Napoléon Ier. On sait que l'Empereur repoussa constamment l'avocat Target, parce que, désigné par Louis XVI pour être son défenseur, il avait refusé cette noble mission, en s'excusant sur *l'état de sa santé*. Le petit-fils de ce généreux défenseur trouvait, dans l'Assemblée républicaine de Bordeaux, des complices tout prêts à se prêter à tout contre les Napoléons. Il pensa avec raison qu'une séance orageuse serait le moment le mieux choisi, pour faire commettre à ses collègues une action qu'ils désavouaient dans leur sang-froid ordinaire. Un de ces Alsaciens qui sentent, pensent et parlent comme des Allemands, le citoyen Bamberger se fit le premier porte-voix de la proposition de déchéance, en rejetant faussement sur l'Empire, seul, les conséquences de la guerre de 1870. C'est alors qu'éclata l'orage attendu.

On connaît la noble attitude de M. Conti, à cette séance où sa voix fidèle fut couverte par les aboiements furieux de la meute en curée, ses éloquentes et fermes protestations, ses luttes d'honnête homme contre les invectives épileptiques de M. Vitet, de celui-là même qui a écrit que *la chute de l'Empire valait bien deux provinces*.

La séance dut être suspendue et c'est pendant cet intervalle que les conjurés inventèrent une nouvelle rédaction, dont le citoyen Target s'empressa de donner connaissance à l'Assemblée. On verra, tout à l'heure, qu'il y eut là un escamotage de papiers digne du petit-fils de l'homme qui avait refusé de défendre Louis XVI. Voici cette nouvelle version :
« L'Assemblée nationale clôt l'incident, et, dans les circonstances douloureuses que traverse la patrie et en face de protestations et de réserves inattendues, *confirme la déchéance de Napoléon III et de la Dynastie déjà prononcée par le suffrage universel et le déclare responsable de la ruine, de l'invasion et du démembrement de la France.* »

Et M. Target lut les noms des signataires, qu'il faut, avec grand soin, conserver au souvenir de la postérité :

« TARGET, BETHMONT, BUISSON, RENÉ BRICE, CH. ROLLAND, EUGÈNE TALLON, DUC DE MARMIER, PRADIÉ, RICARD, GIRARD, LAMBERT-SAINTE-CROIX, WILSON, CHARLES-ALEXANDRE BARAGNON, LÉON SAY, VICTOR DE LAPRADE, LOUIS VIENNET, FARCY, F. DUPIN, MARCEL BARTHE, COMTE D'OSMOY, WALLON, CH. RIVES, COMTE DE BRETTES-THURIN, VILLAIN.

Vingt-six inconnus s'inscrivant en faux contre huit millions de suffrages, contre la France électorale tout entière, voilà le spectacle qui fut offert, ce jour-là à notre cher et grand pays. M. Thiers ne craignait pas de venir à la rescousse et d'ajouter son nom aux noms de ces vingt-six inconnus. Il déclara que si l'Assemblée n'était pas *constituante*, elle était *souveraine*, oubliant que le vrai souverain, c'est le suffrage universel, qui avait proclamé l'Empire et qu'il n'était lui, que le produit et le représentant d'une émeute. Si de telles matières comportaient le sourire, on ne pourrait que hausser les épaules et c'est ce que l'histoire qui commence a déjà fait en voyant M. Thiers, M. Vitet, et les vingt-six inconnus essayant de détrôner, en parole, celui que la France a acclamé, que les Souverains ont reconnu.

L'histoire dira que c'est à la République que l'on doit la perte de deux provinces et qu'à l'Empire, au contraire, on est redevable de trois départements. Voilà la vérité.

Que s'était-il passé pendant l'interruption de la séance; il est bon de le rappeler. Ces détails font partie de l'histoire. M. Thiers, M. Target et M. Bethmont, enfouis dans le cabinet de M. Grévy, qui les y conduisit avec une complaisance calculée, changèrent la première rédaction déjà pourvue de quelques signatures et y introduisirent la pensée de la déchéance, en la faisant apparaître dès la première phrase. Le morceau de papier qui sert d'original à ce document et qui est déposé aux Archives de l'Assemblée, montre, par ses plis et ses maculatures, que cette seconde rédaction a donné lieu à des modifications longues, pénibles, raturées et recommencées. Ce papier est froissé, usé, terni, ce qui prouve qu'il avait été rédigé depuis plusieurs jours et gardé dans une poche avec d'autres paperasses. Après tous ces essais laborieux, un autre morceau de papier neuf fut apporté et reçut la rédaction nouvelle ; mais, produit immédiatement à la tribune (cela se passait de deux heures moins dix à deux heures et quart), ce document nouveau ne portait ni ne pouvait porter aucune signature : il est également déposé aux Archives. Lorsque M. Target, après avoir lu la motion, ajouta, selon le *Journal officiel*, les mots : ONT SIGNÉ et lut les vingt-six noms, il mentait. En effet, ce n'est pas la rédaction nouvelle qui était signée, mais l'ancienne. En outre, deux des signataires de la première motion protestèrent contre la seconde et deux autres membres n'avaient signé ni l'une ni l'autre : telle est la sincérité des partis. On peut donc conclure, en toute justice, que non seulement l'Assemblée n'avait aucun droit pour prononcer la déchéance de l'Empereur, consacré par le suffrage universel direct, mais, encore, qu'en émettant ce vote, cette Assemblée ne sût même pas ce qu'elle votait. En conséquence, l'histoire doit prononcer que ce vote, même incompétent, est radicalement nul.

Il faut ajouter encore que les Cours d'assises de Bordeaux et d'Aix ont, depuis, prononcé l'acquittement de deux journalistes poursuivis pour avoir écrit que la déchéance prononcée le 1ᵉʳ mars, n'avait pas pu détruire ce que les plébiscites avaient établi. Tel sera, aussi, le verdict du suffrage universel direct, lui-même, lorsqu'il sera appelé à se prononcer sur ce point capital de notre droit public.

Quoi qu'il en soit, et en attendant que la France parle, couronnons ces *Souvenirs* par les paroles suivantes, qui résument la proclamation de Napoléon III, datée de Wilhemsohe et qui est le dernier mot de nos droits et de nos espérances : « TANT QUE LE PEUPLE RÉGULIÈREMENT RÉUNI DANS SES COMICES N'AURA PAS MANIFESTÉ SA VOLONTÉ, NOTRE DEVOIR SERA DE NOUS ADRESSER A LA NATION COMME SON VÉRITABLE REPRÉSENTANT ET DE LUI DIRE : TOUT CE QUI EST FAIT SANS VOTRE PARTICIPATION DIRECTE EST ILLÉGITIME. »

XII

SEDAN. — SES CAUSES ET SES SUITES

Sommaire : L'auteur écrit en collaboration avec Napoléon III, sa dernière brochure intitulée : « *A chacun sa part dans nos désastres. — Sedan; ses causes et ses suites.*— Quatre autographes de Napoléon III à ce sujet.— Deux lettres de M. Rouher. — Modifications demandées à l'auteur par l'Empereur.—Napoléon III dans ses corrections atténue généreusement les fautes de ses lieutenants et de ses ministres. — Exposé de la brochure avec indication des remaniements demandés par l'Empereur. — Entrée en matière. — Préludes de la guerre de 1870. — Plans arrêtés pour l'entrée en campagne.— Rôles respectifs de l'Empereur et de ses ministres. — Explications données par Napoléon III lui-même. — Marche sur Metz. — Contremarche. — Sedan. — L'Empereur atténue et pardonne les fautes de ses lieutenants. — Le général de Wimpfen et sa brochure. — Le maréchal de Mac-Mahon. — Sa blessure et son remplacement par le général de Wimpffen.— Le général Ducrot. — Le tableau de la place de Sedan au moment où l'armée s'y réfugie. — Responsabilité générale du cabinet de Palikao.— Responsabilité politique de M. Schneider.— M. Jérôme David. — M. Duvernois. — Le général Trochu. — Responsabilité de l'Empereur. — Ce qu'il fallait faire après Sedan.— Les hommes du 4 septembre. — Qui a voulu la guerre ? — Tout le monde. — Extrait des principaux journaux. — La vérité, toute la vérité sur la guerre et ses désastres.— Le gouvernement impérial avait pris toutes les mesures. — M. Thiers a reconnu que nous étions forts parce que nous serions prêts. — Tous les ministres de la guerre ont donné la même assurance à l'Empereur. — Napoléon III n'a pas été trahi, mais il a été trompé. — Conclusion de la brochure écrite par Napoléon III lui-même. —Fin.

Dans un des chapitres de ces *Souvenirs*, j'ai parlé, en promettant d'y revenir, d'une brochure que je composai dans le cours de l'année 1871, en collaboration avec l'Empereur, écrit dont les principes avaient été arrêtés en commun et dont les détails m'avaient été fournis par le Souverain ou sur son ordre. Mon manuscrit fut envoyé en Angleterre, à Torquay, où résidait alors Napoléon III ; nous allons en parler tout à l'heure.

Il me faut, auparavant, informer le lecteur des circonstances qui ont inspiré, accompagné et suivi la publication de cette brochure.

Après le 4 septembre, j'étais sans nouvelles de mes deux fils, qui faisaient partie l'un de l'armée de Sedan et l'autre de l'armée de Metz. Je résolus d'aller auprès d'eux ou tout au moins de rechercher moi-même leurs traces, car on les disait morts : heureusement, ces nouvelles étaient fausses.

Mon fils Paul était prisonnier de la Prusse, mon second fils Louis, porte-fanion du maréchal Lebœuf, n'était heureusement que blessé. J'étais à Mons, lorsque l'inquiétude paternelle, qui m'avait conduit en Belgique, me suggéra l'idée de fonder, dans ce pays, un journal français qui fût comme la providence des familles françaises, dont la plupart, dans des circonstances si douloureuses, étaient sans nouvelles de leurs enfants, soldats et officiers. Dans ma pensée, ce journal devait avoir, aussi, ce côté politique de recueillir tout ce qui pouvait être favorable à notre cher pays et de faire connaître à l'Europe, au monde entier, ces misérables émeutiers qui venaient de renverser, par un coup de main parisien, en présence de l'ennemi, ce grand gouvernement que, quatre mois auparavant, la France avait acclamé pour la quatrième fois par huit millions de libres suffrages. Je priai MM. Conti et Raimbaud de faire part à l'Empereur, prisonnier, de ce projet patriotique. Il va sans dire qu'il obtint son assentiment immédiat. Sur le conseil de M. Conti, je me transportai de Mons à Bruxelles, et, d'un commun accord, le journal français fut appelé le *Drapeau*. Notre publication, j'ose le dire, rendit les plus utiles services à l'armée et à la France, quoique le gouvernement du 4 Septembre se fût empressé d'en interdire l'entrée à la frontière.

Livré à mes seules inspirations ou à peu près, dans d'aussi terribles conjonctures, je crus devoir m'adresser à M. Rouher, alors réfugié en Angleterre, pour en obtenir, s'il était possible, quelques directions indispensables. Je retrouve dans mes papiers la belle et noble lettre que m'écrivit M. Rouher, en réponse à la mienne. Cette lettre exprime des sentiments si patriotiques et si élevés, dans une occasion si pathétique, que l'homme d'État éminent qui l'a signée me pardonnera, je l'espère, de la livrer à la publicité ; la voici :

« TWICKENHAM, le 7 décembre 1870.

« Mon cher monsieur de Cassagnac, votre lettre me parvient à un moment où il m'est bien difficile de vous donner des appréciations. Je ne reçois pas le *Drapeau*. M. de Bouville m'a communiqué les deux premiers numéros de votre journal et je me disposais à demander un abonnement, lorsqu'on m'a dit à Chislehurst qu'on avait écrit à Bruxelles dans ce but.

J'attends avec confiance, mais, aucun numéro ne m'est encore parvenu. Je comprends et je partage les douloureuses préoccupations que vous fait éprouver le sort de notre malheureux pays. La résignation et le silence étaient un devoir patriotique vis-à-vis de la défense nationale. La délivrance de la patrie eût été le bien suprême ; tout devait être sacrifié à cette espérance. Pour mon compte, je me suis incliné, je m'inclinerais devant tout pouvoir, devant tout homme auquel je devrais l'expulsion des Prussiens ; mais, hélas ! nos chances s'évanouissent graduellement ; le joug de l'ennemi devient, chaque jour, plus lourd et plus cruel. Le moment n'est pas éloigné où la continuation de la guerre ne sera plus qu'une sanglante folie. Il faudra signer un traité de paix et chercher à ramener un peu d'ordre et de sécurité sur ce territoire dévasté. L'Impératrice peut-elle donner un utile concours à l'accomplissement de l'un et de l'autre de ces deux tâches ? Depuis que je suis en Angleterre, j'ai constaté dans l'esprit de Sa Majesté le même sentiment invincible, celui de l'impossibilité, pour un Napoléon, d'apposer sa signature sur un Traité de paix stipulant la mutilation du territoire. Or, la paix est-elle possible aujourd'hui à d'autres conditions ? L'Impératrice ne me paraît pas moins émue des terribles responsabilités qui pèseront sur le gouvernement de la France, au lendemain d'un Traité de paix : misère publique, anarchie, impôts considérables, finances en désordre, etc., etc. Je ne veux point conclure de ces impressions qu'on se laisse entraîner au découragement ; mais, on réfléchit, on se recueille, on se concerte probablement avec Wilhemshohe Il m'est impossible de prévoir quels seront les résultats de ces méditations légitimes ; je ne puis donc essayer de les préjuger et de vous donner des appréciations qui pourraient être erronées. Aussitôt que je serai mieux instruit et plus en état de vous envoyer d'utiles renseignements, je le ferai avec grand empressement. Recevez, mon cher monsieur de Cassagnac, l'assurance de mes sentiments affectueux.

« E. Rouher. »

Tout en donnant mes soins au journal, je voulais, en même temps, préparer ma brochure sur *Sedan*, dont l'effet en France et en Europe me paraissait devoir être d'une grande importance, un mois et demi après la proclamation de la république de 1870. J'écrivis à ce sujet à l'Empereur, dans sa captivité, et j'eus le bonheur de recevoir, tracée de sa main, la lettre suivante :

« Wilhemshohe, le 21 décembre 1870.

« Mon cher monsieur de Cassagnac,

« C'est dans le malheur qu'on connaît ses vrais amis aussi, n'ai-je jamais douté de votre dévouement et j'étais bien sûr que l'adversité ne changerait pas vos sentiments à mon égard. J'ai vu votre fils, depuis, dans de bien tristes circonstances et j'espère le revoir, lorsque la roue de la fortune aura tourné. Je recevrai avec plaisir la communication de votre écrit ; je suis persuadé qu'il sera à la hauteur de l'écrivain et du député qui a toujours montré tant d'énergie et de patriotisme. Croyez, mon cher monsieur de Cassagnac, à mes sentiments d'amitié.

« Napoléon. »

Je n'étonnerai personne, parmi les gens de cœur, en disant que le 31 décembre 1870, je jugeai indispensable d'adresser à l'Empereur, proscrit et malheureux, mes vœux de fidélité à l'occasion de la nouvelle année, comme je ne manquais jamais de le faire, quand il était aux Tuileries. Sa Majesté me fit l'honneur de m'adresser, en réponse, la lettre suivante également écrite tout entière de sa main.

« WILHEMSHOHE, 7 janvier 1871.

« Mon cher monsieur Granier de Cassagnac,

« Je vous remercie des vœux que vous m'adressez et surtout du zèle que vous me témoignez, en vous chargeant de défendre ma cause et de confondre nos ennemis. Remerciez aussi, de ma part, vos collaborateurs, qui vous suivent avec intelligence dans la voie tracée par vous.

Espérons un meilleur avenir et croyez à mes sentiments affectueux.

« NAPOLÉON. »

Étant rentré en France, où M. Thiers jugea à propos de me faire jeter par ses gendarmes dans la prison d'Auch et de me *conseiller*, comme il le dit à la tribune, de m'exiler en Espagne, je demeurai quelques mois avant de pouvoir envoyer à l'Empereur le manuscrit de notre brochure, je dis *notre*, parce que, dans l'intervalle, il m'en avait fourni les principaux éléments. Je lui fis parvenir de mes nouvelles, en Angleterre. Sur ces entrefaites, il s'était établi à Chislehurst. En réponse à ma communication, il m'écrivit en ces termes de sa propre main :

Le lecteur remarquera le triste anniversaire constaté par cette date.

« CHISLEHURST, le 4 septembre 1871. »

« Mon cher monsieur de Cassagnac,

« J'ai été bien aise de recevoir de vos nouvelles, car je ne savais plus ce que vous étiez devenu. Ce dont j'étais sûr, c'est que vos sentiments pour moi n'étaient point changés ; je vous remercie de la nouvelle assurance que vous m'en donnez. Je lirai avec plaisir votre brochure ; je ne doute pas qu'elle ne fasse un bon effet. Je regrette que votre santé vous ait empêché de venir en Angleterre ; j'aurais été heureux de vous renouveler, de vive voix, l'assurance de mes sentiments d'amitié.

« NAPOLÉON. »

Dès la fin de ce mois de septembre, l'Empereur ayant lu mon manuscrit, me fit parvenir la lettre que j'ai publiée dans le premier volume de ces *Souvenirs*, à la page 108. Cette lettre était datée de *Torquay*, le 22 septembre 1871. Je ne la reproduirai pas ici, me bornant à rappeler que dans cette lettre, l'Empereur après m'avoir complimenté sur mon travail, réclama impérieusement de moi des *changements* qu'il sollicitait, dit-il, de mon patriotisme. L'Empereur ajoutait :

Il faut, dans un parti, comme dans l'armée, de la discipline.

Il est donc essentiel que vous défériez à ce que je crois utile, pour la cause que je représente. »

Huit jours après je recevais, avec les corrections de l'Empereur, mon manuscrit et les épreuves accompagnées du billet suivant de M. Rouher.

« Cercey, le 1ᵉʳ octobre 1871.

« Mon cher monsieur de Cassagnac,

« Je vous envoie avec une lettre pour vous (c'est la lettre de l'Empereur dont on vient de parler), l'*épreuve* de votre brochure et une page d'annotations que vous apprécierez. A vous, maintenant, de terminer votre œuvre. Recevez l'assurance de mes meilleurs sentiments.

« E. Rouher. »

Je ne doute pas que mes lecteurs ne parcourent, avec le vif intérêt qu'elles comportent, ces lignes où le Souverain détrôné ne songe qu'à exonérer ses serviteurs des conséquences des désastres de 1870, malheurs imprévus et immérités, où la fatalité a joué le principal rôle.

Aujourd'hui que Napoléon III n'est plus et que l'histoire a déjà commencé pour tous, je puis sans hésitation faire connaître au public les variantes indiquées par l'Empereur.

Ceci dit, nous plaçons ici, sous les yeux du lecteur, ce travail politique qui, par suite de la collaboration impériale, devient un véritable chapitre de l'histoire de France, écrit par le Souverain lui-même, dans l'un des moments les plus terribles, peut-être, qu'ait eu à traverser notre chère patrie.

Sans avoir été le plus grand de nos désastres militaires, la capitulation de Sedan est restée comme le point culminant de nos malheurs et elle est la cause immédiate de la situation actuelle de la France.

A cette capitulation se rattachent, en effet, non seulement la perte de notre seconde armée et la captivité de l'Empereur, mais le triomphe du parti qui, sans pitié pour la patrie, a profité de la présence de l'ennemi sur le sol national, pour étancher, au prix des trésors de la France et du sang de ses enfants, sa soif de domination.

Monté au pouvoir sur les cadavres des soldats morts à Givonne et à Bazeilles, ce parti s'y est maintenu, en égarant l'opinion sur les causes générales qui ont amené la guerre avec l'Allemagne, et sur les causes particulières qui imposèrent à notre seconde armée cette fatale capitulation.

Le moment est venu de faire luire sur ces questions en général, et d'abord sur SEDAN, SES CAUSES ET SES SUITES (1), le jour de la vérité, et d'opérer une juste et sévère répartition des responsabilités encourues par tout le monde.

Le temps a rendu les événements assez clairs pour être compris et les esprits assez impartiaux pour être assez équitables.

De ce tableau sincèrement tracé se dégageront les fautes qui ont amené les malheurs actuels de la France et les règles de conduite, dont l'application peut seule les réparer.

Lorsque l'issue des sanglantes et glorieuses batailles de Borny, de Gravelotte et de Saint-Privat eut démontré l'impossibilité, pour l'armée du Rhin, de couvrir Paris, en se

---

(1) La brochure a paru en janvier 1872, à la librairie d'**Amyot**, où l'édition a été promptement épuisée, format in-32. Elle est introuvable aujourd'hui.

repliant sur la ligne de l'Argonne, la nécessité de former immédiatement une seconde armée sous les murs de la capitale devint évidente.

Dans la pensée de l'Empereur et du maréchal de Mac-Mahon, l'armée réunie au camp de Châlons devait remplir ce rôle.

Quatre corps composaient cette armée : le 1er sous le général Ducrot, le 5e sous le général de Failly, le 7e sous le général Douay, le 12e sous le général Lebrun. Son effectif présent sous les armes dépassait un peu cent mille hommes (1).

Quelques mots sur la composition de ces quatre corps, sont indispensables pour faire comprendre l'usage utile qui pouvait en être fait et le stérile et sanglant sacrifice qu'en commanda et qu'en obtint une politique à la fois exigeante et timorée.

Le 1er corps, de beaucoup le meilleur, était formé en majeure partie de ces héroïques régiments d'Afrique que le nombre seul avait pu écraser à Frœschviller. Profondément impressionnés par une défaite inattendue, fatigués par des marches pénibles, affaiblis par des souffrances matérielles et morales, ces soldats avaient besoin de repos et de temps pour reprendre leur solidité et leur élan.

Le 5e corps, désorganisé par une retraite pénible et précipitée de Bitche au camp de Châlons, par Neufchâteau, avait perdu sans combattre une partie de son matériel et presque tous ses bagages. Son état de lassitude et son attitude morne n'en pouvaient faire présager aucun succès.

(1) C'est le chiffre accusé par le maréchal de Mac-Mahon dans une dépêche adressée du *Chêne Populeux*, au ministre de la guerre, le 27 août.

Le 7ᵉ corps, formé à Belfort, d'où il venait d'être ramené, en traversant Paris, n'avait éprouvé ni la défaite, ni les souffrances des deux autres ; mais son organisation à peine terminée et sa longue marche n'avaient pu lui donner la cohésion et la confiance nécessaires.

Enfin le 12ᵉ corps, créé la veille, n'avait de solide que quatre régiments neufs et quatre régiments d'infanterie de marine, formant sa 1ʳᵉ et sa 3ᵉ division. La 2ᵉ se composait de quatre régiments de marche incomplets et dont la plupart des hommes n'avait jamais tiré un coup de fusil.

Telle était l'armée réunie au camp de Châlons, et placée par l'Empereur, le 17 août, sous les ordres du duc de Magenta.

Deux plans vont se disputer l'emploi de cette armée : d'un côté le plan de l'Empereur et du maréchal de Mac-Mahon : de l'autre, *le plan général du ministère Ollivier* (1) adopté *ensuite* par le ministère Palikao.

Dès les premiers insuccès de l'armée sur la Sarre et sur le Bas-Rhin, la pensée de l'Empereur avait été de lui faire prendre une position défensive derrière *les Vosges* (2). *Le ministère Ollivier adopta d'abord cette idée; puis il la combattit énergiquement, et il exigea le maintien du théâtre de la guerre dans la Lorraine* (3) ; mais après la bataille de Gravelotte, la création d'une armée de défense en deçà des Vosges s'imposa plus que jamais et l'Empereur, ainsi que le maréchal de Mac-Mahon, s'attachèrent, comme nous venons

---

(1) *Passage effacé par l'Empereur.*
(2) *L'Empereur, à la place du mot les Vosges a mis l'Argonne.*
(3) *Paragraphe supprimé par l'Empereur.*

de le dire, à cette mesure. Dans les idées de l'Empereur et du Maréchal, le but à poursuivre avec cette armée comportait deux opérations distinctes, quoique liées.

D'un côté, le maréchal devait conduire l'armée de Châlons sous Paris, l'y compléter, l'y exercer, y réorganiser son matériel, y refaire son moral et y attendre l'ennemi, dont la moitié des forces seraient retenues en Lorraine par l'armée du Rhin.

D'un autre côté, l'Empereur, qui s'était dépouillé du commandement pour reprendre les rênes de l'État, devait se rendre à Paris, concentrer les pouvoirs dans ses mains, dissoudre le Corps législatif, fermer les clubs, soumettre au besoin par les armes les éléments turbulents de la capitale, et procéder à l'armement de la ville, à l'aide de forces exclusivement militaires, à l'abri des influences séditieuses.

La première condition de ce plan était une marche sur Paris prompte et résolue. Le Maréchal y procéda le 21 août, en se dirigeant sur Reims, où l'armée campa le même jour, en arrière de la ville.

Le plan du cabinet Palikao était bien différent. Il consistait, *comme sous le ministère Ollivier* (1), à maintenir la lutte en Lorraine ; et par conséquent l'armée de Châlons devait, en vertu de ce plan, être envoyée au secours du maréchal Bazaine.

Des considérations *au moins aussi politiques que militaires* (2) dirigeaient, en cette circonstance, le cabinet du comte de Palikao. On s'était habitué, depuis la formation

---

(1) *Membre de phrase ajouté par l'Empereur.*

(2) L'auteur avait écrit « plus *politiques que militaires.* »

du cabinet Ollivier, à subir la pression des salons et des journaux de Paris. Le pouvoir était à la dérive. Le 9 août, le jour même où la Chambre, subitement rappelée, se réunissait, M. Jules Favre avait eu l'audace non châtiée de proposer la déchéance de la Dynastie, en face de M. Emile Ollivier et de ses collègues, restés muets sur leurs bancs.

Cette désorganisation de l'autorité s'était continuée et aggravée sous le cabinet nouveau. L'opposition pesait sur une majorité qui ne se sentait ni soutenue, ni dirigée. M. Picard imposait à des ministres irrésolus l'armement de ces pillards et de ces incendiaires qui allaient dévaster Paris et épouvanter l'Europe. Le cabinet hésitait devant le soulèvement probable de l'opinion et des révolutionnaires de Paris, qu'amènerait la rentrée de l'Empereur dans la capitale ; et, après avoir flotté deux jours, il adressa le 22 août, à l'Empereur et au maréchal de Mac-Mahon, l'ordre de marcher dans la direction de Metz, sans s'arrêter aux difficultés et aux périls d'une opération que la situation de l'armée de Châlons rendait d'une exécution délicate et difficile.

En effet, indépendamment du prince Frédéric-Charles, qui enveloppait Metz et le maréchal Bazaine avec 210,000 hommes, le prince royal de Saxe couvrait avec 100,000 hommes le cours de la haute Meuse et il reliait sa gauche au Prince royal de Prusse qui, à la tête de 150,000 hommes, rayonnait vers l'Argonne, de son quartier général, établi à Bar-le-Duc. L'armée de Châlons, séparée des 250,000 hommes du Prince royal de Saxe et du Prince royal de Prusse par l'épaisseur de l'Argonne, devait donc se dérober à eux par des marches rapides et gagner, avant la jonction de leurs masses, Stenay, Montmédy et Briey, où elle aurait à percer les

210,000 Prussiens qui bloquaient Metz et le maréchal Bazaine.

Pour le succès de cette opération, trois choses étaient indispensables, et ces trois choses manquaient presque absolument ; il fallait une armée bien exercée, bien reposée, bien énergiquement constituée ; une réorganisation prévoyante et active du service des vivres ; un général bien convaincu de l'excellence du plan et résolu à le faire réussir.

Or, d'un côté, l'armée de Châlons était fatiguée par les marches, démoralisée par la défaite, en partie dépourvue d'instruction militaire ; d'un autre côté, un service défectueux des vivres et des bagages va tout compromettre, en ralentissant la marche des troupes. Enfin, le général en chef, n'ayant aucune confiance dans l'entreprise, l'exécutera sans la conviction, la rapidité et la vigueur indispensables à son succès.

Ici se placent les cinq paragraphes suivants, ajoutés par Napoléon III.

Néanmoins, l'ordre du ministère aurait peut-être trouvé dans le Maréchal quelque hésitation, si sa conduite n'avait été déterminée par un fait nouveau et imprévu. Le duc de Magenta croyait le maréchal Bazaine non-seulement entièrement enveloppé, mais dépourvu de vivres et hors d'état de résister au delà de trois jours. C'est dans cette disposition d'esprit que vint le surprendre une dépêche du maréchal Bazaine à l'Empereur, datée du champ de bataille de Rézonville le 19 au soir et parvenue à Reims le 29, plusieurs heures avant l'arrivée de la dépêche du comte de Palikao ordonnant la marche vers l'Est.

Le maréchal Bazaine rendait compte, en termes généraux, du résultat des batailles qu'il venait de livrer ; il exprimait la résolution et l'espoir de se dégager des étreintes de l'armée allemande et il annonçait son dessein de se diriger sur Châlons, soit par Verdun et Vouziers, soit par Montmédy et Sedan, si la première route était occupée par l'ennemi.

Cette dépêche fut interprétée par le duc de Magenta dans un sens contraire à ses opinions précédentes. Il crut, dès lors, qu'il était possible d'aller utilement au secours du maréchal Bazaine et, dès que cette conviction nouvelle se fut établie dans son esprit, il n'hésita pas à renoncer à son mouvement vers Paris. Il en fut de même de l'Empereur ; l'espoir sérieux de se réunir à l'armée du Rhin domina, dès ce moment, toute autre considération.

En conséquence des perspectives qu'ouvrait la dépêche du maréchal Bazaine, le duc de Magenta donna l'ordre à l'armée de se diriger vers Stenay et l'Empereur écrivit à la Régente de ne pas faire imprimer la lettre, déjà prête, adressée au maréchal de Mac-Mahon et dans laquelle il le nommait généralissime des forces réunies sous les murs de la Capitale. Toutes ces mesures étaient prises, lorsqu'arriva la dépêche du comte de Palikao, qui ne les influença dans aucune mesure, quoiqu'elle eût été écrite dans le même but.

Ces explications préliminaires accomplies, suivons dans sa marche sur Metz cette malheureuse armée de 100,000 hommes, mal nourrie, côtoyée sur son flanc droit par 250,000 hommes bien organisés, prêts à la couper et à l'envelopper et qui, au lieu d'arriver à Metz, sera finalement forcée de se replier sur Sedan, où, après quatorze heures d'une lutte héroïque, après avoir vu tomber 20 généraux, 2,000 officiers et 15,000 sous-officiers et soldats, elle subira l'épouvantable alternative d'être entièrement massacrée ou de se rendre.

L'armée, revenant sur ses pas, en vertu des ordres ministériels, partit de Reims le 23 août, se dirigeant vers Metz. *Le maréchal de Mac-Mahon exécuta ces ordres avec une déférence que la hiérarchie peut faire comprendre, mais l'Empereur les subit avec un esprit d'abnégation regrettable, sur lequel nous aurons à nous expliquer plus loin* (1).

Le quartier général s'établit à Betheniville, sur la Suippe. Ce n'était que le premier pas et déjà le manque de vivres força le maréchal à ralentir sa marche, en inclinant à gauche sur Réthel. On y arriva le 24 et l'on n'en repartit que le 26, après avoir employé deux jours à charger de biscuit des soldats manquant de pain, au cœur du pays, le jour même de leur entrée en campagne.

Le 26, on arrive à Tourteron; le 27, au Chêne-Populeux. Le Maréchal se dirigeait sur Stenay, pour gagner de là Montmédy.

Mais, déjà, les prévisions exposées par le Maréchal au gouvernement de Paris, *et écartées par celui-ci* (2), se réalisaient: des reconnaissances de cavalerie lancées dans les défilés de l'Argonne, débouchant au Chêne-Populeux, y constatèrent la

---

(1) *Paragraphe supprimé par l'Empereur.*
(2) *Membre de phrase supprimé par l'Empereur.*

présence des Allemands. Le Prince royal de Saxe et le Prince royal de Prusse avaient déjà fait leur jonction et leurs forces combinées attaquèrent, sur le flanc droit de l'armée française, les corps de Douay et de Failly.

On était donc gagné de vitesse; la route de Metz par Stenay se trouvait au pouvoir de l'ennemi ; il devenait désormais inutile et insensé de persister dans un plan clairement irréalisable. Le Maréchal, sentant sa responsabilité engagée dans la question du salut ou de la perte de la seule armée disponible qui restât à la France, résolut de désobéir au gouvernement de Paris, qu'il informa de sa détermination par une dépêche datée de 8 heures 30 minutes du soir. En conséquence, des ordres furent donnés pour que l'armée reprît sa marche vers l'ouest et les convois furent dirigés sur Poix, où les têtes de colonnes arrivaient déjà, lorsque le ministère, ne tenant compte ni de cette détermination ni des évenements qui la motivaient, adressa à l'Empereur et au maréchal une dépêche datée de 11 heures, où se trouvaient les passages suivants :

« Si vous abandonnez Bazaine, la Révolution est dans Paris... Ici tout le monde a senti la nécessité de dégager Bazaine et l'anxiété avec laquelle on vous suit est extrême. »

Les révolutionnaires de Paris, devant lesquels on avait reculé, imposaient donc la marche fatale et le sacrifice de l'armée. Les ordres de marche en avant étaient formels. Le maréchal obéit et rappela les convois et les troupes.

Ainsi, la politique qui avait ordonné le départ de Reims prévalait toujours en dépit des faits et des mécomptes qui devaient la modifier. Néanmoins, pour tout homme de bon sens, les raisons qui avaient déterminé le Maréchal à désobéir à huit heures étant encore les mêmes à onze, elles auraient dû évidemment le confirmer dans sa désobéissance. En cédant, il ajouta donc aux difficultés déjà existantes celles qui résultaient de l'hésitation et des contre-ordres (1).

La route de Stenay se trouvant fermée, on poussa plus au nord, vers Stonne ; on s'y établit le 28 et l'on arriva à Raucourt le 29, ayant mis six jours à faire vingt-cinq lieues, avec une armée fatiguée et dont les parties trop étendues étaient hors d'état de se secourir mutuellement.

On éprouva les effets de ce décousu le 30 au matin. Pendant que le 1er et le 12e corps opéraient à Mouzon le passage de la Meuse, déjà commencé le 29 au soir, les 5e et 7e corps, restés sur la rive gauche, furent vivement attaqués, vers Beaumont, par les avant-gardes de l'armée allemande. Après une lutte que leur isolement devait rendre fatale, le corps de Failly fut jeté sur Mouzon et le corps de Douay un peu plus au nord, sur Remilly. Ils y passèrent la Meuse péniblement et en désordre et l'armée prussienne les suivit immédiatement sur la rive droite.

On avait donc définitivement sur les bras cette grande armée allemande qu'on avait inutilement tenté de tourner. L'impossibilité de gagner Montmédy et d'aller secourir Bazaine se dressait de nouveau, évidente et inexorable, devant nos troupes. Pour la seconde fois, le Maréchal résolut de désobéir au gouvernement de Paris et pour la troisième fois il ordonna la marche de l'armée vers l'ouest.

Dans la soirée du 30, le corps du général Lebrun, qui

(1) *Paragraphe supprimé par l'Empereur.*

formait l'avant-garde et se trouvait avec l'Empereur à Carignan, reçut, ainsi que tous les autres corps, l'ordre de battre en retraite sur Sedan.

Démoralisée, épuisée par une dernière marche de nuit, et mourant de faim, l'armée arriva sous les murs de cette ville dans la matinée du 31.

Que devra-t-elle faire dans cette extrémité ? Doit-elle fuir encore ou combattre ?

Fuir avec une armée, où se trouvaient l'Empereur et un maréchal de France, n'était pas digne ; fuir avec une armée fatiguée, démoralisée, mal nourrie, enveloppée d'ailleurs, n'était pas prudent. Amis ou ennemis de l'Empire, tous ont déclaré qu'une fois acculée à Sedan, l'armée devait livrer bataille.

Voici comment s'exprime le général de Wimpffen :

« Le 1ᵉʳ septembre, l'armée française était cernée sur des positions mauvaises ; elle était vaincue d'avance : il ne s'agissait plus pour elle et l'honneur de la France, que de faire payer rudement sa défaite (1).

Voici comment s'exprime la brochure intitulée : *Des Causes de nos désastres* :

« Nos troupes, fatiguées par la marche, affaiblies par la privation de sommeil et de nourriture, perdaient tout leur courage ; et d'ailleurs ces fuites continuelles devant l'ennemi n'étaient pas dignes d'une armée française ; et il était de notre honneur d'accepter la bataille, quel que fût le désavantage du nombre et des positions (2). »

(1) Lettre du général de Wimpffen au journal *la Province*. Avril 1871.

(2) *Des causes qui ont amené les désastres de l'armée française*, p. 71.

Ainsi, le maréchal de Mac-Mahon livra la bataille de Sedan comme on livre toutes les batailles désespérées. On n'y combattait pas pour vaincre, mais pour mourir avec honneur. L'hécatombe fut digne de cette résolution. Le général de Wimpffen, qui prit le commandement vers 9 heures du matin, après que le maréchal de Mac-Mahon eut été mis hors de combat, résume ainsi les résultats de cette lutte de quatorze heures : il y avait eu tués ou blessés, 20 généraux, 2,000 officiers, et 15,000 sous-officiers et soldats (1). »

Il n'entre pas dans nos vues de raconter les dispositions et les détails de la bataille de Sedan ; nous n'avons voulu soumettre au jugement éclairé de la France que ses causes et ses suites. Nous avons déjà dit dans quelles circonstances elle y capitula et nous attribuerons ensuite, à chacun de ceux qui l'y avaient conduite ou commandée, leur juste part de responsabilité dans cette capitulation.

L'armée française, placée autour de Sedan à peu près dans l'ordre où elle y était successivement arrivée, était déjà complètement enveloppée par l'armée allemande, lorsque un peu avant le jour, le 1er septembre, la bataille commença vers l'Est par une vive attaque d'artillerie, dirigée par les Bavarois sur le village de Bazeilles (2).

Après ONZE HEURES de lutte acharnée entre ces 80,000 Français et ces 220,000 Allemands, vers 4 heures du soir, un grand nombre de généraux, refoulés dans Sedan, vinrent dire

---

(1) Lettre du général de Wimpffen au journal *la Province*.
(2) Le général de Wimpffen dit qu'il était 4 heures 1/2 du matin.
L'auteur de cette brochure intitulée *Des Causes de nos désastres*, dit que *le jour paraissait à peine*.
La brochure intitulée : *Des causes de la Capitulation de Sedan*, dit que c'était avant 5 heures du matin.

à l'Empereur que tout était fini et que les troupes, partout repoussées, ne pouvaient plus combattre. Parmi ces généraux se trouvait le général Pellé, qui a fait, plus tard, un certain bruit de son refus d'adhérer à la capitulation.

A peu près en même temps, un parlementaire prussien se présentait au nom du roi de Prusse et demandait la reddition de la place.

Quel était, à ce moment précis, l'état des choses ?

Voici comment s'exprime, à ce sujet, l'auteur Des Causes de nos désastres, animé envers l'Empereur et son gouvernement d'un esprit d'hostilité poussé jusqu'à l'invective :

« La résistance ne pouvait amener qu'une effusion de sang inutile et d'autant plus horrible, que 200,000 hommes (1), pressés dans les murs d'une petite ville de vingt mille habitants, emplissaient les voies, les places, les carrefours, au milieu de blessés et de mourants, de voitures roulantes ou brisées et de cadavres de chevaux putrides, gisant sur le pavé des rues dans des cloaques ensanglantés (2). »

La résistance était donc inutile au point de vue militaire ; elle eût été atroce au point de vue du bon sens et de l'humanité. Si, dans certains cas, une armée peut être sacrifiée pour le salut d'un pays, 80,000 hommes ne peuvent, dans aucun cas, être égorgés pour rien.

En cet état de choses, l'Empereur envoya au général de Wimpffen, qui, comme nous l'avons dit, avait pris le com-

---

(1) Nous avons déjà dit que ce chiffre est exagéré. Le général de Wimpffen ne porte même les combattants français à Sedan qu'à 65,000 hommes.

(2) Des Causes qui ont amené les désastres de l'armée française, p. 90.

mandement en chef vers 9 heures du matin, après la blessure du maréchal de Mac-Mahon, le général Lebrun lui portant le conseil de demander un armistice. Après avoir vainement et, pendant plus d'une heure, attendu la réponse du général, l'Empereur, pour faire cesser un massacre inutile, non seulement de l'armée, mais de la population de Sedan, fit arborer le drapeau blanc sur la citadelle.

L'Empereur prit donc, dans les circonstances que nous venons d'exposer, l'initiative d'une suspension d'armes; mais, en ce qui touche la reddition de la place et de l'armée demandée par le parlementaire prussien, l'Empereur s'abstint complètement, se bornant à en référer au général de Wimpffen, qui avait le commandement en chef.

Celui-ci, effrayé sans doute par la gravité des circonstances, et oubliant la responsabilité qu'il avait encourue EN EXIGEANT, en vertu d'un ordre de service ministériel, le commandement en chef, répondit à l'Empereur, en envoyant sa démission, qui ne fut pas et qui ne pouvait être acceptée.

Cependant, ramené par les faits à la juste appréciation de sa responsabilité et de ses devoirs, le général de Wimpffen se rendit, à minuit, près des généraux allemands et se résolut finalement à la nécessité d'une capitulation devenue malheureusement inévitable.

Voici en quels termes il expose lui-même sa conduite :

« J'ai été trouver les généraux allemands à minuit, j'ai refusé leurs propositions et ce n'est que le lendemain, à 10 heures, après avoir entendu l'avis UNANIME des généraux de division et commandants de corps que, sachant les troupes et la ville sans munitions et sans vivres, sachant de plus qu'en résistant encore à nos adversaires, dans les conditions du moment, on leur fournirait une trop facile occasion de massacre sans compensation, c'est à cette heure, seulement, que je me résignai à aller arrêter les clauses de la capitulation (1). »

Ainsi, la capitulation de Sédan, imposée par les circonstances, conseillée A L'UNANIMITÉ (2) par trente généraux de division et commandants de corps, fut discutée et signée au quartier général prussien, le 2 septembre, à 10 heures du matin, par le général Wimpffen, commandant en chef de l'armée, qui avait dirigé les opérations pendant la bataille et auquel son titre réservait exclusivement le droit de statuer sur le sort des troupes.

L'Empereur, qui s'était dépouillé, le 17 août, du commandement de l'armée, et qui, en cette situation, s'était borné à payer de sa personne pendant la bataille, se constitua personnellement prisonnier du roi de Prusse. Voici les motifs qui le déterminèrent :

« Convaincu, d'après l'affirmation de la presse, que le Roi avait déclaré la guerre, non pas à la France, mais à son Souverain, l'Empereur n'hésita pas à se constituer prisonnier, dans l'espoir que le but de la guerre étant atteint par le sacrifice de sa liberté, le vainqueur serait moins exigeant envers la France et l'armée (3). »

Ainsi s'effectua la capitulation de Sedan. Nous en avons

---

(1) Lettre du général de Wimpffen au journal de Bordeaux, *la Province*. Avril 1871.

(2) *Des causes qui ont amené les désastres de l'armée française*, p. 90.

(3) *Des Causes qui ont amené la capitulation de Sedan.*

raconté les circonstances ; il nous reste à en partager les responsabilités.

Quatre responsabilités sont engagées dans la capitulation de Sedan : deux sont militaires, celle du maréchal de Mac-Mahon et celle du général Wimpffen ; deux sont politiques, celle du cabinet présidé par le comte de Palikao et celle de l'Empereur.

Le maréchal de Mac-Mahon avait commencé la campagne de 1870 avec la double réputation d'habile général et d'honnête homme. Malakoff, où il avait froidement affronté la mort, Magenta, où il avait, à la voix lointaine du canon, pressenti et trouvé le chemin de la victoire, lui avaient conquis la confiance du soldat et la considération de l'Europe. Un caractère élevé, dans lequel se mariaient la loyauté et l'indépendance, lui avait valu le respect de tous les partis. De ces deux réputations, celle de l'homme est restée hors de tout reproche. Il a pu, lui qui devait à l'Empire sa grande situation et son titre de Duc, être jugé digne de recevoir, sous le régime actuel, la direction de toutes les forces militaires du pays, défendu par son honneur contre tous les soupçons et protégé par son patriotisme contre les partialités de la reconnaissance.

Mais il faut bien reconnaître que si le renom de loyauté du maréchal a résisté aux épreuves de la campagne de 1870, sa réputation militaire n'est pas sans en avoir reçu quelque atteinte.

Pendant les quinze jours que dura son commandement, du 18 août au 1ᵉʳ septembre, le maréchal de Mac-Mahon flotta indécis entre deux plans contraires et cette indécision les fit définitivement échouer tous les deux. Au lieu d'aller à

Metz, qui était le but des ministres, ou d'aller à Paris, qui était son propre but, il alla à Sedan, qui n'était le but de personne.

Assurément, le plan imposé de Paris par le cabinet était bien téméraire ; cependant, s'il avait été exécuté rapidement, on ne peut pas dire qu'il n'eût pas eu chance de réussir. Des faits incontestables autorisent la pensée contraire.

D'abord, si le Maréchal, qui partit le 21 août du camp de Châlons pour se rendre à Reims, s'était dirigé immédiatement sur Rethel, il y serait arrivé le 22, tandis qu'il n'en partit que le 25, pour se porter à Tourteron. Il aurait donc gagné trois jours.

D'un autre côté, nous savons que l'Empereur conseilla au Maréchal, pour le cas où il exécuterait le plan du ministère, de partir de Châlons le 21 et de se diriger sur Vouziers; l'armée serait arrivée ainsi au Chêne-Populeux le 23, tandis qu'elle n'y arriva que le 27. On aurait donc, par cette marche, gagné quatre jours.

Or, la route de Stenay et de Montmédy resta libre jusqu'au 25 au soir, car les Allemands ne l'occupèrent que le 26.

Deux faits démontrent qu'il en fut ainsi, et que le maréchal aurait pu passer jusqu'au 25 au soir, sans rencontrer aucun ennemi sur sa route.

Le premier fait, c'est que le prince royal de Saxe enveloppa et attaqua Verdun en personne avec 40,000 hommes dans l'après-midi du 24.

Le second fait, c'est que le sous-préfet de Verdun put envoyer, dans l'après-midi du 25, à son collègue de Montmédy, une dépêche qui fut expédiée par Stenay et lue au Corps législatif le 26. Le messager chargé de cette dépêche était une personne arrivée de Belgique à Verdun, dans la matinée; cette personne repartit à midi et, ni en venant, ni en s'en retournant, elle ne rencontra un seul soldat allemand sur la basse Meuse.

D'ailleurs, ce n'est que dans la nuit du 24 au 25 que le départ et la direction de l'armée française de Châlons furent connus des Allemands, et ce fut précisément cette nouvelle qui détermina l'armée du prince de Saxe à abandonner subitement l'attaque de Verdun, commencée avec une vigueur extrême, pour redescendre au Nord, à la recherche et à la poursuite du maréchal de Mac-Mahon.

Cette dernière circonstance fut confirmée par le général de Gayel au sous-préfet de Verdun, après la prise de la ville.

Si donc le Maréchal avait exécuté sans perte de temps le plan du ministère, qu'il ne suivit qu'après deux actes de désobéissance et deux longs retards, il aurait eu, à partir de Vouziers, au moins deux jours et trois nuits d'avance sur les Allemands, pour faire sa jonction avec l'armée du maréchal Bazaine.

Comme nous le disions plus haut, le plan du ministère pouvait être absolument réalisable, à la condition expresse d'être exécuté avec la vigueur que donne une ardente conviction; mais le Maréchal n'avait dans l'efficacité de ce plan aucune confiance. Il l'exécuta mollement, avec des intermittences d'abandon et de reprise, comme on fait les choses que l'on désapprouve et finalement il le fit échouer, sans avoir pu réussir à exécuter le sien (1).

Plus de fermeté et de décision aurait donc prévenu le désastre de Sedan. Puisque le Maréchal désapprouvait le plan du cabinet, sa grande autorité militaire lui permettait de lui substituer le sien. L'Empereur, qui partageait son avis, l'aurait fortifié de son adhésion et, fort de sa résolution et de ses cent mille hommes, il avait le droit de sauver son pays contre l'avis du ministère.

Il est encore un autre reproche que l'on peut faire au Maréchal, c'est une dissémination des corps d'armée qui ne leur permet pas de se soutenir les uns les autres.

Voici quelle était leur situation respective le 30 août au matin :

Le 12e corps, commandé par le général Lebrun, avait franchi la Meuse à Mouzon et occupait les hauteurs de la rive droite ; le 5e, commandé par le général de Failly, était à Beaumont ; le 7e, sous les ordres du général Douay, venant de franchir le défilé de Stonne, se dirigeant sur Raucourt ; enfin, le 1er, commandé par le général Ducrot, étant le 30 à Raucourt, pouvait facilement se diriger par une route de traverse sur Mouzon, dont il n'était éloigné que de deux lieues ; mais, au lieu de prendre cette direction simple et rapide, il mit beaucoup de temps et de peine à se porter sur Rémilly, où il passa la Meuse sur un mauvais pont très étroit et d'où il arriva le soir très fatigué à Carignan.

Ces dispositions vicieuses (2) ne tardèrent pas à porter leurs fruits.

(1) *Paragraphe supprimé par l'Empereur.*
(2) J'avais ajouté ces mots : *que l'Empereur avait signalées et blâmées le matin même.* L'Empereur a supprimé ce membre de phrase.

En effet, le corps du général de Failly ayant été surpris à Beaumont, ne put être secouru, ni par le 1ᵉʳ, qui était en marche sur Rémilly, ni par le 7ᵉ, qui était en marche sur Raucourt, ni par le 12ᵉ, qui était sur la rive droite de la Meuse. Aussi, lorsque de Failly arriva en désordre à Mouzon, la déroute ne put pas être arrêtée et le maréchal de Mac-Mahon se vit forcé d'ordonner la retraite sur Sedan.

Toute l'armée y arriva exténuée de fatigue, surtout le 1ᵉʳ et le 5ᵉ corps. L'un et l'autre, après une marche pénible dans la journée, durent pendant la nuit se diriger sur cette place. Le 7ᵉ corps, quoiqu'il n'eût pas combattu, ne se trouvait pas dans des conditions meilleures ; il était parvenu dans la nuit du 30 au 31 à Douzy, entre Carignan et Bazeilles, traînant dans le plus grand désordre sa colonne encombrée par une immense quantité de bagages et d'artillerie.

A Sedan, on n'aperçoit nul plan de bataille, quoique le général de Wimpffen assure qu'il contribua à y réorganiser les troupes. Chaque corps avait occupé la place qu'il trouvait vacante en arrivant ; le second dépassant le premier, et ainsi de suite ; et ils combattirent tous à cette place : le 12ᵉ, de Bazeilles à la Petite Moncelle ; le 1ᵉʳ, de la Petite Moncelle à Givonne ; le 5ᵉ, au Fond de Givonne ; le 7ᵉ, de Floing au calvaire d'Illy ; les cuirassiers, les chasseurs d'Afrique et les hussards en arrière de Floing, dans le vallon de la Garenne.

Ces positions furent défendues avec héroïsme et, le soir, chaque corps s'était borné à se rapprocher des remparts, qui n'étaient en état de protéger, ni personne, ni eux-mêmes. Les canons de la place les mieux approvisionnés avaient dix coups à tirer et lorsque, dans la journée du 31, l'Empereur visita les fortifications, il fit appeler deux fois les commandants du génie et de l'artillerie, sans qu'il fût possible de les trouver.

La Providence, qui réservait pour les périls de l'avenir le courage et le patriotisme du maréchal de Mac-Mahon, permit qu'il fût blessé à son poste d'observation près de Bazeilles, dès le commencement de l'action; mais l'obus prussien qui déchira son corps préserva sa réputation et son honneur militaires des souillures de la calomnie (1).

Les hommes, qui assirent sur le désastre de Sedan leur avide usurpation, avaient besoin d'égarer l'opinion publique sur ces héroïques vaincus, qui n'avaient pourtant cédé qu'au nombre et de tous les bas-fonds des partis et de leurs journaux, il s'éleva une immense accusation de lâcheté contre ceux qui avaient signé ou accepté la capitulation, délibérée néanmoins et conseillée par TRENTE GÉNÉRAUX DE DIVISION, qu'auraient dû mettre à l'abri des insulteurs leur courage éprouvé et leurs glorieux services.

Seul, le Maréchal fut épargné, parce que sa blessure l'avait enlevé du champ de bataille pour le jeter sur son lit de douleur; et la clameur mensongère et calomniatrice s'abattit de tout son poids sur l'Empereur surtout, qui n'avait pourtant ni commandé l'armée, ni dirigé la bataille, ni délibéré la capitulation (2).

L'heureuse blessure, qui préserva le Maréchal de ces ou-

---

(1) *Paragraphe supprimé par l'Empereur.*
(2) *Paragraphe supprimé par l'Empereur.*

trages lui a permis de servir de pivot à la reconstitution de l'armée et de sauver Paris et la France, avec le concours de ces mêmes soldats et de ces mêmes généraux, auxquels la justice divine a permis de prévaloir, à la fin, contre la force de leurs ennemis et les insultes de leurs compatriotes.

Quoique le général de Wimpffen eût été destiné, dès le 25 au soir, au commandement du 5ᵉ corps, en remplacement du général de Failly, sa responsabilité dans les résultats de la bataille de Sedan ne commença que le 1ᵉʳ septembre, au moment où il prit le commandement en chef de l'armée, après que le maréchal eût été mis hors de combat.

Comme beaucoup de militaires, qui bravent la mitraille et qui tremblent devant les journaux, le général de Wimpffen essaya de décliner la responsabilité de la bataille de Sedan, après en avoir exigé la direction. En effet, arrivé la veille d'Afrique avec un ordre de service secret signé du ministre de la guerre, qui lui donnait le commandement en chef, dans le cas où le Maréchal serait empêché de le conserver, il réclama la direction des opérations et il l'obtint.

Il était évidemment étranger à la composition comme à l'organisation de l'armée : il ne savait rien ni de ses approvisionnements, ni de son matériel, ni de ses dispositions morales. Les régiments, qui ne l'avaient pas encore vu, ne pouvaient pas avoir en sa direction une bien vive confiance, et, finalement, les conditions dans lesquelles il prenait le commandement en chef, n'étaient pas bien propres à faire présager la victoire.

Le général Ducrot, auquel le Maréchal avait laissé le commandement, connaissait mieux l'armée. Le duc de Magenta lui avait communiqué ses intentions. Il sentait lui-même que l'armée devait être tournée et écrasée, dans les positions qu'elle occupait et il allait lui en faire occuper d'autres ; cependant, il dut résigner ses pouvoirs entre les mains du nouveau général en chef, porteur d'ordres formels et les produisant.

Que penser alors d'un militaire qui, ayant pris d'autorité le commandement à 9 heures du matin, prétendait donner sa démission à 4 heures du soir, lorsque la bataille était perdue, et rejeter ainsi sur d'autres une responsabilité qu'il avait formellement réclamée ?

D'ailleurs, le général de Wimpffen paraît avoir eu ce jour-là d'étranges pensées. « Je pouvais, a-t-il écrit depuis, *me cacher et me sauver ; et de braves* habitants de Sedan me le proposèrent (1). » « Non, général, vous ne pouviez ni vous cacher, ni vous sauver, à la fin d'une bataille, dont vous aviez exigé la direction ; et vous dûtes fort mal accueillir les *braves* qui vous proposaient de vous déshonorer, en vous dérobant, par la fuite, au sort d'une armée qui avait perdu 17,000 hommes, en exécutant vos ordres. »

Il n'y avait à faire, le soir de Sedan, que ce qui fut fait ; subir l'infortune avec dignité, après avoir combattu l'ennemi avec héroïsme. Le général de Wimpffen essaya, sans y réussir, de marchander avec le malheur. Moins calme et moins clairvoyant que les trente généraux de division qui conseillaient la capitulation dès le 1er septembre au soir, il ne revint de son emportement et ne comprit toute la fatalité que le 2 au matin. Il signa alors la capitulation, mais en y

---

(1) Lettre du général de Wimpffen au journal *la Province*. Avril 1871.

ajoutant l'inutile humiliation de la subir, après l'avoir refusée.

En résumé, le maréchal de Mac-Mahon nous a conduits à Sedan; l'Empereur l'y a suivi, et le général de Wimpffen nous y a laissés (1).

Il faut dire maintenant quelques mots de la fameuse *trouée* sur Carignan que le général de Wimpffen fit proposer à l'Empereur, vers trois heures et demie du soir et qu'il lui a reproché plus tard d'avoir refusé de tenter.

Le parti qui avait intérêt à calomnier l'armée et ses chefs affectait de croire, après Sedan, à la facilité des trouées, opérées par les armées enveloppées à travers les armées enveloppantes. Le public moutonnier accepta, d'abord, cette opinion et il y persista, même après la capitulation de l'armée du Rhin, qui, pourtant, aurait dû faire concevoir quelques doutes sur la possibilité absolue et régulière de ces sortes d'opérations.

La chute de Paris dissipa ces illusions; on vit, en effet, à Paris, une armée de 300,000 hommes, protégée par des forts extérieurs qui l'empêchaient d'être forcée, abondamment pourvue de vivres et de munitions, et qui, quoiqu'elle eût eu pendant quatre mois le choix du moment et de la direction, pour opérer une sortie, se rendit néanmoins à des troupes égales en nombre, sans avoir même sérieusement tenté de donner la main à trois armées de secours.

Que pouvait essayer d'efficace l'armée de Sedan, enveloppée par des forces triples des siennes, épuisée de fatigue, sans vivres; entassée autour d'une place dominée de tous

---

(1) *Paragraphe supprimé par l'Empereur.*

côtés par l'ennemi, et déjà décimée à l'heure où son général en chef proposait une tentative qui eût exigé des troupes fraîches, en possession de leur énergie et de leur confiance?

Donc, « vers trois heures et demie, dit la brochure sur *les Causes de la capitulation de Sedan*, le général de Wimpffen envoya un officier proposer à l'Empereur de se placer au milieu d'une colonne qui essayerait de se faire jour à travers l'ennemi, vers Carignan. »

Quelle était, au point de vue militaire, la valeur pratique d'une telle proposition, inspirée d'ailleurs par un courage qui ne saurait être mis en question?

Voici comment l'apprécie un officier très bienveillant pour le général de Wimpffen : « La reddition était nécessaire. I n'était plus temps maintenant de s'y soustraire, *même au prix du sang répandu à flots;* et TENTER DE S'OUVRIR UN PASSAGE, avec les éléments décomposés de notre armée, N'ÉTAIT AUTRE CHOSE QU'UNE GLORIEUSE FOLIE (1) ».

Ramené par la réflexion à une appréciation exacte des choses, le général de Wimpffen lui-même a reconnu et avoué plus tard que sa tentative était impraticable, que les soldats n'avaient pas voulu le suivre en nombre suffisant; et il a ajouté à cet aveu la bonne foi de déclarer que les soldats avaient raison.

« Je courus en ville, dit-il, mais je n'y trouvai, *sauf une faible exception, que des troupes s'excusant de ne pas me suivre*, parce qu'on avait pris la détermination de parlementer. Je n'ai eu pour ces hommes, que je conjurais de retourner au combat, aucune parole malveillante ; ILS ÉTAIENT

---

(1) *Des causes qui ont amené les désastres de nos armées*, p. 89.

EXCUSABLES ; ils avaient eu 20 généraux tués ou blessés, en même temps que 2,000 officiers et 15,000 soldats de tous grades. Ils avaient combattu depuis quatre heures et demie du matin, 65,000 contre 220,000, et contre une artillerie que nos boulets n'atteignaient pas (1) ».

Enfin, cette *glorieuse folie*, que les soldats ne crurent pas réalisable, l'Empereur n'avait même pas les moyens matériels de l'accepter. Rentré du champ de bataille vers onze heures pour venir conférer avec le maréchal blessé, il lui avait été impossible de sortir de nouveau de la ville à cheval, pour se rendre encore comme il le voulait sur le théâtre de la lutte ; et l'officier qui était venu lui proposer de se placer au milieu de la colonne ne put pas, lui-même, rejoindre le général de Wimpffen.

Voici, en effet, le tableau de l'effroyable entassement d'hommes, de chevaux et de canons qui rendait la sortie de Sedan absolument impossible : « La déroute était partout générale. Les bataillons de l'aile droite et du centre, chassés de Balan, de Daigny, de Givonne par les Bavarois et les Saxons, et écrasés par la mitraille des batteries de la garde royale, fuyaient en désordre sous les murs de Sedan et de tous côtés on se précipitait en furie sur les issues de la ville. Des régiments débandés, dans une mêlée indescriptible, encombraient les glacis, les fossés ; des soldats de toutes armes, fantassins, cavaliers, artilleurs, se pressaient aux portes, aux poternes, se renversant, se foulant mutuellement ; quelques-uns, ne pouvant pénétrer assez vite à leur gré dans les murs de la place, tentaient d'escalader les remparts ; des

(1) Lettre du général de Wimpffen au journal *la Province*.

centaines de cavaliers, glissant sur les talus, longeaient les fossés, à travers une agglomération d'hommes culbutés, écrasés sous les pieds des chevaux ; des caissons, des pièces d'artillerie, lancés au trot de leurs chevaux, refoulaient brusquement sur leur passage la foule effarée (1).

On le voit, l'Empereur, eût-il accepté le dévouement de cette colonne imaginaire, que le général en chef avait proposée et qu'il ne put réussir à former, n'aurait pu matériellement se mettre en route ; mais, l'aurait-il pu, qu'il ne l'aurait pas voulu. Il fit répondre en effet au général de Wimpffen qu'il lui était impossible de se rendre près de lui ; mais que, d'ailleurs, il n'entendait pas, pour sauver sa personne, sacrifier la vie d'un grand nombre de soldats et qu'il était décidé à partager le sort de l'armée. Ce refus était dicté par un sentiment d'abnégation qui ne se discute pas ; l'événement prouve qu'il l'était aussi par une exacte appréciation des circonstances.

L'armée avait vu l'Empereur au milieu d'elle, lorsqu'avait commencé la bataille ; elle l'y trouva encore lorsqu'arriva le malheur.

Le temps ne paraît avoir, ni rien ôté à l'emportement du général de Wimpffen, ni rien ajouté à sa logique. Dans un livre qui paraît en ce moment, sous le titre de *Sedan*, il revient aux mêmes chimères et aux mêmes accusations. Sa *trouée* le passionne toujours et l'on voit bien qu'il espère, en y passant, échapper à la responsabilité de cette capitulation désastreuse, signée de ces deux noms WIMPFFEN, DE MOLTKE !

Vain espoir ! le général de Wimpffen s'est lui-même barré

(1) *Des causes qui ont amené les désastres de l'armée française*, p. 86.

le passage par cet aveu consigné dans son rapport sur la bataille de Sedan, daté du 5 septembre :

« Je rentrai en ville pour appeler à moi toutes les troupes qui s'y trouvaient accumulées ; mais, soit fatigue provenant d'une lutte de douze heures sans prendre de nourriture, soit instructions mal comprises, soit ignorance des suites dangereuses que pouvait avoir leur agglomération dans une ville impropre à la défense, peu d'hommes répondirent à mon appel ; et c'est avec deux mille soldats seulement, auxquels se joignirent quelques gardes mobiles et un certain nombre de courageux habitants de la ville de Sedan, que je chassai l'ennemi du village de Balan.

« *Ce fut le dernier effort de la lutte, l'effectif de ces hommes étant trop peu considérable pour tenter la seule retraite qui fût possible, eu égard à la disposition des forces ennemies* (1). »

Donc, cette trouée était une chimère ! et c'est le général de Wimpffen qui se réfute lui-même, dans son rapport sur la bataille de Sedan, daté de *Belgique, Fays-les-Veneurs*, 5 septembre 1870.

Ne parlons plus de la trouée !

Après la chimère viennent les accusations. Le général de Wimpffen reproche à l'Empereur d'avoir fait arborer, *sans droit*, le drapeau parlementaire et de n'être pas mort à Sedan, en soldat.

Mais, si le drapeau parlementaire a été arboré sans droit, pourquoi le général de Wimpffen qui commandait ne l'a-t-il pas fait abattre ? quatre hommes et un caporal suffisaient à cette

---

(1) *Sedan*, par le général de Wimpffen, p. 198.

besogne. Vous ne l'avez pas abattu, donc vous l'avez toléré.

L'Empereur n'est pas mort à Sedan, c'est encore vrai, et Dieu seul sait pourquoi. Il ne s'y est pas épargné, quoiqu'il n'y eût aucun commandement ; il y a eu trois officiers de son escorte blessés et un quatrième tué. Mais vous, général, qui commandiez, et qui, à titre de commandant, deviez avoir la gloire ou supporter la honte, est-ce que vous êtes mort à Sedan ? Il n'y paraît pas, si l'on en juge par les livres que vous publiez. Le reproche adressé à l'Empereur de n'être pas mort est au moins étrange, dans la bouche d'un général qui se porte aussi bien que vous.

On serait injuste envers le cabinet du comte de Palikao, si, en exposant ses fautes, on n'en rattachait pas les plus considérables et les plus regrettables aux influences fatales qui vicièrent sa formation.

Dans ce cabinet entrèrent quelques hommes passant pour être au nombre des représentants les plus fidèles de la politique impériale des meilleures années, et l'étant en effet ; des membres de l'ancienne majorité passant pour être doués de la plus grande énergie personnelle, et l'étant aussi, en effet, au plus haut degré. Et cependant, toutes ces convictions demeurèrent inactives, toutes les espérances qu'elles faisaient entrevoir demeurèrent déçues, parce que les forces qui se groupaient pour constituer le nouveau ministère furent énervées par l'influence qui présida à leur distribution.

Cette influence, *qui infusa l'esprit du ministère Ollivier dans le ministère Palikao* (1), ce fut celle de M. Schneider, président du Corps législatif.

(1) Le membre de phrase en *italique* a été supprimé par l'Empereur.

Obéissant à des idées qu'il croyait peut-être fondées, mais dont l'expérience a démontré la fausseté, M. Schneider, qui ne discernait pas la Révolution dans l'opposition, d'abord, paraissait croire qu'on ne se briserait pas dans le désordre, à la condition d'y descendre, au lieu d'y tomber. Aussi travaillait-il sans cesse à établir entre l'extrême gauche et lui des escaliers à pente douce.

Lorsque M. Ollivier reconnaissant son impuissance pria la Chambre de le renvoyer (1), M. Schneider eut peur du nom de M. Jérôme David, qui était depuis longtemps l'un des chefs de la droite. L'espoir de ce côté de la Chambre était de le voir diriger le ministère de l'intérieur, alors plus important que jamais ; mais, M. Schneider insista assez énergiquement auprès de la Régente, pour obtenir qu'il fût annulé au ministère des travaux publics. Il en fut de même de M. Duvernois, dont l'énergie inquiétait la gauche ; il fut politiquement effacé au ministère du commerce.

Restait le comte de Palikao, caractère et cœur résolus : la majorité avait confiance en lui. La fatalité voulut que l'Empereur lui-même eût paralysé ses mouvements, en donnant le gouvernement de Paris au général Trochu, qui devint immédiatement l'espoir et qui fut, bientôt, le complice des révolutionnaires.

Ce cabinet du comte de Palikao était donc énervé, dès sa formation, et le courage personnel de tels ou tels de ses mem-

---

(1) M. Ollivier reconnut lui-même, le 9 août, qu'il était devenu impossible et impuissant. Il communiqua ses impressions à plusieurs membres de la droite, en les priant de voter contre lui le lendemain, dans un ordre du jour qu'il proposa.

bres ne put pas rompre l'atonie à laquelle l'avait condamné sa formation.

Lorsque le moment des résolutions suprêmes arriva, les hommes qui les auraient prises ne se trouvèrent pas dans les ministères auxquels l'initiative en appartenait (1).

Pour les causes qui précèdent, ce ministère, en prenant le pouvoir le 10 août, commit une faute capitale qui devait tout perdre, avec lui ; ce fut de ne pas proportionner la force gouvernementale à la résistance révolutionnaire *et de continuer le cabinet de M. Emile Ollivier, au lieu de le remplacer* (2).

Pendant les derniers jours du pouvoir de M. Emile Ollivier, la nouvelle Constitution établie, depuis trois mois à peine, n'existait déjà plus. M. Jules Favre et ses amis avaient pu la violer ouvertement, le 9 août, en proposant à la Chambre de déposer le Souverain et de s'emparer de l'autorité exécutive. La confiance générale se retira donc immédiatement de ces ministres aveugles ou pusillanimes, qui manquaient ou du discernement le plus vulgaire pour voir le mal ou du courage le plus nécessaire pour le réparer.

Ainsi, la Constitution était ouvertement foulée aux pieds, lorsque le comte de Palikao et ses amis prirent le pouvoir ; et leur faute, faute immense, et dès le lendemain irréparable, fut de ne pas voir qu'ils avaient en face d'eux, sur les bancs de la gauche et d'une partie du centre gauche, non pas l'opposition, mais la révolution.

(1) La modestie de Granier de Cassagnac lui a fait passer ici sous silence sa nomination par l'Empereur, dans ce moment critique, au poste de ministre de l'intérieur. (*Note de l'éditeur.*)

(2) *Membre de phrase supprimé par l'Empereur.*

Des hommes sérieusement pénétrés de la situation ne seraient donc point entrés au pouvoir, sans la résolution et sans les moyens nécessaires pour surmonter au moins les difficultés intérieures. Ils pouvaient à la rigueur ne pas répondre de repousser les Prussiens, mais ils étaient obligés de contenir les factieux.

Les moyens, ils les avaient dans l'état de siège déjà déclaré ; il s'agissait, d'ailleurs, non de sortir eux-mêmes de la Constitution, mais d'y faire énergiquement rentrer ceux qui en étaient déjà sortis.

Ce fut un lamentable spectacle de voir, en quelques jours, disparaître le prestige ancien et général du pouvoir et déborder l'audace d'une opposition devenue clairement factieuse. Des outrages étaient prodigués du haut de la tribune à l'Empereur, qui était devant l'ennemi. Des motions se succédaient, proposant à la Chambre de changer la Constitution, sanctionnée par le peuple. Les salles d'attente du Corps législatif étaient envahies par des gens qui insultaient les députés et les tribunes publiques intervenaient dans les discussions par des applaudissements ou des huées. Le ministère et le président souffraient toutes ces indignités en silence ; et cependant l'énergique applaudissement, avec lequel la majorité appuyait les éclairs de fermeté qui échappaient parfois au comte de Palikao, montraient au gouvernement la force qu'il avait sous la main et qu'il n'osait pas invoquer. *Un grand nombre de députés, parmi ceux-là même qui, six mois auparavant, avaient glissé dans la politique énervante du cabinet Ollivier, étaient revenus de leurs illusions, et se seraient joints avec empressement aux quatre-vingts membres du côté droit, qui étaient restés inébranlables dans la politi* que d'ordre des campagnes, au *milieu des oscillations de l'Empire* (1).

Une conduite ferme, constitutionnelle, résolue, pénétrée de ses droits, et usant avec l'énergie qu'imposait la présence sur le sol des armées ennemies, pouvait donc maintenir l'ordre à l'intérieur et laisser ainsi toute sa liberté de mouvements et toutes ses ressources à la défense nationale. Il en fut autrement, parce que le gouvernement ne fit respecter ni la constitution, ni la dynastie, ni la Chambre, ni lui-même. Les députés ne délibéraient que gardés par des bataillons, depuis que la garde des lois était devenue impuissante ; et pour hâter l'accomplissement de desseins qui n'étaient plus dissimulés, M. Picard et M. Jules Favre imposaient aux ministres l'armement de ces pillards et de ces incendiaires, qui fondèrent, au profit des conspirateurs et des ambitieux de l'opposition, le gouvernement républicain du 4 Septembre.

Cependant, ce n'est pas d'avoir montré ces faiblesses successives qu'il faut, surtout, faire un reproche au cabinet du comte de Palikao ; c'est de n'avoir pas adopté, en entrant au pouvoir, une politique résolue qui les lui eût toutes épargnées et dont l'absence les amena toutes.

Deux choses poussèrent fatalement l'armée de Châlons sur Sedan et ne laissèrent pas au gouvernement de la Régence la liberté d'esprit et de mouvement nécessaire pour écouter les objections et les difficultés qui l'en auraient peut-être écarté, au moins, lorsque la réunion des forces allemandes eût montré que la marche vers Metz était absolument impossible.

La première, ce fut la mesure par laquelle le général Tro-

---

(1) *Paragraphe supprimé par l'Empereur.*

chu ramena de sa propre autorité, de Châlons à Paris, les mobiles de Montmartre et de Belleville ;

La seconde, ce fut la docilité avec laquelle le cabinet livra aux révolutionnaires les armes réclamées en leur nom par l'opposition.

Ces deux actes, qu'une politique prévoyante et énergique pouvait prévenir, eurent des conséquences fatales pour la défense nationale, en compromettant le maintien de l'ordre à l'intérieur ; car ils rendirent impossible la réunion sous Paris de l'armée de Châlons, ils empêchèrent l'Empereur de venir, comme il le voulait, reprendre les rênes du gouvernement, en concentrant les pouvoirs dans ses mains, et finalement ils facilitèrent le honteux coup de main du 4 Septembre.

L'histoire a déjà commencé pour le général Trochu et elle lui réserve une place insigne parmi ceux qui ont tourné contre leur souverain la confiance et le pouvoir qu'ils en avaient reçus, avec cette circonstance aggravante pour le général qu'il choisit, pour trahir la confiance de l'Empereur, le moment où il le sut prisonnier de l'ennemi.

C'était dix-huit jours après lui avoir prêté serment comme gouverneur de Paris, et quarante-huit heures après avoir juré à l'Impératrice de lui faire un rempart de son corps sur les marches des Tuileries.

Moins militaire qu'écrivain et moins écrivain qu'écrivassier, le général Trochu passait pour orléaniste, avant d'avoir prouvé qu'il n'était qu'un ambitieux.

Au milieu des efforts incessants de l'opposition pour railler, désorganiser et dépopulariser l'armée, le général Trochu avait trouvé le moyen de conserver la faveur de l'opinion. Il devait cette faveur à l'affectation avec laquelle il se disait sacrifié par l'Empire et à une brochure dans laquelle, en dénigrant avec amertume l'armée française, il n'indiquait néanmoins aucune des grandes réformes que l'expérience a conseillées.

Il passait donc pour un général capable et disgracié. Capable, l'Europe a pu s'assurer du contraire ; disgracié, les dates suivantes prouvent qu'il fut l'objet d'un avancement scandaleux : en 1852, lieutenant-colonel d'état-major, à 37 ans ; — en 1853, colonel d'état-major ; — en 1854, général de brigade, à 39 ans ; en 1859, général de division, à 44 ans ; — en 1861 grand officier de la Légion d'honneur.

Quoiqu'il affectât d'étaler, dans des discours toujours longs et diffus, sa loyauté de Catholique, de Breton et de Soldat, il n'inspirait confiance à personne, si ce n'est aux factieux. Le parti qu'il avait pris, sans consulter le ministre de la guerre, de ramener de Châlons à Paris les bataillons des mobiles de la capitale, signalés par leur indiscipline, ainsi que par des démonstrations politiques auxquelles la présence de l'ennemi sur le sol national aurait dû imposer silence, donnait à penser qu'il ménageait ces forces, déjà à demi insurgées, pour l'accomplissement ultérieur de quelque mauvais dessein. La persistance de l'opposition à demander, en plein Corps législatif, la dictature du général ne pouvait que confirmer ces appréhensions que les événements justifièrent.

D'un autre côté, pendant qu'il tolérait à Paris les mobiles de la Seine déjà armés, le ministère avait la coupable faiblesse de céder aux instances de l'opposition, en donnant des armes aux mobiles et aux clubistes qui n'en avaient pas encore ; si bien que le maintien de l'ordre à l'intérieur étant la première condition d'une bonne défense nationale, on livrait peu à peu la France à l'ennemi, en livrant Paris, centre du gouvernement, à la domination des révolutionnaires.

Ce fut cet état menaçant de Paris, où le désordre ne se sentait plus contenu, où les bons citoyens ne se voyaient plus appuyés et dirigés, qui jeta, plus que toute autre cause, la malheureuse armée de Châlons dans le gouffre de Sedan ; car, lorsque l'Empereur voulut ramener l'armée de Châlons sous Paris et rentrer lui-même dans la capitale, pour y reprendre la direction efficace des affaires, par une énergique concentration des pouvoirs, le ministère lui résista, en lui disant que sa rentrée serait le signal de l'insurrection et qu'il paraîtrait obéir, en la combattant, à des intérêts dynastiques.

La probabilité de l'insurrection de Paris équivalait à une certitude, car l'Empereur rentré, c'était la révolution bravée, combattue et soumise, à tout prix ; et il était naturel de penser qu'elle risquerait tout pour empêcher son retour ou pour le rendre stérile. Mais, si la perspective d'avoir à livrer à la démagogie une bataille qu'il a fallu lui livrer plus tard, beaucoup plus terrible, n'était pas de nature à détourner l'Empereur de sa résolution, il a depuis avoué lui-même que l'idée d'être accusé d'avoir versé le sang français, pour maintenir sa dynastie, était le motif qui avait le plus influé sur sa détermination.

Cette idée de l'Empereur était erronée, et l'on ne saurait hésiter à la blâmer ; la nation, par quatre plébiscites successifs, avait tellement identifié sa cause avec celle de la dynastie, que le souverain lui-même n'avait pas le droit de les séparer ; mais il n'est pas moins vrai que, pour n'avoir pas su rester maître de Paris, le cabinet du comte de Palikao ne fut plus maître de sa politique. Par crainte de l'émeute, il poussa vers Metz et finalement vers Sedan l'armée que l'Empereur et le maréchal de Mac-Mahon voulaient conduire sous Paris, afin de coordonner autour d'elle, à l'abri d'un pouvoir énergique et concentré, toutes les forces administratives, financières et militaires de la nation.

La France aurait été défendue, au lieu de n'être que désorganisée et ruinée.

Le moment est venu maintenant d'examiner, dans son principe comme dans sa mesure, la responsabilité spéciale qui incombe à l'Empereur dans la catastrophe de Sedan, ainsi que la responsabilité générale qu'il ne saurait légitimement décliner dans les malheurs de la France (1).

Cet examen, les calamités publiques le veulent sévère; mais, à la condition de se confondre avec la justice, la sévérité n'exclut ni le respect du malheur, ni le souvenir des services.

Si on la limite d'abord à la bataille et à la capitulation de Sedan, la responsabilité de l'Empereur se rattache à une faute unique, mais considérable, qui est l'effacement volontaire et l'abstention systématique dans la direction et dans le commandement.

Tout en prenant sa part des fatigues et des périls de l'armée, il est incontestable que l'Empereur laissa tous les

---

(1) Le passage qui suit constitue l'un des actes les plus honorables de la vie politique de Granier de Cassagnac. En provoquant dans une brochure écrite en collaboration avec Napoléon III, l'examen de *la responsabilité du Souverain lui-même* et en ne lui dissimulant pas la vérité sur ce point, l'auteur témoignait à la fois de la noble sincérité de son dévouement et de la confiance qu'il avait dans l'élévation d'esprit de l'Empereur. (*Note de l'éditeur.*)

droits et tous les devoirs du commandement au maréchal de Mac-Mahon; mais si, quoique n'ayant absolument rien dirigé, l'opinion publique l'a rendu responsable de tout, ce verdict ne contient pas, au fond, toute la mesure d'inconséquence et d'injustice, dont il semble empreint au premier abord.

Pour l'immense majorité de la nation, pour les sept millions et demi de citoyens qui l'avaient acclamé encore une fois, trois mois avant la guerre, l'Empereur était le dépositaire réel et légal des pouvoirs publics. On ne l'avait pas fait à peu près tout, pour qu'il ne fût à peu près rien, et, quel que réelle et grande que l'on supposât l'autorité constitutionnelle des ministres, les mœurs nouvelles, nées du suffrage universel, n'allaient pas jusqu'à concevoir et supporter l'idée d'un Souverain marchant désarmé à la suite de ses propres généraux. Portant l'épée de Solférino, on voulait qu'il en portât aussi la couronne.

Ce qui est difficile, ce n'est donc pas de l'exonérer des fautes successives qui conduisirent cette malheureuse armée de Châlons à l'odieux coupe-gorge de Sedan. L'Empereur, qui s'était dépouillé du commandement, ne voulant ni contrecarrer le maréchal, en présence de l'ennemi, ni affaiblir le ministère, s'abstint de toute initiative. Il n'est donc pas coupable d'avoir commis ces fautes; mais on ne saurait nier qu'il ne le soit de les avoir laissé commettre.

Il est responsable, non point de ce qu'il a fait, mais de ce qu'il n'a pas fait; il est responsable de cet effacement qui le mit hors d'état d'accomplir les choses qu'il approuvait et d'empêcher celles qu'il désapprouvait; oubliant que les fictions constitutionnelles n'ont jamais couvert les rois malheureux et qu'en les plaignant d'être tombés, on les blâme encore plus de ne s'être pas défendus.

L'abnégation personnelle, qui peut être louable chez un particulier, ne l'est donc jamais chez un Souverain, qui reste toujours comptable de la confiance et du pouvoir dont il a été investi.

Ainsi, la faute de l'Empereur dans la campagne de Sedan fut consommée tout entière et dès le premier jour, lorsque, ayant résolu d'amener l'armée de Châlons sous Paris et d'aller imprimer dans la capitale une énergique direction aux affaires, il se laissa détourner de son intelligent et généreux dessein, par la politique ministérielle. Il ne fit pas seulement un acte d'abnégation conciliante comme homme, il fit surtout un acte de faiblesse comme Souverain ; ne se disant pas assez que, si les ministres avaient la direction, ce serait toujours lui qui aurait la responsabilité devant la nation et devant l'histoire (1).

Désormais, il va suivre l'armée, non en chef, même poli-

---

(1) Ce paragraphe fut supprimé par l'Empereur et remplacé par celui-ci : « *La pensée qui dirigea la conduite de l'Empereur à partir du 22 août, lorsque la dépêche du maréchal Bazaine ouvrit la perspective d'une réunion de l'armée de Châlons avec l'armée du Rhin, ce fut évidemment une pensée d'abnégation personnelle. Il oublia tout à coup son dessein de rentrer à Paris et d'y reprendre le pouvoir d'une main énergique, pour ne songer qu'à ceux qui combattaient et qui mouraient pour le pays et il alla partager leur sort. Il se sentit soldat avant tout et volontairement dépouillé de toute activité militaire, il voulut avoir néanmoins, comme tout le monde, sa part de dévouement et de danger. Assurément, le sentiment qui le dirigea avait sa générosité et sa noblesse ; mais un souverain acclamé par le pays répondait-il, en agissant ainsi, à la pensée publique et n'oubliait-il pas que le sacrifice de sa personne était en même temps le sacrifice de la France ?* »

tique, mais en témoin. Son affection et son dévouement pour le soldat ne l'exonèreront pas du blâme dû aux fautes qui n'étaient pas les siennes; car, telle était la fausseté de sa situation qu'il a eu l'humiliation de la défaite et qu'il n'aurait pas eu la gloire du triomphe.

Le parti, qui usurpa le pouvoir le 4 septembre, poussa l'outrage contre l'Empereur jusqu'à l'aveuglement le plus manifeste, car il osa l'accuser d'avoir montré de la lâcheté à Sedan. Ce parti oubliait qu'il venait de trembler devant l'Empereur pendant dix-huit années et qu'il avait suffi à Napoléon III, pendant les plus vives émotions de Paris, de montrer, sans escorte, sur les boulevards, son attitude calme et son visage impassible, pour faire rentrer ces insulteurs dans leurs repaires.

Étrange contradiction, dont la haine seule est capable! L'Empereur, qu'on a appelé *le Fuyard de Sedan*, était cette même et énergique nature, à laquelle on a reproché Strasbourg, Boulogne et le 2 décembre; le même qu'on avait entendu railler la maladresse de Pianori et qu'on avait vu applaudir à l'Opéra, avant d'avoir essuyé les taches de sang dont l'avaient couvert les bombes d'Orsini; le même enfin qui s'était montré calme et résolu sur le pont de Magenta et au pied de la tour de Solférino.

Ce serait méconnaître l'opinion de toute l'Europe sur l'Empereur que de le défendre de l'accusation d'avoir manqué de courage à Sedan. Aussi, nous bornerons-nous à raconter comment il y fit son devoir de soldat avec simplicité

Napoléon III, qui était à Carignan avec le corps du général Lebrun, arriva à Sedan dans la nuit du 30 au 31 août, pa le chemin de fer qui conduit à Mézières. Les officiers de s suite le pressèrent de continuer sa route jusqu'à cette place, où il aurait pu conserver sa liberté d'action, tandis qu'il était probable qu'il serait enveloppé à Sedan avec toute l'armée. Par un sentiment chevaleresque, louable dans l'homme, exagéré dans le Souverain, l'Empereur refusa de mettre sa personne à l'abri d'une captivité possible, quel qu'en dût être le dommage pour l'Etat.

Dans la journée du 31, l'Empereur visita les fortifications, et put s'assurer qu'elles étaient d'une inefficacité absolue. Très peu de canons étaient en batterie; ceux qui étaient sur les remparts du côté du nord, ou n'avaient pas de munitions ou en avaient à peine. Les mieux fournis avaient dix coups à tirer. Du côté du midi, où se montrait déjà l'artillerie prussienne, la défense était à peu près nulle, le génie militaire ayant pensé sans doute que les hauteurs de la rive gauche étaient d'une inefficacité absolue, pour qu'il fût nécessaire de s'en occuper. Cette opinion n'était malheureusement plus de saison depuis l'emploi de l'artillerie nouvelle. C'est pendant cette visite des fortifications que l'Empereur fit chercher deux fois les commandants de l'artillerie et du génie : nous avons déjà dit qu'il fut impossible de les trouver.

Il était environ cinq heures du matin, le 1er septembre, lorsque le maréchal de Mac-Mahon se porta aux avant-postes, près de Bazeilles. Il fit prévenir l'Empereur, qui monta à cheval et accourut immédiatement sur le champ de bataille, un peu en avant du village de Balan, où il trouva l'infanterie de marine.

C'est entre Balan et Bazeilles que l'Empereur rencontra le maréchal de Mac-Mahon, qu'on emportait grièvement blessé d'un éclat d'obus à la hanche.

Après s'être entretenu, quelque temps, avec le général de Vassoigne, l'Empereur se porta sur des hauteurs, où se trouvaient des batteries commandées par le chef d'escadron de Saint-Aulaire; mais, comme ce plateau était complètement en vue de l'ennemi, qui visait tous les groupes d'hommes un peu apparents, l'Empereur laissa son escorte et la plupart de ses officiers près du village de Balan abrités derrière un mur où se tenait également un bataillon de chasseurs à pied.

L'Empereur s'avança alors vers les crêtes de la Moncelle, couronnées par des batteries d'artillerie, suivi seulement du général Pajol, des officiers d'ordonnance Hepp et d'Hendecourt et du comte Davilliers, premier écuyer. Il avait gravi les pentes lentement, tantôt à cheval, quelquefois à pied, suivant leur inclinaison. Les obus tombaient de tous côtés et l'Empereur restait immobile comme s'il avait attendu que l'un de ces projectiles vînt le frapper au milieu des soldats.

Ayant vu que les lignes de l'infanterie de marine, qui se battaient héroïquement à Bazeilles, se retiraient sur un ordre du général de Wimpffen, et ne comprenant pas ce mouvement, l'Empereur envoya le capitaine d'Hendecourt, pour en demander la raison. Celui-ci ne revint pas, emporté par un obus ou par un boulet. Cependant, le feu était si violent à la Moncelle, qu'on engagea l'Empereur à se retirer un peu en arrière, à l'abri d'un petit bois qui se trouvait à peu de distance. Il rappela, alors, le reste de son état-major et son escorte. Les projectiles pleuvaient dans ce petit bois et éclataient en coupant les branches. C'est là qu'arriva le général Gos avec une division. L'Empereur descendit les hauteurs ave cette division et l'accompagna dans le Fond de Givonne, où un parc d'artillerie vint encombrer toute la route. L'Empereur y rencontra le brave et malheureux colonel du 5ᵉ de ligne, qu'on emportait blessé et qui se souleva de sa civière pour saluer son souverain d'un cri d'adieu.

Du Fond de Givonne, l'Empereur gravit les Hauteurs de Givonne, où le général de Wimpffen vint le joindre. Le général en chef était, alors, plein d'espoir sur le résultat de la journée. Il dit à l'Empereur, en lui montrant les ennemis : « Que Votre Majesté ne s'inquiète pas, dans deux heures je les aurai jetés dans la Meuse (1). » Mais bientôt la scène s'assombrit, et toute confiance dans le succès dut disparaître.

Continuant son mouvement circulaire autour de Sedan, l'Empereur se porta de Givonne sur les hauteurs à gauche des bois de la Garenne. Il voulait pousser encore plus avant, lorsque des lignes d'infanterie qui descendaient en se retirant vers la place l'en empêchèrent. Les projectiles pleuvaient toujours autour de lui. Un obus vint tomber près du général de Courson, un autre près du capitaine Trecesson, officiers attachés à l'Empereur. Leurs chevaux se cabrèrent, et tous deux en tombant furent assez grièvement blessés.

Napoléon III était depuis cinq heures sur le champ de bataille, ayant parcouru le demi-cercle des hauteurs qui enveloppent Sedan du sud au nord, entre Balan et les bois de la Garenne, lorsque, voyant qu'aucune direction ne semblait présider aux différents mouvements des troupes et ne pouvant se dissimuler la mauvaise tournure que prenaient les

---

(1) Lettre du général Pajol, *présent à l'entretien*. — *Moniteur universel* du 22 juillet 1871.

affaires, il résolut de retourner en ville, pour aller conférer avec le maréchal de Mac-Mahon sur les mesures à prendre. S'adressant alors à un des officiers de son état-major, il lui dit : « Il n'y a qu'un moyen hardi de sauver l'armée. Pendant que l'armée prussienne est en grande partie sur la rive droite de la Meuse et menace de nous tourner du côté du nord, il faudrait ramener les troupes sur la rive gauche, en traversant la ville; et, en se portant sur Donchery, on mettrait le désordre dans les troupes allemandes restées en réserve, de même qu'on s'emparerait des batteries qui tirent à une si grande distance des hauteurs de Fresnois. »

Cette idée était-elle réalisable, à cette heure, avec une armée qui ne se sentait ni une direction, ni un but? Nul ne saurait le dire, mais elle paraît avoir été la seule qui se soit produite pendant la confusion de la mêlée.

Vivement impressionné du découragement qui semblait s'emparer des troupes, l'Empereur rentra en ville, pour conférer avec le Maréchal. Au moment où il traversait le pont établi sur la Meuse, dont le cours coupe la ville en deux, un obus éclata devant la tête de son cheval. Napoléon continua sa route, sans s'émouvoir. Le prince de la Moskowa, qui était à ses côtés, tomba sous son cheval qui s'était abattu par la force de l'explosion.

Après s'être entretenu avec le Maréchal, l'Empereur revint à la sous-préfecture, où il s'était établi la veille; mais il ordonna que les chevaux fussent tenus prêts, voulant revenir promptement sur le champ de bataille. Malheureusement, les actes successifs du drame se déroulaient avec une effrayante rapidité, et il y avait à peine une demi-heure que l'Empereur était rentré en ville que les rues s'encombraient d'hommes, de chevaux, de voitures obstruant tous les passages et toutes les issues.

Impatienté d'une immobilité que les circonstances rendaient douloureuse et fébrile, l'Empereur envoya plusieurs officiers, pour explorer les points par lesquels il serait possible de sortir et de rejoindre l'armée. Quoique à pied et se faufilant entre les chevaux et les voitures, ces officiers ne parvinrent à grand'peine, les uns que jusqu'à la citadelle, les autres que jusqu'à la place Turenne.

Il était environ quatre heures. En cet instant, arrivèrent auprès de l'Empereur divers officiers généraux, notamment le général Pellé, disant que la résistance était désormais impossible et le parlementaire du roi de Prusse, demandant la reddition de la place. Le général Pellé s'exprima ainsi : « Sire, je ne suis qu'un soldat, je voudrais sauver Votre Majesté, mais, elle ne peut, en ce moment, sortir des remparts ; toute tentative serait inutile (1). »

Sans communication avec le général de Wimpffen, dans des circonstances, où chaque heure de retard coûtait des milliers d'hommes, l'Empereur sortit, pour la première fois, de la réserve absolue où il s'était tenu par rapport au commandant en chef. Pris de pitié pour tant de familles, dont les enfants mouraient sans utilité et sans gloire, il ordonna de hisser le drapeau blanc sur la citadelle, ce qui était demander à l'ennemi une suspension d'armes. Et tel était l'encombrement indescriptible dans les rues que le capitaine, chargé de porter au commandant de la citadelle l'ordre de

---

(1) Lettre du général Pajol, *présent à l'entretien*. *Moniteur* de juillet 1871.

cesser le feu, mit une *heure* à parcourir les six cents mètres qui le séparaient de son but.

L'Empereur n'alla pas au delà de cette limite qui ménageait la vie du soldat et des habitants de Sedan, sans engager le sort de l'armée. Un conseil de guerre de trente-deux généraux de division et chefs militaires, conseilla la capitulation et le général de Wimpffen la discuta et la signa en personne, le 2 septembre, à dix heures du matin. Napoléon demeura étranger à ces actes et ne disposa que de sa personne.

Dans le récit mensonger et calomniateur que le gouvernement du 4 septembre fit publier dans le *Journal officiel*, il dit : « L'entretien s'ouvrit sur les conditions de la capitulation. Napoléon III allait et venait dans le salon, fumant des cigarettes, et laissant, par une insouciance bien étrange dans un pareil moment, ses généraux et les généraux prussiens discuter. »

Or, les conditions de la capitulation furent discutées au quartier général prussien, le lendemain de la bataille et l'Empereur n'y était pas.

En résumé, si l'on considère sincèrement les faits accomplis soit avant, soit pendant la bataille de Sedan, aucun esprit sensé n'en fera peser la responsabilité sur l'Empereur qui ne prit aucune part à ces faits.

Mais, c'est précisément de cette abstention dans la direction de la guerre et des affaires que l'on est bien plus fondé à lui faire un reproche. Quelque honorables que pussent être en eux-mêmes les scrupules qui le portèrent à n'entraver ni le gouvernement de la Régence, ni la conduite du général en chef de l'armée de Châlons, ces scrupules devaient s'incliner et s'effacer devant les devoirs impérieux du Souverain et l'attente du pays.

Opposé à la marche de l'armée de Reims vers Metz, marche entièrement contraire à ses convictions et à ses plans, il eut d'autant plus tort de la subir, qu'il ne put même pas rectifier les détails défectueux d'exécution qu'il désapprouvait. Absolument étranger aux dispositions prises pour la bataille de Sedan, il paya simplement et dignement de sa personne, sans que les dangers qu'il courut pussent servir directement sa cause; et lorsque tout était consommé, il ordonna une suspension d'armes, laissant au général en chef le droit et le soin de choisir entre la reprise des hostilités et la capitulation (1).

Abstention fatale, qui n'a cessé de peser sur l'Empereur, parce que la France avait mis sa confiance en lui, en ses lumières, en son courage; et qu'en lui accordant le 8 mai des ministres responsables, le suffrage universel n'avait pas entendu lui imposer l'effacement !

Abstention fatale, et qui, pour le malheur de la dynastie et de la France, se rattache à ce relâchement antérieur de l'énergie impériale et à l'abandon déjà consommé de la mission d'ordre que le peuple lui avait trois fois donnée ! (2)

Telle est, néanmoins, en ce qui touche la bataille et la capitulation de Sedan, la part de responsabilité spéciale qui revient à l'Empereur. La calomnie a pu la dénaturer : l'histoire qui commence l'a déjà expliquée et limitée.

---

(1) *Paragraphe supprimé par l'Empereur.*
(2) *Paragraphe supprimé par l'Empereur.*

Elle se résume ainsi : à Sedan, l'Empereur a partagé les périls de toute l'armée ; il a pris seulement l'initiative d'une suspension d'armes, pour épargner le sang des soldats, quand il était inutilement versé ; mais la capitulation de l'armée de Sedan n'est pas signée NAPOLÉON ; elle est signée WIMPFFEN !

La catastrophe de Sedan venait de révéler une vérité à laquelle personne en France ne croyait sérieusement : c'est que l'armée française, si renommée en Europe, victorieuse en Crimée, en Italie, partout, n'était, ni par le nombre, ni par l'organisation, ni par l'armement, ni par la discipline, au niveau des forces militaires de l'Allemagne confédérée.

Quantité de personnes sont venues, après les événements, prétendre que l'issue de la guerre était facile à prévoir. La vérité est que personne ne l'avait prévue. Qu'on relise les discours du très petit nombre de députés de l'opposition qui s'étaient montrés hostiles à la réorganisation de l'armée ou de la guerre : pas un seul, pas même M. Thiers, n'a cru ou n'a dit que la France n'était pas en état de la faire avec avantage ; c'est là un fait matériel, incontestable et dont les colonnes du *Journal officiel* font foi.

M. Thiers, qui, depuis, a prétendu savoir qu'on n'était pas prêt à faire la guerre, lorsqu'elle fut déclarée, et qui a cru donner le change à l'histoire par ce mensonge, avait au contraire, personnellement déclaré à la tribune, le 30 juin 1870, seize jours avant la déclaration, qu'on était PRÊT à la faire.

Voici ses paroles, extraites du *Journal officiel* :

« Si nous avons la paix, si on ne nous menace pas, c'est QU'ON NOUS SAIT PRÊTS A FAIRE LA GUERRE, LA CHOSE EST ÉVI-

DENTE COMME LA LUMIÈRE ; oui, évidente pour tous ceux qui connaissent l'état de l'Europe. Savez-vous pourquoi la paix a été maintenue ? — C'EST PARCE QUE VOUS ÊTES FORTS. »

Ce n'est pas tout ; M. Thiers avait dit que le chiffre de 1,300,000 hommes, cité par le maréchal Niel, comme représentant les forces de la Prusse, était UNE CHIMÈRE, une FANTASMAGORIE et que NOTRE ARMÉE SUFFIRAIT POUR ARRÊTER L'ENNEMI. On trouvera plus loin ses paroles, extraites du discours prononcé dans la discussion de la loi sur l'armée.

Enfin, M. Pelletan était allé plus loin en déclarant que L'INVASION ÉTAIT IMPOSSIBLE, et il a avait demandé que l'on désarmât même les pompiers. Voici le passage de son discours, dans la session de 1869 :

« Messieurs, je comprendrais les pompiers *armés dans le cas d'une invasion*. Mais UNE INVASION EST-ELLE POSSIBLE ? On s'indignerait, si je formulais une prévision semblable et *on aurait raison...* »

Ainsi, dans le monde politique, personne ne doutait du succès de la guerre.

Quant aux officiers, aux généraux qui avaient le mieux étudié la composition de l'armée, pas un seul ne doutait d a victoire.

Nous avons déjà cité la brochure intitulée *Des causes qui ont amené les désastres de l'armée française*, et dont l'auteur ne dissimule pas les sentiments d'hostilité qui l'animent contre l'Empire. Voici comment il s'exprime sur les chances de la guerre :

« La guerre était déclarée et, de toutes parts, la nouvelle en avait été saluée par de bruyantes manifestations patriotiques que l'amour-propre national frappé enflammait plus que la haine. L'armée, pleine d'ardeur et d'enthousiasme, avait couru à la frontière, encouragée dans ses sentiments par les vœux et les manifestations touchantes de nos généreuses populations, qui l'acclamaient sur son passage, dans les camps, dans les cantonnements ; *la plus entière confiance dans le succès de nos armes animait tous les cœurs :* la victoire, qui toujours accompagnait nos pas, serait cette fois encore fidèle à nos drapeaux et allait couronner nos efforts... Si parfois un esprit clairvoyant *admettait timidement* la possibilité d'une défaite, en comparant l'organisation inachevée de notre armée et la faiblesse de nos effectifs aux *neuf cent mille combattants* bien exercés, bien disciplinés de l'armée allemande, sa voix était aussitôt couverte par ces mêmes arguments spécieux, QUI ONT TROMPÉ EN FRANCE TOUTES LES PRÉVISIONS.

« Quoi qu'il en fût, je le répète, UNE CONFIANCE ABSOLUE RÉGNAIT DANS TOUS LES ESPRITS, et les deux faits d'armes de Sarrebruck n'avaient fait que la fortifier, quand arriva tout à coup la nouvelle de la défaite de Wissembourg et de l'invasion du territoire français par l'armée du prince royal (1). »

Le général Trochu, que son long service comme directeur du personnel au ministère de la guerre avait initié aux défectuosités de notre organisation militaire, et que son ardente ambition avait aigri contre le Gouvernement de l'Empire, supposait, comme l'Empereur le déclara dans sa proclamation à l'armée, que la guerre serait longue et difficile ; mais il croyait à une PREMIÈRE VICTOIRE qui faciliterait ensuite des négociations et des arrangements honorables (1).

(1) *Brochure citée*, pages 5, 6, 9.
(1) *Journal officiel* du 15 janvier 1871.

Enfin, la presse tout entière poussa, comme on le verra, à la guerre avec la plus grande énergie, sans éprouver la moindre inquiétude sur son issue et voici comment s'exprimait la *Gazette de France*, organe du parti légitimiste, dans son numéro du 1ᵉʳ juillet :

« La France possède une armée admirable de bravoure et de discipline. *Elle a prouvé sa supériorité en trop de circonstances*, pour que l'on n'ait pas dans l'issue de *la campagne la plus grande confiance*. Nous ne sommes préoccupés que de l'usage qu'entend faire le gouvernement de NOS VICTOIRES. »

On le voit, et d'ailleurs tout le monde se le rappelle, la confiance dans le succès était universelle et profonde. Nous rechercherons plus loin à qui revient la responsabilité de ces illusions ; mais ces illusions furent réelles et incontestables, et l'invasion du sol put seule les dissiper.

Les illusions dissipées, et la dernière le fut à Sedan, quelles étaient les mesures que le bon sens et la patriotisme suggéraient naturellement à tous les bons citoyens ?

Il n'y en avait que deux :

Ou il fallait reconnaître qu'on s'était abusé sur les forces réelles et disponibles de la France, profiter des fautes commises, pour se mettre en mesure de les réparer un jour et se résigner immédiatement à la paix que la Prusse offrait moyennant *la cession seule de Strasbourg ;*

Ou il fallait raidir son courage, concentrer toutes les ressources disponibles, rester uni devant l'ennemi, et se résoudre à une guerre nationale et désespérée.

Dans l'un et dans l'autre cas, la première condition pour obtenir ou la paix la moins désastreuse ou la guerre la plus profitable, c'était bien évidemment de se grouper autour du gouvernement, d'user de toutes les forces de l'administration des finances, de l'organisation régulière du pays, en un mot d'ajourner tous les dissentiments politiques, pour ne pas affaiblir la résistance contre l'étranger ; sauf à faire plus tard, après la paix et le rétablissement de l'ordre, la juste part des responsabilités encourues par chacun.

Il était insensé de compliquer les difficultés d'une invasion par les difficultés d'une révolution !

Eh bien ! qui a commis cette faute, ayant toutes les proportions d'un crime ? Qui a fait l'obstacle à la paix et à la guerre ? Qui a livré la France à l'ennemi, en la jetant dans le chaos d'un bouleversement intérieur, lorsque l'union seule pouvait la sauver ?

Deux hommes ont perdu la patrie, deux hommes ont lié les bras de la France, en face de l'ennemi.

Ces deux hommes sont M. Jules Favre et M. Thiers.

Ils furent, en effet, l'un et l'autre les auteurs de la révolution du 4 septembre, l'ayant l'un et l'autre préparée et proposée, M. Jules Favre d'une manière un peu plus cynique, M. Thiers d'une manière un peu plus cauteleuse.

Dans la nuit du 3 au 4 septembre, sous le coup des premières nouvelles du désastre de Sedan, M. Jules Favre, oublieux de la patrie et ne se souvenant que de son ambition et de sa haine, proposa à la tribune la déchéance de Napoléon III et de sa dynastie. La Chambre accueillit la proposition avec le plus froid mépris.

Voyant bien clairement que le Corps législatif repousserait la déchéance et voulant la lui arracher par des moyens détournés, M. Thiers prépara, dans la nuit, et apporta à la séance du lendemain matin, une motion de forme atténuée, mais allant au même but. Elle était ainsi conçue :

« Vu *la vacance du Pouvoir*, la Chambre nomme une Commission de gouvernement et de défense nationale.

« *Une Constituante* sera convoquée, dès que les circonsances le permettront (1). »

Constater *la vacance du Pouvoir* et annoncer une *Constituante*, c'était prononcer également la *déchéance* ; mais sans la nommer par son nom. M. Thiers ne trouva dans la Chambre aucun complice et aucune signature pour cette proposition. Il dut, pour en trouver, changer les mots, *vu la vacance du Pouvoir*, qui renversaient la dynastie en ceux-ci : *vu les circonstances*, qui laissaient toutes choses en état ; et, en ces termes, la proposition trouva des adhérents dans le centre gauche.

Il est vrai que les mots *Une Constituante sera convoquée*, ce qui impliquait encore la chute de l'Empire, étaient conservés ; mais les esprits flottants y voyaient la réserve d'un appel définitif à la nation ; un certain nombre de députés du centre gauche signèrent.

Mais, M. Thiers déclara nettement qu'il était pour la déchéance pure et simple proposée par M. Jules Favre et ses amis. Voici ses paroles, consignées au *Journal officiel* du 5 septembre :

« ...*Mes préférences personnelles étaient pour le projet présenté par mes honorables collègues de la gauche, parce que, à mon avis, il posait nettement la question, dans*

---

(1) *Séance du Corps Législatif du* 4 *septembre* 1870 ; *Journal officiel du* 5.

un moment où le pays a besoin d'une très grande *clarté* dans la situation..

« *A gauche.* C'est vrai ! — Très bien ! très bien !

« M. Thiers. Mais, comme je mets au-dessus de mes opinions personnelles le grand intérêt de *l'union*, qui, au milieu du grand péril où nous sommes placés, PEUT SEULE AMÉLIORER NOTRE SITUATION... (Très bien ! très bien !) peut seule nous donner, *devant l'ennemi qui s'approche*, l'attitude qu'il convient d'avoir devant lui, je propose la résolution suivante :

« *Vu les circonstances*, une Constituante sera convoquée, dès que les circonstances le permettront. »

Il estimait, ce grand homme d'État, qu'une révolution à l'intérieur faciliterait la résistance à l'invasion et que le spectacle d'une nation divisée et affaiblie était *l'attitude qu'il convenait d'avoir devant l'étranger victorieux !*

On sait que la proposition de M. Thiers ne fut pas discutée et que la déchéance qu'il avait proposée, l'émeute la prononça.

M. Thiers fut donc, avec M. Jules Favre, l'un des auteurs principaux de la révolution du 4 Septembre et s'il refusa d'entrer au pouvoir et de compromettre, au contact de Rochefort et de ses collègues, sa dignité d'homme politique, c'es qu'il était sûr de recevoir du temps, avec un peu de patience, l'autorité que l'émeute de Paris lui offrait.

S'il est incontestable que la révolution du 4 Septembre empêcha la France de faire la paix et affaiblit dans une mesure immense, par le désordre qu'elle déchaîna, les moyens qu'elle avait encore pour continuer utilement la guerre, les auteurs de la révolution sont bien évidemment responsables des malheurs qui ont suivi le désastre de Sedan.

Habitants de l'Alsace et de la Lorraine, qui avez perdu la nationalité française ; habitants des provinces envahies, qui avez vu détruire vos récoltes, incendier vos maisons, enlever vos troupeaux, outrager vos femmes, fusiller vos parents, habitants des départements que l'ennemi n'a pas souillés, mais que les proconsuls grotesques d'un pouvoir né de l'émeute ont insultés et épuisés ; populations des campagnes et des petites villes, qui avez envoyé vos enfants et tous les hommes valides à l'ennemi, pendant que ce pouvoir usurpateur chassait vos maires, vos conseils de la commune, vos conseils du département investis de votre confiance ; — savez-vous quels sont les principaux auteurs de vos malheurs et de votre ruine ?

Ce sont ceux qui ont désorganisé la France, en provoquant et en accomplissant la révolution du 4 Septembre ; — et à la tête de ces hommes, vous venez de voir M. Jules Favre et M. Thiers.

Accablés par la responsabilité de tant de désastres, qu'ils sont impuissants à réparer, les hommes du 4 Septembre essayent de déposer le fardeau qui les écrase ; ils rejettent la responsabilité sur l'Empire, en disant : — L'Empire a voulu et cherché la guerre, sans s'être préparé à la soutenir !

Eh bien ! abordons résolûment cette thèse et discutons ces deux questions :

Qui a voulu la guerre ?

Qui a fait qu'on n'était pas prêt à la soutenir ?

Qui a poussé à la guerre ? — L'opposition parlementaire, la presse de toutes nuances, l'opinion de Paris et des grandes villes ; enfin tout le monde !

Entraîné par le mouvement général, l'Empereur, aussi, a

voulu la guerre, puisqu'il l'a déclarée ; mais avec cette différence qu'il ne l'a voulue que lorsqu'elle s'est imposée à son gouvernement et qu'il s'y est moins porté que résigné.

Personne ne le niera ; la guerre devint imminente dès la fin de l'année 1866, après la défaite de l'Autriche à Sadowa, parce que l'opposition, M. Thiers à sa tête, affecta de reprocher à l'Empereur d'avoir souffert l'unification de l'Allemagne, la réunion de ses forces dans les mains de la Prusse et s'attacha à signaler dans ce nouvel état de choses l'abaissement de la France.

Il n'est pas une seule personne qui, ayant suivi les débats parlementaires et la polémique des journaux, n'ait gardé le souvenir de l'amertume et de la violence avec laquelle cette campagne fut organisée et poursuivie, dans la presse, à la tribune, contre la politique de l'Empereur accusé d'avoir compromis l'influence de la France, en favorisant l'agrandissement de la Prusse. M. Thiers prit pour thème favori de ces grands discours l'apologie de l'ancien morcellement de l'Allemagne en petits États ; il affecta de voir dans l'existence de ces petits États une garantie pour la sécurité de la France, ce qui était fondé, et il fit un reproche à l'Empereur de ne les avoir pas maintenus, ce qui était bien moins fondé, car la conquête du Slesvig, opérée à la face de l'Europe immobile et presque indifférente, montrait que, pour maintenir l'indépendance des petits États allemands, il fallait lancer la France dans une grande guerre, dans laquelle son intérêt n'était qu'indirect et ne venait qu'au second rang.

A force de répéter dans les journaux, à la tribune, que la France était humiliée par l'agrandissement de la Prusse ; à force de reprocher à l'Empereur le désastre de Sadowa et de le représenter comme une défaite encore plus accablante pour la France que pour l'Autriche, l'opposition finit par créer dans l'opinion un désir général et violent de revanche. *Sadowa* était devenu une injure ; et, dans la session de 1870, M. Jules Ferry dut être rappelé à l'ordre par le président du Corps législatif, pour avoir appelé le centre droit et la droite *majorité de Sadowa !*

Les éléments d'un incendie étaient donc prêts ; il ne fallait qu'une étincelle pour l'allumer.

Cette étincelle se produisit ; ce fut la candidature au trône d'Espagne du prince de Hohenzollern, parent du roi de Prusse, et qui avait accepté la couronne offerte avec son autorisation.

A l'instant même, l'opinion publique, prévenue contre la Prusse, vit dans la candidature du prince de Hohenzollern le dessein d'enfermer la France entre deux États hostiles ; un roi allemand à Madrid, c'était une seconde Prusse au delà des Pyrénées, et la frontière ouverte de deux côtés à la fois.

Un orage immédiat et formidable se déchaîna, pendant la première quinzaine de juillet 1870, contre les projets de la Prusse, et mit le gouvernement de l'Empereur en demeure de s'y opposer.

Toute la presse du temps rend témoignage de la violence et de l'unanimité avec laquelle l'opinion publique porta le gouvernement à ne pas tolérer qu'un prince prussien s'établît sur le trône d'Espagne.

Voici les extraits des journaux de l'opposition qui établissent ce fait :

Le Temps. « *Si un prince prussien était placé sur le trône d'Espagne*, ce n'est pas jusqu'à Henri IV seulement, c'est jusqu'à François I*er* que *nous nous trouverions ramenés en arrière.* »

Le Siècle. « *La France, enlacée sur toutes ses frontières par la Prusse* ou par les nations soumises à son influence, se trouverait réduite à un isolement pareil à celui qui motiva les longues luttes de notre ancienne monarchie contre la maison d'Autriche. La situation serait à beaucoup d'égards *plus grave qu'au lendemain des traités de* 1815. »

Le Rappel. « Les Hohenzollern en sont venus à ce point d'audace... qu'il ne leur suffit plus d'avoir conquis l'Allemagne, ils aspirent à dominer l'Europe. Ce sera pour notre époque une éternelle humiliation que ce projet ait été, nous ne dirons pas entrepris, mais seulement conçu ! » François-Victor Hugo.

Le Soir. « Quoi ! on permettrait à la Prusse d'installer un proconsul sur nos frontières d'Espagne ! mais, nous sommes trente-huit millions de prisonniers, si la nouvelle n'est pas fausse. Il faut absolument qu'elle soit fausse. Elle le sera, si l'on veut ; mais, le gouvernement est-il encore *capable de vouloir ?* » Edmond About.

Le Gaulois. « Nous espérons que le gouvernement français ne pourrait, sans trahison vis-à-vis de la France, *supporter un jour de plus*, les agissements prussiens. On pourrait pardonner au cabinet d'avoir manqué à ses promesses, ravivé nos colères, *on ne lui pardonnerait pas de n'avoir pas su être Français.* »

Débordé par ce mouvement, le gouvernement déclara à la tribune, le 7 juillet, par l'organe du duc de Grammont, qu'il s'opposerait à l'établissement en Espagne du prince de Hohenzollern.

SOUVENIRS DU SECOND EMPIRE

Que firent tous les journaux ? — Ils battirent des mains à ce langage ; en voici la preuve :

Le Gaulois. « Pour la première fois, depuis le 23 février, le ministère a parlé aujourd'hui le seul langage digne d'un cabinet français, digne du pays qui l'écoutait. Si nous avions supporté ce dernier affront, IL N'Y AVAIT PLUS UNE FEMME AU MONDE QUI EUT ACCEPTÉ LE BRAS D'UN FRANÇAIS. »

Le Figaro. « Le concours que le gouvernement peut attendre du pays a été caractérisé par les applaudissements de la Chambre, devant les déclarations de M. de Grammont. La gauche elle-même... a dû céder devant la libre manifestation de l'opinion publique. »

Le Journal de Paris. « Si M. de Grammont n'avait pas parlé, on aurait pu croire, à la fin, que toute la politique de la Chambre était dans la résignation et dans l'effacement. »

Le Soir. « Le premier devoir pour l'opposition en France est *d'être d'accord avec le sentiment populaire.* Tout le monde est pour le cabinet. »

La Presse. « Nous sommes convaincus que la Prusse cédera. La victoire morale sera donc complète. »

Le Gaulois (*Échos des Chambres*). « Il n'y avait plus de gauche ouverte, il n'y avait plus de droite, il n'y avait dans la Chambre que des Français. Toute la *Chambre se lève et bat des mains.* Les tribunes elles-mêmes appuient la manifestation. Les dames agitent leurs mouchoirs. L'émotion est indescriptible. »

L'Univers. « Cette déclaration était, hier au soir, dans les cercles et dans les lieux publics, l'objet de toutes les conversations... Le ferme langage du gouvernement *était unanimement approuvé et même applaudi.* Nos ministres ont été dans cette circonstance les *organes* CONTENUS *de l'opinion nationale.* »

L'OPINION NATIONALE. « En restant sur ce terrain, le gouvernement peut tenir, comme il l'a tenu, un langage haut et ferme. Il aura toute la France derrière lui. M. de Bismarck passe toutes les bornes. S'il veut conserver la paix, qu'il recule. Quant à nous, nous ne le pouvons plus. »

LE CORRESPONDANT. « Nous sommes de ceux qui applaudissent à la ferme attitude adoptée par le gouvernement. Nous sommes soulagés de nous sentir, enfin, redevenus Français. Toutes les âmes patriotiques ont salué, comme la Chambre, la déclaration du pouvoir, en y retrouvant avec joie le vieil accent de la fierté nationale. Si l'on réfléchit que les sentiments, dont l'explosion vient de retentir, étaient comprimés depuis quelques années dans toutes les poitrines, on ne s'étonnera pas que le gouvernement lui-même AIT CÉDÉ A L'ENTRAINEMENT UNIVERSEL. »

Mais, diront quelques lecteurs, le père du prince de Hohenzollern, d'accord avec le gouvernement espagnol, décida son fils à retirer spontanément sa candidature; et ce renoncement spontané faisait disparaître les causes de la guerre. Cela est vrai ; *le Constitutionnel* du 7 juillet, organe du gouvernement français, annonça cette solution en ces termes :

LE CONSTITUTIONNEL. « Le prince de Hohenzollern ne règnera pas en Espagne. *Nous n'en demanderons pas davantage* et c'est *avec orgueil* que NOUS ACCUEILLONS CETTE SOLUTION PACIFIQUE. Une grande victoire, qui ne coûte pas une larme, pas une goutte de sang! »

Le gouvernement français était si sincère dans son désir de maintenir la paix, qu'il s'adressa au cabinet de Londres, pour lui demander de l'aider à obtenir la retraite volontaire du prince de Hohenzollern ; voici la dépêche que lord Lyons écrivit à ce sujet, le 8 juillet, à lord Granville :

DÉPÊCHE DE LORD LYONS. « Il y aurait une autre solution de la question, et le duc de Grammont *m'a prié* d'appeler sur ce point l'attention particulière du gouvernement de S. M. Le prince de Hohenzollern pourrait, de son propre mouvement, abandonner la prétention à la couronne d'Espagne. Une renonciation volontaire du prince serait, selon M. de Grammont, *une solution heureuse* d'une question difficile et compliquée. *Il prie le gouvernement de Sa Majesté d'user de toute son influence pour y arriver.* »

Eh bien ! comment l'opinion publique, informée de cette solution pacifique, l'accueillit-elle ? Par des huées !

Voici le langage des journaux :

LA PRESSE. « Cette victoire, dont parle le *Constitutionnel*, qui n'a coûté ni une larme, ni une goutte de sang, serait pour nous la pire des humiliations et le dernier des périls. Que la Chambre intervienne donc... *Nous n'avons plus de choix qu'entre l'audace et la honte.* Quel est l'orateur, à la tribune, ou l'écrivain, dans un journal, qui conseillerait d'hésiter ? »

L'OPINION NATIONALE. « Depuis hier, toutes les feuilles amies du gouvernement répètent à l'envi que la paix est faite, que le différend est terminé, qu'il faut se réjouir... Cependant personne ne se réjouit, l'opinion est *triste, désappointée, inquiète.* »

PARIS-JOURNAL. « La candidature espagnole était pour le gouvernement français *une occasion excellente* et qui ne se retrouverait plus, de rappeler à la Prusse qu'il existe *une France frémissante*, depuis Sadowa... »

Le Soir. « S'il y a une déclaration aujourd'hui, le *Corps législatif croulera sous les applaudissements*. Si la déclaration n'arrive pas, ce sera *plus qu'une déception*, ce sera *un immense éclat de rire* et le cabinet restera noyé dans son silence. »

Le Gaulois. « Paris a donné hier, la France donnera aujourd'hui le spectacle d'une grande nation *plongée dans la stupeur* par une nouvelle qu'on salue ordinairement avec des cris de joie. Les *cœurs* sont *serrés*. On est triste et sombre. C'est que les *masses, dix fois plus intelligentes que nos gouvernants*, comprennent, avec leur instinct profond, que cette *victoire pacifique* coûtera, par ses conséquences fatales, PLUS DE SANG A LA FRANCE QUE DES BATAILLES RANGÉES. »

L'Univers. « L'on ne peut nier que l'opinion soit *presque unanime* à réclamer une action énergique..., une guerre avec la Prusse serait populaire en France... *L'opinion publique serait déçue*, si l'affaire venait à s'arranger par la diplomatie. »

Le Figaro. « Le ministère doit être Français et agir en Français. D'ailleurs, tandis que les Prussiens ont intérêt à gagner du temps, nous avons intérêt à n'en pas perdre. »

Le National. « C'est une paix sinistre que celle dont on parle depuis vingt-quatre heures. »

Ainsi, l'exaltation publique rejeta dans la guerre le gouvernement de l'Empereur, qui se cramponnait à la paix. Voici en quels termes l'ambassadeur d'Angleterre lord Lyons, dépeignait cette exaltation dans une dépêche à son gouvernement :

« *L'excitation* du public et *l'irritation de l'armée* étaient telles qu'il devenait douteux que le gouvernement pût résister au cri poussé pour la guerre, même *s'il était en mesure d'annoncer un succès diplomatique...* On sentait... qu'il serait bien difficile d'arrêter *la colère de la nation*, et l'on pensait généralement que le gouvernement se sentirait obligé *d'apaiser l'impatience*, en déclarant formellement *son intention de tirer vengeance* de la conduite de la Prusse. » (*Dépêche* n° 60, *lord Lyons à lord Granville.*)

M. de Girardin couronna tout par cette déclaration, signée de son nom, dans son journal *la Liberté :*

« *Si la Prusse refuse de se battre*, nous la contraindrons, A COUPS DE CROSSES DANS LE DOS, à passer le Rhin et à vider la rive gauche. »

Enfin, le 15 juillet, le gouvernement porta au Corps législatif la question de paix ou de guerre. Sur 257 députés votants, comment se partagèrent les votes ? Il y eut :

POUR LA GUERRE, 247 voix.
CONTRE LA GUERRE, 10 voix.

Et quelle fut, dans cette mémorable séance, la conduite de l'opposition ? La voici :

Votèrent POUR LA GUERRE : M. Gambetta, membre du gouvernement du 4 Septembre ; M. Jules Simon, membre du gouvernement du 4 Septembre ; M. Jules Ferry, membre du gouvernement du 4 Septembre ; M. Ernest Picard, membre du gouvernement du 4 Septembre, M. Dorian, membre du gouvernement du 4 Septembre ; M. Magnin, membre du gouvernement du 4 Septembre ; M. de Kératry, préfet de police du gouvernement du 4 Septembre ; M. Rampont, directeur général des postes du gouvernement du 4 Septembre ; M. Steenackers, directeur général des télégraphes du gouvernement du 4 Septembre ; M. Barthélemy Saint-Hilaire, chef du cabinet de M. Thiers ; M. Larrieu, préfet du gouvernement du 4 Septembre ; M. Lecesne, fournisseur du gouvernement du 4 Septembre; votèrent encore POUR LA GUERRE : MM. Bethmont, Caré-Kérizouët, Javal, de Jouvencel, Keller, Malézieux, Riondel, Guyot-Montpayroux et Wilson (1).

Et M. Thiers, que fit-il sur la question de la guerre, qu'il prétend aujourd'hui avoir vivement combattue ? Il imita les hommes prudents ; IL S'ABSTINT !

Attendez cependant ; après avoir vu que toute la Chambre, moins 10 voix, avait voté la guerre, au milieu de l'enthousiasme indescriptible des tribunes, M. Thiers se ravisa et le ministre de la marine, ayant demandé immédiatement seize millions pour commencer les opérations militaires contre la Prusse, M. THIERS LES VOTA (2).

Qu'uon juge maintenant, PIÈCES EN MAIN, de la sincérité de ceux qui ont accusé l'Empereur d'avoir poussé à la guerre et qui prétendent que l'opposition l'a repoussée !

Le lendemain de la déclaration, *l'Univers* disait :

« La guerre, où nous entrons, n'est pour la France ni l'œuvre d'un parti, NI UNE AVENTURE IMPOSÉE PAR LE SOUVERAIN. La nation s'y donne de bon cœur.

« *Ce n'est pas l'Empereur Napoléon III* qui, de son chef, a déclaré la guerre actuelle. *C'est nous qui lui avons* FORCÉ LA MAIN. »

Il serait superflu de rappeler l'état de l'opinion après la

(1) Voir tous ces votes dans le *Journal officiel* du 16 juillet 1870.
(2) *Journal officiel* du 16 juillet 1870.

déclaration de guerre; ce fut un délire. Paris ne dormit pas, de quinze jours, tenu en éveil par le *Chant du départ* et par la *Marseillaise.*

On le voit donc, tout le monde avait poussé à la guerre, tout le monde la voulait, tout le monde était convaincu qu'elle serait heureuse. En cet état de choses, qui donc fut assez exempt d'illusions, pour avoir le droit d'en faire un reproche à ceux qui en eurent ?

Était-on prêt à faire efficacement la guerre contre la Prusse ?
— Non !

Pourquoi ? — Parce que l'opposition, M. Thiers à sa tête, avait affecté de croire qu'on était PRÊT ; et que, disant la France PRÊTE, elle avait refusé l'armée de *douze cent mille hommes*, réclamée comme nécessaire, au nom de l'Empereur, le 12 décembre 1866.

Nous avons déjà cité textuellement les paroles de M. Thiers, affirmant, *seize jours avant la déclaration de guerre*, que la France était PRÊTE A LA SOUTENIR.

Rappelons maintenant en quels termes M. Thiers repoussa la demande de l'armée de *douze cent mille hommes*, proposée au nom de l'Empereur, en prétendant que le chiffre de l'armée prussienne était une *chimère* et une *fable:*

« Messieurs, il y a une chose qu'on oublie. On dirait qu'il n'y a que la garde nationale pour défendre le pays et que, *la garde nationale mobile n'étant pas constituée, la France est découverte!* Je vous le demande, à quoi nous servirait cette admirable armée active, qui nous coûte quatre à cinq cents millions par an ? *Vous supposez donc* qu'elle sera battue dès le premier choc, et que la France sera immédiatement découverte. On vous PRÉSENTAIT L'AUTRE JOUR DES CHIF-

FRES DE 1,200, DE 1,300, DE 1,500,000 HOMMES, COMME ÉTANT CEUX QUE LES DIFFÉRENTES PUISSANCES PEUVENT METTRE SOUS LES ARMES. Je ne dis pas que ce soit sur ces chiffres qu'on ait fondé votre vote, mais enfin ils vous ont fait éprouver, quand on vous les a cités, une impression fort vive. EH BIEN ! CES CHIFFRES-LA SONT PARFAITEMENT CHIMÉRIQUES... LA PRUSSE, SELON M. LE MINISTRE D'ÉTAT, NOUS PRÉSENTERAIT 1,300,000 hommes. MAIS JE LE DEMANDE, OÙ A-T-ON VU CES FORCES FORMIDABLES ? *La Prusse, combien d'hommes avait-elle portés en Bohême en 1866 ? 300,000 environ...* C'est que, Messieurs, il ne faut pas se fier A CETTE FANTASMAGORIE DE CHIFFRES... CE SONT LA DES FABLES QUI N'ONT JAMAIS EU AUCUNE ESPÈCE DE RÉALITÉ. (*Approbation autour de l'orateur.*) Donc, qu'on se rassure, *notre armée suffira pour arrêter l'ennemi*. Derrière elle, le pays aura le temps de respirer et d'organiser *tranquillement ses réserves.* EST-CE QUE VOUS N'AUREZ PAS TOUJOURS DEUX OU TROIS MOIS, C'EST-A-DIRE PLUS QU'IL NE VOUS EN FAUDRA pour organiser la garde nationale mobile et utiliser ainsi le zèle des populations ? D'ailleurs, les volontaires afflueront ? Vous vous défiez beaucoup trop de votre pays. »

Ainsi, lorsque, après Sadowa, l'Empereur demandait une armée de 1,200,000 hommes, pour être en état de balancer les forces de la Prusse, M. Thiers répondait que NOTRE ARMÉE ACTIVE SUFFIRAIT POUR ARRÊTER L'ENNEMI ; et que, DERRIÈRE CETTE ARMÉE, le pays AURAIT TOUJOURS DEUX OU TROIS MOIS, C'EST-A-DIRE PLUS QU'IL N'EN FALLAIT, POUR ORGANISER TRANQUILLEMENT LES RÉSERVES.

Devant cette résistance, le ministère de l'Empereur dut renoncer à une armée de douze cent mille hommes. A la session de 1868, il proposa l'organisation d'une armée de huit cent mille hommes à l'aide de la garde mobile. Comment cette proposition fut-elle accueillie ?

Écoutez d'abord M. Magnin, *ministre du gouvernement du 4 Septembre et qui a voté la guerre :*

« Vous savez quelle explosion de cris s'éleva dans toute la France, à l'annonce de ce projet de loi. Personne ne pouvait et ne voulait l'accepter. Il fut soumis au Conseil d'État, qui l'examina à la séance du 7 mars : on nous apporta le projet de loi précédé d'un exposé de motifs qui *modifiait le projet de la haute Commission dans ce qu'il avait d'exorbitant.* En effet, ce nouveau projet faisait une coupure dans le service. On prenait encore 160,000 hommes; dans l'armée active, on servait 5 ans, puis 4 ans dans la réserve. Ceux qui ne faisaient pas partie de l'armée active servaient 4 ans dans la garde mobile... Ici, Messieurs, il y eut encore *une opposition, très vive, très ardente* au projet de loi, opposition à laquelle votre Commission s'est associée dans une certaine mesure, *ce dont je suis heureux de la féliciter.*

« L'opinion publique n'a pas été plus favorable à ce projet qu'à ceux qui avaient été précédemment écartés, et l'Empereur est venu annoncer, à l'ouverture de la présente session, que des modifications seraient apportées au projet de loi à l'état de rapport. IL NE S'AGISSAIT PLUS DE MILITARISER LA NATION, *mais de modifier quelques dispositions de la loi du 4 septembre* 1832. »

Écoutez maintenant M. Jules Simon, *membre du gouvernement du 4 Septembre et qui a voté la guerre :*

« Messieurs, le but principal du projet présenté l'année précédente était de demander *une force armée de 1,200,000 hommes...* J'insiste, avant de passer outre, sur l'énormité de ce chiffre de 1,200,000 hommes... Après des transformations considérables, dues à l'opinion publique, au zèle des membres de la commission, à des concessions faites par le Gouvernement, on en est venu au projet actuel. Mais, on le voit bien, vous voulez toujours *une armée de 800,000 hommes*, et pour y arriver, vous créez la garde mobile. La loi qui fait cela, ce n'est pas seulement une dure loi, *c'est une loi impitoyable*, qui ne pèse pas exclusivement sur les appelés, mais sur la population tout entière. Car, loger les gardes mobiles chez l'habitant, comme vous le proposez, *c'est ajouter un nouvel impôt à tous ceux qui nous écrasent.* Enfin, les conséquences politiques du nouveau système seront plus désastreuses encore que ses conséquences matérielles et la loi qu'on propose est surtout mauvaise parce qu'elle constituera *une aggravation de la toute-puissance de l'Empereur...* Ce qui importe, *ce n'est pas le nombre des soldats, c'est la cause qu'ils ont à défendre.* Si les Autrichiens ont été battus à Sadowa, c'est qu'ils ne tenaient pas à vaincre pour la maison de Hapsbourg contre la patrie allemande. Oui, Messieurs, IL N'Y A QU'UNE CAUSE QUI RENDE UNE ARMÉE INVINCIBLE, C'EST LA LIBERTÉ ! »

On le voit, c'est l'opposition, M. Thiers à sa tête, qui empêcha la France d'avoir, comme le proposait l'Empereur, une armée *de douze cent mille hommes.*

La loi dite du maréchal Niel fut adoptée en 1868, portant l'effectif à 800,000 hommes, à l'aide de l'institution des gardes mobiles. Que fit l'opposition, M. Thiers à sa tête? — Elle vota contre l'établissement de la garde mobile. Voici les plus notables des 44 noms qui la repoussèrent :

MM. Bethmont, Magnin, Glais-Bizoin, Dorian, Jules Favre,

Carnot, Thiers, Jules Simon, Ernest Picard, Garnier-Pagès, Pelletan (1).

Il faut dire, en peu de mots, toute la vérité sur la guerre et sur ses désastres.

Après Sadowa, une guerre avec la Prusse parut à tout le monde certaine et même assez prochaine. La Prusse était prête, elle est toujours prête, puisque son organisation régulière et ancienne lui permet de faire marcher un million d'hommes enrégimentés, exercés, armés, divisés en corps d'armée auxquels rien ne manque et qui ont leur général en chef au milieu d'eux.

L'Empereur voulut mettre la France en situation de faire face à ce danger et il ordonna immédiatement deux mesures qui furent la transformation du fusil à piston en chassepot et la réorganisation de l'armée.

La fabrication du chassepot, qui dépendait de l'Empereur seul, puisqu'il suffisait, pour l'entreprendre, des ordres du ministre de la guerre, alla vite. Des marchés considérables furent passés en Angleterre, en Espagne, en Italie, aux États-Unis et les ateliers de l'État furent activés avec la dernière énergie. En 1870, on en avait un million et demi; le Corps législatif avait refusé les crédits nécessaires pour en avoir deux millions, parce qu'il en faut trois par homme.

Pour l'organisation de l'armée, ce fut bien différent, parce qu'elle dépendait des Chambres et par conséquent de l'opinion publique.

L'Empereur proposa d'établir une armée de *douze cent mille hommes* à l'aide du principe du service obligatoire et

---

(1) Voir le vote au *Journal officiel* du 15 janvier 1868.

il fit étudier le projet de loi en 1867 par une commission de maréchaux.

A cette époque, l'opinion publique, qui n'avait pas subi l'épouvantable leçon de l'invasion, de la défaite et de la perte de deux provinces, était hostile à une organisation militaire qu'imposait cependant celle des autres pays et surtout celle de la Prusse.

On vient de voir quels obstacles les plans de l'Empereur, qui étaient dictés par la prudence et par le patriotisme, rencontrèrent au Corps législatif; l'opposition, affectant de croire que le développement de l'armée ajouterait, selon le mot de M. Jules Simon, à la toute-puissance de l'Empereur, réussit à tourner l'opinion contre une loi qui nous eût donné la victoire, en nous épargnant notre honte et nos désastres.

M. Thiers, le plus habile des ennemis de l'Empire, parvint à faire croire que l'armée active qu'on avait sur pied *suffirait pour arrêter l'ennemi* et qu'abritée derrière cette armée, la France aurait *plus de temps qu'il n'en fallait pour organiser les réserves et la garde nationale.*

On le crut si bien, qu'aux élections de 1869, tous les députés qui avaient voté la garde mobile furent accusés, dans les réunions électorales, d'avoir voulu enlever les bras aux campagnes et les candidats de l'opposition s'engagèrent à demander la réduction de l'armée.

C'est ce qu'ils firent pendant la session de 1870 ; un régiment de la garde fut licencié, une réduction de 10,000 hommes sur le contingent annuel fut proposée par la commission du budget et, un mois avant la guerre, au mois de juin, M. de Choiseul demanda au ministre de la guerre, avec les plus vives instances, de renvoyer par anticipation dans leurs foyers tous les soldats libérables à la fin de l'année.

Toutes ces illusions, toutes ces folies qui désarmaient la France, étaient devenues l'évangile de l'opinion publique. On vient de lire les discours de M. Magnin, de M. Jules Simon, qui déclaraient l'armée suffisante et celui dans lequel M. Thiers avait affirmé que les *douze cent mille hommes* de la Prusse étaient une *fantasmagorie et une fable*. C'est au milieu de cette fausse sécurité partagée par la France entière que la guerre est venue surprendre le pays et, seize jours avant la déclaration, M. Thiers disait encore à la tribune, *qu'on était prêt, qu'on était fort*.

On a donc fait la guerre subitement, bercé des chimères que l'opposition avait accréditées, non avec les forces que l'Empereur avait proposées; mais, avec celles que M. Thiers et ses amis de l'opposition avaient déclarées suffisantes.

Aujourd'hui, après les terribles leçons de l'expérience, on regrette qu'en 1868, l'Empereur n'ait pas imposé aux Chambres l'organisation militaire qu'il jugeait indispensable à sa sécurité et au rôle de la France; mais on oublie les déclamations violentes de la presse de cette époque contre les plans de l'Empereur; on oublie les pétitions qui se signaient de toutes parts contre la loi et ce n'est qu'après l'invasion qu'on a reconnu que l'opinion avait tort et que l'Empereur avait raison.

A ce premier malheur, résultat d'une erreur presque générale de l'opinion publique, est venu s'ajouter un second malheur, résultant de la mauvaise organisation jusqu'alors inaperçue ou non démontrée des divers services de l'administration militaire.

Réduit à une armée de six cent mille hommes sur le pied

de guerre, l'Empereur avait demandé à ses ministres de la guerre — *en combien de temps ils pourraient s'engager à réunir quatre cent mille hommes sur un point donné?* Tous les ministres de la guerre ont *invariablement répondu à l'Empereur qu'ils réuniraient quatre cent mille hommes sur un point donné en quinze jours.*

C'est sur cette assurance que l'Empereur est parti.

Il a cru fermement qu'il pourrait concentrer *quatre cent mille hommes* en quinze jours sur son point d'attaque et il n'en a jamais eu *deux cent cinquante mille* sous la main.

Là est le point de départ de nos désastres. Si les Allemands avaient trouvé quatre cent mille hommes devant eux, ils ne seraient jamais entrés ou, du moins, ils auraient été arrêtés dans leur marche.

Ce serait sortir complètement de la vérité de dire que l'Empereur a été trahi ; mais, il est incontestable que sa confiance a été trompée.

Voilà la vérité sur la guerre et sur ses désastres !

Notre travail manuscrit s'arrêtait après les lignes qu'on vient de lire ; l'Empereur y a ajouté de sa main, pour le terminer, la conclusion suivante :

En résumé, si après Sedan, la France était restée organisée, unie, forte, les malheurs publics pouvaient être ou limités par la paix, ou réparés par la guerre.

La révolution du 4 septembre a tout compromis, en désorganisant le pays, en ôtant à la France ses alliés, en imposant à la nation des sacrifices d'hommes et d'argent, d'autant plus odieux qu'ils étaient sans efficacité et, par-dessus tout cela, en créant une situation à la fois intolérable et sans issue.

En effet, ce qui constitue en ce moment la gravité de la situation de la France, c'est encore moins l'immensité des pertes qu'elle a faites en hommes, en territoire et en argent, que le chaos dans lequel elle se trouve plongée.

La Prusse, en 1807, l'Autriche, en 1809, furent réduites à un état bien pire que le nôtre; mais, au plus fort de leurs désastres, la Prusse et l'Autriche conservèrent leur gouvernement régulier, avec leur gouvernement, l'ordre intérieur et, avec l'ordre intérieur, ces deux États réparèrent leurs pertes et reprirent leur rang légitime en Europe.

L'histoire et le bon sens se réunissent donc, pour conseiller de faire sortir au plus tôt la France de sa situation précaire, qui inquiète les intérêts, qui paralyse les transactions, qui arrête l'essor des activités, et de reconstituer un régime régulier, durable, en appelant la nation entière à se prononcer directement, par voie de plébiscite, sur le genre de gouvernement auquel il lui convient de confier ses destinées.

Décembre 1871.

FIN DU TROISIÈME ET DERNIER VOLUME

TABLE DES CHAPITRES

	Pages.
Notice historique sur Granier de Cassagnac, sa vie et ses œuvres	1
I. — Apogée de la gloire impériale après Sébastopol	55
II. — L'armée et ses généraux à la veille de Sedan	66
III. — Trois héros et deux traitres	78
IV. — Les hommes politiques du second Empire	89
V. — La bourgeoisie parisienne sous le second Empire	99
VI. — Les attentats contre l'Empereur	109
VII. — Les suites de l'attentat d'Orsini	120
VIII. — Le Prince impérial	133
IX. — Napoléon III et l'Italie	144
X. — La guerre d'Italie	154
XI. — Les dix dernières années de l'Empire. — Le Parlementarisme. — Le 4 Septembre. — La Commune	165
XII. — Sedan. — Ses causes et ses suites	193

Paris. — Soc. d'imp. PAUL DUPONT, rue J.-J.-Rousseau, 41. (Cl.) 13.4.82.

www.ingramcontent.com/pod-product-compliance
Lightning Source LLC
Chambersburg PA
CBHW070759170426
43200CB00007B/834